RÉSUMÉ

DU

DROIT COMMERCIAL

RÉDIGÉ CONFORMÉMENT AUX PROGRAMMES DE LA FACULTÉ

ET CONTENANT L'EXPLICATION DE LA LOI DU 24 JUILLET 1867

SUR LES SOCIÉTÉS

A L'USAGE DES ASPIRANTS AU 4ᵉ EXAMEN

PARIS

ANCIENNE MAISON GUSTAVE RETAUX

C. PICHON-LAMY, LIBRAIRE-ÉDITEUR

15, RUE CUJAS, 15,

1869

RÉSUMÉ

DU

DROIT COMMERCIAL

RÉDIGÉ CONFORMÉMENT AUX PROGRAMMES DE LA FACULTÉ

ET CONTENANT L'EXPLICATION DE LA LOI DU 24 JUILLET 1867
SUR LES SOCIÉTÉS

A L'USAGE DES ASPIRANTS AU 4ᵉ EXAMEN

PARIS
ANCIENNE MAISON GUSTAVE RETAUX
C. PICHON-LAMY, LIBRAIRE-ÉDITEUR
15, RUE CUJAS, 15,

1868

Dans l'exposition des différents systèmes auxquels donnent lieu les questions controversées, l'auteur a pris pour règle générale d'indiquer toujours en dernier lieu, celui des systèmes qu'il adopte ou qui est le plus généralement suivi. Lorsque le résumé n'indique point quelle est l'opinion préférable, il suffit de se référer à celui des systèmes qui y est exposé le dernier.

(Note de l'Éditeur).

NOTIONS HISTORIQUES

I. — *Droit commercial jusqu'à la confection du Code de commerce.*

La science du droit commercial ne date guère que du XIIe siècle. Les Romains s'occupaient peu de commerce et leurs lois l'avaient laissé à peu près en oubli. Aussi ne trouvons-nous au Digeste que quatre titres relatifs à des matières commerciales : le premier relatif au prêt à la grosse *(de nautico fœnore)* ; le second relatif au jet et à la contribution *(de lege Rhodiâ)* ; le troisième à l'*action institoire*, qui permettait de poursuivre *in solidum*, le père de famille qui avait préposé comme gérant *(institor)* d'une boutique ou d'un fonds de commerce, son esclave ou son fils de famille ; le quatrième relatif à l'*action exercitoire*, qui avait à peu près le même effet en matière de commerce maritime que l'action institoire en matière de commerce terrestre.

C'est seulement au moyen âge que les négociants de Gênes, de Florence, de Marseille, se trouvant dans l'impossibilité de demander au droit local ou à la coutume qui changeait avec chaque province sinon avec chaque clocher, des règles applicables à un commerce qui les mettait en relations avec tous les pays du monde connu, laissèrent de côté le droit civil, et s'attachant à des usages fondés sur les besoins de chaque jour, créèrent « derrière leur comptoir » un droit nouveau qui s'étendit de proche en proche et fut reconnu par les commerçants de tous les parages où les poussait leur négoce [1].

Ces coutumes furent bientôt rédigées par écrit et formèrent les éléments d'une législation que sur un grand nombre de points le Code de Commerce s'est borné à reproduire.

Le premier recueil fut le *consulat de la mer*, rédigé au commencement du xii° siècle, en langue catalane, à Barcelone, et contenant les maximes en vigueur sur le littoral de la Méditerranée.

Puis vinrent les *jugements ou rooles d'Oléron*, contenant les maximes en vigueur sur le littoral de l'Océan et rédigés, dit on, sur l'ordre de la Reine Aliénor, duchesse de Guyenne.

La table d'Amalfi (retrouvée à Vienne en 1844), et publiée à Amalfi en Lucanie.

Les lois de Wisby, publiées à Wisby (île Gottland), la ville de commerce la plus célèbre du Nord, au moyen-âge.

Les recès de Lubeck, rédigés en 1591.

Le guidon de la mer, rédigé à Rouen au xvi° siècle et qui fut reproduit presque en entier dans l'ordonnance de Louis XIV sur la marine.

Un édit de 1563, rédigé par le chancelier de L'hospital, créa à Paris la juridiction consulaire.

Colbert fit paraître en 1673 l'ordonnance sur le commerce de terre et en 1681 l'ordonnance sur le commerce de mer.

---

[1] Voir le discours de M. Émile Ollivier au Corps législatif (séance du 27 mai 1867).

En 1787 une commission fut nommée pour réviser ces ordonnances et les mettre en rapport avec les progrès du commerce, mais la révolution arrêta ses travaux et ils ne furent repris qu'en 1801.

II. — *Confection du Code de commerce.*

Le 3 avril 1801, un arrêté des consuls nomma une commission de sept membres chargée de concourir à la rédaction d'un Code de commerce. Le projet fut présenté au gouvernement le 4 décembre 1801, communiqué aux tribunaux de commerce, aux tribunaux d'appel et au tribunal de cassation qui transmirent leurs observations au gouvernement et révisé par la commission à la suite de ces observations.

Le projet envoyé au Conseil d'État en 1803 n'y fut mis en discussion qu'en 1806.

Communiqué au Tribunat et au Corps législatif il fut voté par lois séparées, dans le courant de l'année 1807; et une loi du 15 septembre 1807 décida que les différentes parties du Code deviendraient exécutoires en même temps le 1er janvier 1808.

III. — *Lois postérieures au Code de commerce.*

Le Code de commerce a été modifié depuis sa promulgation par un grand nombre de lois successives dont nous allons indiquer les principales:

La loi du 28 mai 1838 a révisé en entier le livre III sur les faillites.

Trois lois du 17 juillet 1856 ont tracé les règles du concordat par abandon, réglementé les sociétés en commandite par action et supprimé l'arbitrage forcé.

La loi du 2 juillet 1862 a réglementé les chèques.

La loi du 6 mai 1863 a modifié les art. 37 et 38 sur les sociétés en commandite.

Deux lois du 23 mai 1863 ont établi les sociétés à responsabilité limitée et réglementé le gage commercial.

La loi du 13 juin 1866 a codifié un certain nombre d'usages commerciaux.

La loi du 18 juillet 1866 a établi la liberté des courtiers.

La loi du 24 juillet 1867 sur les sociétés a révisé les lois du 17 juillet 1856 et du 23 mai 1863 et établi des règles nouvelles pour les sociétés à capital variable.

IV. — *Autres sources du droit.*

Le commerce n'est pas seulement régi par les lois commerciales, mais par le droit commun et par les usages.

Le Code de commerce est en effet une loi d'exception, qui déroge au droit commun sur les points qu'elle traite, mais le laisse en vigueur sur les autres points, et le Code civil doit servir de règle dans le silence du droit commercial, s'il n'est point contredit par les usages.

L'autorité des *usages commerciaux* n'a jamais été contestée : l'art. 1873 C. N. et un avis du Conseil d'État du 13 décembre 1811 la consacrent formellement. Aux termes de l'art. 1873 C. N., les dispositions du droit civil ne s'appliquent au commerce que dans les points où elles ne sont contredites ni par le droit commercial, ni par les usages commerciaux.

Les usages sont généraux ou locaux.

L'usage se reconnaît à trois conditions : il doit être constant, réitéré pendant un long espace de temps et uniformément appliqué par la généralité des commerçants.

La preuve s'en fait au moyen de *parères*, consultations données par les chambres de commerce lorsque le tribunal a ordonné la preuve d'un usage. Les parties ont aussi l'habitude d'apporter des attestations rédigées par les principaux négociants, mais qui ne valent qu'à titre de simples renseignements. Enfin à propos des ventes commerciales, la loi du 13 juin 1866 a constaté et codifié un certain nombre d'usages.

LIVRE PREMIER

DU COMMERCE EN GÉNÉRAL

TITRE PREMIER.

DES COMMERÇANTS.

I. — *Intérêt de la distinction entre les commerçants et les non commerçants.*

Il importe de distinguer avec soin les commerçants de ceux qui ne le sont pas. En effet :

1º Le commerçant seul peut tomber en faillite.

2º S'il contracte une obligation dont la cause ne soit pas indiquée, elle est réputée commerciale et le tribunal de commerce est compétent. Une personne non commerçante au contraire n'est jamais présumée avoir contracté une obligation commerciale (sauf dans le cas de la lettre de change).

3º Le commerçant est obligé par la loi à tenir des livres de commerce; et s'il n'en tient pas, il peut être déclaré banqueroutier en cas de faillite (Voir titre II).

4º Il est tenu de publier son contrat de mariage, sous la même condition (Voir titre IV).

5º Il est seul éligible aux fonctions de juge de commerce ou de membre des chambres de commerce.

6º Il paie patente.

II. — *Qui est commerçant.*

Sont commerçants, ceux qui réunissent la double condition d'exercer des actes de commerce et d'en faire leur profession habituelle.

Peu importe, du reste, qu'ils fassent des actes de commerce leur profession principale, pourvu qu'ils s'y livrent habituellement ; qu'ils s'y livrent notoirement ou en secret ; qu'ils soient patrons ou commis. Ces décisions conformes aux principes généraux résultent de diverses modifications subies par le texte du Code dans le cours des travaux préparatoires.

Quant à la question de savoir si une personne exerce habituellement des actes de commerce, elle est appréciée par le tribunal, d'après les éléments de la cause, et peut être établie par toute sorte de preuves : la preuve écrite, la preuve testimoniale ou même de simples présomptions.

On verra au titre II du Livre IV, quels sont les faits auxquels la loi donne la qualification d'actes de commerce [1].

III. — *Qui peut être commerçant.*

Toute personne peut exercer le commerce, alors même

---

[1] Nous avons cru devoir conserver l'ordre du Code en plaçant le livre IV à la fin de ces répétitions. Mais nous devons engager les lecteurs à commencer par la lecture du livre IV l'étude du droit commercial. Il est à peu près impossible de se faire une idée exacte de la loi commerciale, si l'on n'a pas appris d'abord quels sont les actes commerciaux.

qu'elle ne posséderait pas la qualité de Français, à l'exception de celles que la loi en déclare incapables.

Les incapacités sont de deux natures. Les unes, qui sont des incapacités proprement dites, résultent du droit civil ; les autres de la défense spéciale qui est faite à certaines personnes, en raison de leurs fonctions, de se livrer à des actes de commerce. Il ne faut pas confondre ces deux situations dont les conséquences juridiques sont différentes.

Le mineur ou tout autre incapable, s'il s'est livré à un acte de commerce, n'a pu s'obliger commercialement.

Les personnes capables auxquelles le commerce est interdit s'obligent au contraire commercialement, car elles ne sauraient prétendre que la faute commise par elles a pour conséquence de les soustraire à la juridiction commerciale. La seule sanction des dispositions légales consiste pour elles dans une peine correctionnelle, dans une peine disciplinaire, ou simplement dans la destitution de leurs fonctions.

IV. — *Personnes incapables de faire le commerce.*

Ce sont 1° le mineur,
2° la femme mariée,
3° l'interdit,
4° les personnes pourvues d'un conseil judiciaire.

§ I. — Du mineur.

Le mineur peut être spécialement autorisé à faire le commerce, mais il faut alors qu'il réunisse les quatre conditions suivantes:

1° Qu'il soit émancipé.

2° Qu'il soit âgé de dix-huit ans (pour la simple émancipation il suffirait qu'il eût quinze ans).

3° Qu'il ait obtenu l'autorisation expresse de son père, ou de sa mère, à défaut du père, et à défaut du père et de la mère, l'autorisation du conseil de famille homologuée par le tribunal. L'autorisation doit être donnée par acte authentique : soit par déclaration notariée, soit par déclaration faite devant le juge de paix lors de l'émancipation.

4° Que l'autorisation ait été rendue publique par affiches dans la salle du tribunal de commerce.

Si ces conditions n'ont pas été accomplies, le mineur est incapable, il peut invoquer la nullité de ses engagements conformément au droit commun; et s'il n'invoque pas la nullité, l'obligation contractée par lui est une obligation civile qui ne saurait revêtir le caractère commercial.

Si les conditions ont été remplies, le mineur est réputé MAJEUR *pour tous les actes de* SON *commerce* ; mais pour les actes de son commerce seulement. Ainsi il ne saurait se porter caution pour un autre commerçant, ni vendre ses immeubles sans autorisation. On admet généralement aussi qu'il ne pourrait sans autorisation contracter une société commerciale, mais il pourra aliéner ses meubles, et même engager ses immeubles à raison de son commerce, les hypothéquer, les donner en antichrèse, être poursuivi sur ses immeubles par ses créanciers sans qu'il soit nécessaire de recourir aux formalités requises pour la vente des biens de mineurs et à la discussion préalable du mobilier.

Le mineur commerçant est-il soumis à la présomption d'après laquelle toute obligation dont la cause n'est pas indiquée est réputée commerciale ?

Premier système. Le mineur n'est pas soumis à cette présomption, car il n'est réputé majeur que pour les actes de *son* commerce, et il y a lieu en conséquence de prouver que l'obligation a eu véritablement son commerce pour cause.

Deuxième système. Le mineur est soumis à cette règle comme les autres commerçants. La loi ne fait pas de distinctions et on ne saurait en faire à sa place ; d'ailleurs ce serait enlever tout crédit au mineur, vis-à-vis duquel on craindrait sans cesse de n'avoir pas pris une série de précautions incompatibles avec la rapidité des négociations commerciales.

— On sait que l'émancipation peut être révoquée; le mineur ne serait plus alors dans les conditions légales, et la révocation aurait pour conséquence de lui retirer le droit de faire le commerce.

On admet aussi, généralement, que sans révoquer l'émancipation, on pourrait séparément révoquer l'autorisation de faire le commerce.

Dans tous les cas, la révocation pour être opposable aux tiers doit être soumise aux mêmes règles de publicité que l'autorisation.

§ II. — DE LA FEMME MARIÉE.

AUTORISATION DE LA FEMME MARIÉE. La femme mariée peut faire le commerce avec l'autorisation de son mari ; à la différence des autres autorisations maritales, l'autorisation de faire le commerce est générale et s'applique pour la femme à tous les actes de son commerce, sans qu'il soit besoin de demander une autorisation pour chaque acte en particulier. Elle peut être expresse ou tacite, un mari qui laisse sa femme se livrer au commerce sous ses yeux étant censé l'autoriser. L'autorisation peut toujours être révoquée par le mari, sous réserve du droit des tiers, dans le cas où la révocation n'aurait pas été rendue publique. La loi ne prescrit aucune forme pour cette publication et on pense généralement qu'il y a lieu d'appliquer les règles relatives à la publication des jugements de séparation de biens (titre IV). La capacité de la femme commerçante diffère en deux points principaux de celle du mineur commerçant et est tantôt plus large, tantôt plus étroite.

La femme commerçante peut aliéner ses immeubles, à l'exception des immeubles dotaux ; le mineur commerçant ne peut pas aliéner les siens sans l'autorisation ordinaire.

Le mineur commerçant peut ester en justice sans autorisation ; la femme ne le peut pas.

Conséquences du commerce exercé par la femme a l'égard du mari. *Première hypothèse. Les époux sont mariés sous le régime de la communauté.* Toutes les fois que la femme s'engage elle oblige le mari, car les bénéfices tombent dans la communauté et par conséquent les engagements y tombent aussi. Or, toutes les fois que la communauté est obligée, le mari est obligé personnellement.

Deuxième hypothèse. Les époux sont mariés sous le régime dotal. De deux choses l'une: ou la femme a des paraphernaux, ou elle s'est constitué en dot tous ses biens présents et à venir. Si la femme a des paraphernaux, nul doute qu'en faisant le commerce, elle ne s'oblige et ne s'oblige seule sur ceux ci, puisque l'administration lui en appartient. Si elle s'est constitué en dot tous ses biens présents et à venir, la question est controversée.

Premier système. La femme dotale oblige le mari, car les bénéfices du commerce font partie de la dot dont les fruits appartiennent au mari. D'ailleurs si le mari n'était pas obligé, les créanciers qui n'ont pas de recours sur les biens dotaux ne pourraient jamais se faire payer.

Deuxième système. La femme dotale n'oblige pas son mari, et elle ne peut elle-même être poursuivie sur ses biens dotaux. Elle n'oblige pas son mari, car les bénéfices commerciaux ne sont pas des fruits, et ne peuvent en suivre la règle. D'ailleurs, l'obligation du mari est de droit étroit. Elle est établie par l'art. 5 C. C. pour le cas de communauté et comme conséquence du principe que tout ce qui oblige la communauté oblige le mari. Mais l'art. 5 ne l'a établie que pour la communauté et on ne saurait l'étendre à d'autres cas.

Troisième hypothèse. Les époux sont mariés sous le régime de la séparation de biens. La femme s'oblige seule.

QUI PEUT AUTORISER LA FEMME. On ne s'est occupé jusqu'ici que de la femme majeure autorisée par le mari majeur, mais on peut supposer soit une femme mineure, soit un mari mineur lui-même, soit un mari refusant l'autorisation ; et il faut alors se demander qui peut autoriser la femme à faire le commerce.

1º *Le mari refuse ou est absent.* La justice peut-elle à défaut du mari autoriser la femme à faire le commerce ?

Premier système. Le mari seul peut autoriser sa femme. L'article 4 C. C. ne parle que de l'autorisation du mari, et il serait inadmissible que le mari pût être contraint d'accepter une situation dans laquelle les engagements de la femme l'obligeraient malgré lui (on sait que la femme commune oblige le mari).

Deuxième système. La justice peut autoriser la femme à défaut du mari. C'est une règle générale que l'autorisation de justice supplée celle du mari, et il serait inique d'ôter à la femme le moyen de gagner sa vie et celle de ses enfants, dans le cas où le mari étant absent ou incapable ne pourrait l'autoriser.

Troisième système. L'autorisation de justice supplée celle du mari. Mais si la femme est mariée sous le régime de la communauté, l'autorisation de justice ne pourra être accordée malgré le mari; car celui-ci ne peut être obligé contre sa volonté. En cas de communauté, l'autorisation ne pourra donc être donnée par la justice que pour cause d'absence ou d'incapacité du mari.

2° *La femme est mineure.* Si la femme est mineure, il faudra qu'elle joigne à l'autorisation maritale, et à l'émancipation opérée de plein droit par le fait de son mariage, les autres conditions exigées des mineurs qui se livrent au commerce, c'est à-dire qu'elle ait dix-huit ans d'âge et que l'autorisation soit rendue publique. On admet généralement que l'autorisation du mari rend inutile celle des parents.

3° *Le mari est mineur.* Si le mari est mineur, il ne pourra accorder l'autorisation et la femme devra s'adresser à la justice.

Notons en terminant que dans le cas où le mari est commerçant, la femme ne devient point elle-même commerçante par cela seule qu'elle a l'habitude de l'aider dans son négoce. Dans ce cas, en effet, elle est seulement réputée mandataire de son mari. Il en serait autrement si la femme d'un commerçant tenait elle-même un commerce séparé.

§ III. — DE L'INTERDIT.

L'interdit est incapable de s'engager et par conséquent de faire le commerce. A la différence du mineur il ne pourrait y être autorisé.

§ IV. — DE LA PERSONNE POURVUE D'UN CONSEIL JUDICIAIRE.

Bien que la loi n'en parle pas, on admet généralement que la personne pourvue d'un conseil judiciaire ne peut être autorisée à faire le commerce, car elle ne peut s'obliger sans l'assistance de son conseil, nécessaire pour chaque acte séparé, et ce serait violer la loi que de remplacer cette assistance par une autorisation générale.

Mais la personne pourvue d'un conseil judiciaire pourra faire avec l'assistance de son conseil des actes de commerce isolés.

V. — *Personnes auxquelles la loi interdit de faire le commerce.*

Ce sont:

1º Les magistrats sauf les juges de commerce (Edit de 1776).

2º Les avocats (Décret du 14 nov. 1810).

3º Les officiers ministériels.

4º Les agents de change, qui ne peuvent faire le commerce pour leur compte (art. 85 CC).

5º Les consuls, leurs secrétaires et drogmans (ord. de 1833).

6º Les préfets, sous-préfets, commandants militaires, qui ne peuvent dans les lieux où ils exercent leur autorité faire le commerce des grains, grenailles, farines, substances farineuses, vins ou boissons autres que ceux provenant de leurs propriétés (Art. 176 C. P.).

7º Les fonctionnaires et autres agents du gouvernement, qui ne peuvent prendre un intérêt quelconque dans les affaires dont ils ont l'administration ou la surveillance, ou dont ils sont chargés d'ordonnancer le paiement ou de faire la liquidation (Art. 175 C. P.).

Dans ces deux derniers cas il s'agit d'un délit correctionnel, et il en résulte une conséquence grave. C'est que le créancier, dans le cas où il aurait connu la cause de l'obligation, serait complice du délit et ne pourrait par conséquent réclamer l'exécution de l'engagement.

TITRE II.

DES LIVRES DE COMMERCE.

I. — *Livres exigés par la loi.*

Tout commerçant est tenu d'avoir des livres. La loi lui impose expressément cette obligation, grâce à laquelle on pourra en cas de faillite liquider sa situation, vérifier sa gestion et rechercher si le failli est ou non passible de la banqueroute.

Sont exigés:

1° Un livre journal, contenant jour par jour l'énonciation de toutes ses opérations, et énonçant mois par mois les dépenses de sa maison et toutes les causes qui augmentent ou diminuent son capital.

2° Un registre d'inventaire, fait chaque année sous seing privé.

Ces livres sont *cotés* et *paraphés* par un juge du tribunal de commerce ou par le maire ou un adjoint. Ils doivent en outre être *visés*, c'est-à dire que le fonctionnaire qui a coté et paraphé chaque page en mentionne le nombre, et dans un autre sens qu'il vise chaque année la dernière page écrite.

Les livres doivent être tenus sans blancs ni ratures. Sans cette prescription il serait trop facile à un commerçant d'introduire après coup des opérations fictives et de tromper ainsi sur sa situation réelle.

3° Un registre copie de lettres, où le commerçant copie toutes les lettres qu'il envoie.

4° Il doit en outre conserver et mettre en liasse les lettres qu'il reçoit.

Ces livres et ces lettres doivent être conservés pendant dix ans.

II. — *Livres non exigés.*

L'art. 8 (CC) après avoir énoncé les livres exigés par la loi ajoute que cette énonciation est faite « indépendamment des autres livres usités dans le commerce mais qui ne sont pas indispensables. » En effet, un commerçant soigneux possède ordinairement d'autres livres; et sans s'occuper de ceux que nécessite dans les maisons spécialement importantes la division des écritures, on peut en citer deux principaux qui sont d'un usage général.

1° Le livre brouillard, sur lequel on inscrit les opérations qu'on recopie ensuite sur le livre journal, mais qu'il serait difficile d'y insérer de première main, à cause de la prescription qui interdit les ratures.

2° Le grand livre sur lequel le commerçant classe dans un ordre méthodique les opérations indiquées par ordre de date sur le livre journal.

La tenue du grand livre diffère suivant que le commerçant a adopté la comptabilité en partie simple ou la comptabilité en partie double.

III. — *Comptabilité en partie simple.*

Dans la comptabilité en partie simple, le commerçant ouvre sur son grand livre un compte spécial à chacune des personnes avec lesquelles il est en affaires.

Deux pages placées côte à côte sont généralement consacrées à chaque correspondant.

Sur la page gauche (verso) intitulée *doit,* on inscrit ce que doit le correspondant.

Sur la page droite (recto) intitulée *avoir*, on inscrit ce qu'on lui doit.

En additionnant les deux comptes et en faisant la soustraction, le commerçant connaît l'état de ses affaires avec chacun de ses correspondants.

Mais la comptabilité en partie simple présente deux inconvénients.

1º Comme on n'y inscrit que les dettes du correspondant envers la maison, ou de la maison envers le correspondant, les opérations au comptant ne s'y marquent pas et par conséquent le grand livre ne donne pas la situation exacte du commerçant.

2º Comme chaque opération n'est mentionnée qu'une fois, soit au *doit*, soit à l'*avoir*, les comptes n'ont pas de contrôle en eux-mêmes et il est impossible de savoir à première vue si une opération a été omise ou si les additions sont justes.

IV. — *Comptabilité en partie double.*

§ I. — SON CARACTÈRE.

La comptabilité en partie double est plus compliquée que la comptabilité en partie simple, mais elle n'en a pas les inconvénients. Grâce à elle les comptes se servent de contrôle les uns aux autres et leur résultat donne l'ensemble complet des affaires de la maison de commerce.

Son caractère distinctif est que le commerçant n'y ouvre pas seulement des comptes à ses correspondants, mais qu'il ouvre aussi des comptes à ses propres affaires, de sorte que chaque opération est mentionnée deux fois : une fois au compte du correspondant qu'elle rend débiteur ou créancier, une seconde fois aux comptes généraux de la maison rendue elle-même créancière ou débitrice.

Ainsi, dans la comptabilité en partie double le grand livre est divisé en deux sections.

La première intitulée *comptes spéciaux* contient les comptes ouverts à chaque correspondant.

Le seconde intitulée *comptes généraux* contient les comptes ouverts par le commerçant à ses propres affaires.

§ II. — Comptes généraux.

Les comptes généraux sont divisés en un certain nombre de parties correspondant chacune à une nature d'opérations.

La division la plus simple est en six parties.

1° Capital (fortune du commerçant).

2° Marchandises générales (comptes des achats et des ventes).

3° Caisse (comptes des recettes et dépenses en numéraire).

4° Effets à payer (comptes des lettres de change, billets à ordre, etc., dus par le commerçant).

5° Effets à recevoir (contre partie des effets à payer).

6° Profits et pertes.

§ III. — Manière d'opérer.

Règle générale. La comptabilité en partie double est soumise à une règle générale : *Il faut, chaque fois qu'on veut passer une opération en écriture, se demander qui est-ce qui reçoit et qui est-ce qui donne, inscrire l'opération au débit du compte qui reçoit et au crédit du compte qui donne.*

Exemples : Je reçois en marchandises un certain nombre d'objets que je paie comptant   3,000 fr.

J'inscrirai au débit du compte marchandises générales :
A caisse   3,000 fr.

J'inscrirai au crédit du compte caisse *Par march. gén.* 3,000 fr.

— Si j'avais payé en un billet à vue j'aurais inscrit les 3,000 fr. au crédit du compte *effets à payer* au lieu de les inscrire au crédit du compte caisse; et lors du paiement du billet à vue j'aurais passé une nouvelle écriture, inscrivant:

Au débit du compte des billets à vue: *A caisse* 3,000 fr.

Au crédit du compte caisse: *Par billets à vue* 3,000 fr.

— Si j'avais reçu les marchandises, sans les payer, d'un de mes correspondants, Paul par exemple, j'aurais inscrit au débit du compte marchandises générales: *à Paul* 3,000 fr.

Au crédit du compte Paul: *Par march. gén.* 3,000 fr.

Et le règlement postérieur des comptes aurait donné lieu à de nouvelles écritures analogues à celles que nous venons d'indiquer.

BILAN. Lorsqu'un commerçant veut faire son bilan, il additionne tous les comptes.

La différence qui existe dans chaque compte entre le crédit et le débit se nomme balance.

Le total des comptes créditeurs doit égaler celui des comptes débiteurs.

Pour y parvenir on débite ou on crédite chaque compte envers le compte profits et pertes. Les pertes sont mises au crédit du compte profits et pertes, les bénéfices à son débit.

Enfin le compte profits et pertes se débite ou se crédite lui-même envers le compte capital, et l'excédant ou la diminution du capital depuis le dernier bilan représente les bénéfices ou les pertes de l'exercice.

CONTREPASSEMENT. La disposition qui interdit toute rature dans les livres de commerce a donné lieu à un artifice d'écriture nommé contrepassement, qui **a pour but de** rectifier les erreurs sans faire de ratures.

Lorsqu'une opération a été indiquée à tort sur un compte, le compte créditeur, par exemple, on inscrit fictivement au compte débiteur l'opération inverse, de manière à les annuler l'une par l'autre.

Ainsi on a crédité le compte caisse de 3,000 francs envers le compte marchandises générales, on inscrira au débit : A marchandises générales, pour contrepassement de l'erreur du . . . . 3,000 francs.

V. — De l'absence ou de la mauvaise tenue des livres de commerce.

Les prescriptions de la loi sur les livres de commerce entraînent, dans le cas où elles ne sont pas observées, trois conséquences différentes :

1° Les livres mal tenus ou l'absence de livres peuvent, en cas de faillite, faire déclarer le commerçant en banqueroute.

2° Le faux en écriture de commerce est un crime assimilé au faux en écriture publique.

3° Les règles spéciales à la preuve en matière de livres de commerce permettent, en cas de contestation, au commerçant dont les livres sont bien tenus d'invoquer ses propres livres contre le commerçant dont les livres sont mal tenus ou n'existent pas.

VI. — De la preuve judiciaire par les livres de commerce.

§ 1. — COMMUNICATION ET REPRÉSENTATION DES LIVRES.

Les livres de commerce sont représentés ou communiqués en justice, soit spontanément par leur propriétaire, soit sur la demande de l'adversaire, soit sur l'ordre donné d'office par le juge.

La représentation qui est de droit commun, ne donne

droit qu'à parcourir un point spécial du livre, pour en extraire ce qui est relatif au litige.

La communication, donne droit à examiner la totalité des livres et inventaires. Elle a une gravité exceptionnelle pour le commerçant dont elle peut ruiner le crédi en divulguant sa situation. Aussi l'art. 14 C. C. décide-t-il qu'elle ne pourra être ordonnée que dans quatre cas : 1º en matière de succession, 2º de partage de communauté, 3º de partage de société, 4º de faillite.

Dans le cas où les livres ne sont pas sur les lieux, le tribunal donne une commission rogatoire.

§ II. — Dérogations au droit commun.

Les dérogations aux règles ordinaires de la preuve sont au nombre de trois :

1º Un commerçant peut, dans certains cas, invoquer ses *propres* livres à titre de preuve en sa faveur.

2º Il peut être *forcé* de les produire pour faire preuve contre lui, et s'il refuse, le juge peut déférer le serment à l'autre partie.

3º La production peut être ordonnée d'*office* par le juge.

§ III. — Force probante des livres de commerce.

Il faut distinguer si la contestation a lieu entre commerçants ou entre un commerçant et un non-commerçant.

I. *Entre commerçants* les livres de commerce constituent une preuve complète, au bénéfice de l'une ou de l'autre des parties, pourvu qu'ils réunissent les cinq conditions suivantes :

1º Le livre invoqué doit être bien tenu, sinon il ne constituerait qu'une simple présomption.

2° Si les livres des deux adversaires sont bien tenus, il faut qu'ils ne se contredisent pas, sinon ils se paralyseraient l'un l'autre.

3° Il faut que le juge veuille bien admettre ce mode de preuve. (Il la refusera s'il a des doutes sur la bonne foi du commerçant ou sur la sincérité des livres.)

4° Il faut que le livre invoqué soit un des livres *obligatoires* pour le commerçant.

5° Il faut que la contestation soit relative à un acte de commerce.

II. *Entre un commerçant et un non-commerçant.* Le commerçant ne peut invoquer ses livres à titre de preuves ou même de commencement de preuve par écrit, il peut seulement les invoquer comme une simple présomption destinée à permettre le serment supplétoire. (Art 1329, C. N.)

Le non-commerçant, au contraire, peut toujours invoquer à son profit les livres du commerçant son adversaire, à la seule condition de ne point les diviser en ce qu'ils contiennent de contraire à sa prétention.

TITRE III.

DES SOCIÉTÉS COMMERCIALES.

I. — *Principes généraux.*

La société est un contrat par lequel deux ou plusieurs personnes conviennent de mettre quelque chose en commun dans le but d'en partager les bénéfices.

CONDITIONS ESSENTIELLES. Toute société suppose : 1° un contrat, 2° un apport, 3° un bénéfice éventuel, 4° un objet licite.

1° *Un contrat.* S'il n'y avait pas accord de volontés, il y aurait indivision, il n'y aurait pas de société. Ce contrat est d'ailleurs soumis aux règles générales d'interprétation qui ordonnent de se reporter avant tout à l'intention des parties; dans le cas, par exemple, où un patron donnerait à son commis une part dans les bénéfices, il faudrait la plupart du temps considérer cette convention comme une augmentation de salaire et ne pas y voir l'intention de former une société.

2° *Un apport,* une chose susceptible d'évaluation que les associés conviennent de mettre en commun. Si l'une des parties n'apportait rien, il n'y aurait pas de société, il y aurait un contrat de bienfaisance, une donation de la part de celui des contractants qui en admettrait un autre à partager des bénéfices auxquels il n'aurait pas concouru. L'apport est donc absolument indispensable, mais il peut être de valeurs de la nature la plus diverse :

un associé peut apporter un capital, ou simplement son industrie, le concours de son travail ou même son **crédit commercial**.

3° *Un bénéfice éventuel à réaliser par le fait de la société*. On doit dire, à ce titre, qu'un contrat d'assurance mutuelle n'est pas un contrat de société, car il n'y a pas de bénéfices à réaliser, il y a seulement une diminution de fortune à éviter ; et d'ailleurs le résultat ne provient jamais du fait de la société, mais de circonstances extérieures, telles que la vie plus ou moins longue de chacun des assurés Cette question offre d'ailleurs assez peu d'utilité, puisque dans notre droit la convention est la loi des parties et que les parties pourront toujours assigner au contrat d'assurance les règles du contrat de société.

Les bénéfices se partagent entre les associés dans la proportion établie par la convention. A défaut de convention ils se partagent par tête.

La contribution aux pertes est la contre-partie indispensable de la contribution aux bénéfices et toute société suppose un risque, qui peut être plus ou moins considérable, et ne pas être égal pour chaque associé, mais qui, dans tous les cas, s'étend au moins à la mise de l'associé.

4° *Enfin un objet licite.*

NATURE DU CONTRAT. La société est un contrat *synallagmatique*. Il y a donc lieu à la résolution du contrat pour inexécution des engagements.

Elle est, en règle générale, un contrat formé en vue des personnes ; et il en résulte : 1° que l'erreur sur la personne est une cause de nullité du contrat ; 2° que la mort de l'associé est une cause de dissolution ; 3° que le droit de l'associé est incessible, et qu'il ne saurait faire **entrer un tiers dans la société sans le consentement unanime de ses coassociés.**

— Les obligations des associés envers la société comportent de plus une règle spéciale et importante. C'est que si l'un des associés est en demeure, les intérêts qui courront de plein droit contre lui seront de la valeur réelle du préjudice causé par son retard, et non point du taux légal de 6 0/0, s'il s'agit d'une dette de somme d'argent.

II. — *Sociétés commerciales.*

Une société est civile ou commerciale suivant la nature de ses opérations : civile si elle est fondée dans le but de se livrer à des opérations régies par le droit civil, l'exploitation d'une mine par exemple ; commerciale si elle est fondée au contraire dans le but de se livrer à une ou plusieurs des opérations qui constituent des actes de commerce aux termes des art. 632 et suiv. C. C.

Les sociétés commerciales qui forment l'objet de notre titre sont régies :

1° *Par le droit civil* qui fixe les principes généraux applicables à toutes les sociétés tant commerciales que civiles.

2° *Par le droit commercial* qui fixe certaines règles particulières aux sociétés de commerce, tantôt extensives, tantôt restrictives du droit commun.

3° *Par les conventions des parties* qui peuvent avoir pour but, soit d'ajouter aux dispositions générales de la loi les dispositions spéciales à chaque contrat particulier, soit de déroger aux règles législatives en établissant des règles différentes dans tous les cas où cette dérogation n'est contraire ni à l'ordre public ni aux bonnes mœurs.

Les dispositions du Code de Commerce à l'égard des sociétés sont de deux natures.

En premier lieu il crée des **formes spéciales de société**

dont il donne le type et qu'il soumet à des règles particulières.

En second lieu il édicte certains principes destinés à faciliter la rapidité des relations commerciales, et offrant aux tiers un contrôle plus facile, ou une garantie plus certaine.

A ce dernier point de vue on peut distinguer entre les sociétés civiles et les sociétés commerciales les différences suivantes :

1° La société civile est un contrat purement consensuel, les sociétés commerciales, au contraire, exigent un écrit et certaines formes de publicité.

2° Le gérant d'une société civile n'oblige ses associés que quand il a reçu d'eux pouvoir à cet effet ; les pouvoirs du gérant d'une société commerciale sont plus étendus, et il oblige la société toutes les fois qu'il signe sous la raison sociale.

3° Les associés sont tenus solidairement dans les sociétés commerciales, ils ne le sont en matière de sociétés civiles que s'ils en sont convenus expressément.

4° Les associés sont justiciables du tribunal de commerce dans les sociétés commerciales. Ils étaient contraignables par corps avant l'abolition de la contrainte.

5° Une société commerciale peut seule être mise en faillite.

6° En matière de société civile la preuve orale est admise au dessous de 150 francs ; en matière de société commerciale la preuve orale n'est jamais admise.

7° En matière de société civile la prescription suit les règles ordinaires ; en matière de société commerciale elle est de cinq ans seulement dans certains cas (voir page 88).

8° Enfin c'est une question très-controversée et résolue négativement par la jurisprudence, que de savoir si les sociétés civiles forment une personne morale, un être

2.

juridique distinct des associés. Il est universellement admis au contraire que les sociétés commerciales ont une personnalité propre, et on se fonde à cet égard sur l'article 529 du C. N. qui déclare que le droit des associés est toujours mobilier.

De ce que la société commerciale est un être juridique on tire d'importantes conséquences qui forment de nouvelles distinctions entre les sociétés commerciales et civiles.

1° Comme le déclare l'art. 529, la société est propriétaire du fonds social, les associés en sont dessaisis, et n'ont jamais qu'un droit mobilier, un droit de créance.

2° Les créanciers de la société passent avant les créanciers personnels de chaque associé.

3° Un débiteur de la société ne pourrait opposer la compensation avec une somme qui lui serait due personnellement par un associé. Il en serait de même du débiteur d'un associé qui serait créancier de la société.

4° La société este elle-même en justice et y est représentée par son gérant.

DIVERSES SORTES DE SOCIÉTÉS.

L'art. 19 C. C. porte que la loi reconnaît trois sortes de sociétés commerciales :

La société en nom collectif,
La société en commandite,
Et la société anonyme.

Il faut ajouter à cette énumération :

La société en commandite par actions qui diffère sensiblement de la commandite simple.

La société établie entre les agents de change et leurs bailleurs de fonds (L. du 2 juillet 1862) qui présente des analogies avec la commandite mais qui en diffère cependant. (Voir page 103).

La société à capital variable qui rentre dans les autres formes, mais qui est cependant soumise à des règles spéciales.

Enfin deux formes particulières d'association qui ne sont point à proprement parler des sociétés, mais qui sont régies l'une par les dispositions du Titre III, l'autre par la loi de 1867 ; ce sont :

L'association en participation

Et *les associations tontinières.*

La loi du 23 mai 1863 avait créé aussi les *sociétés à responsabilité limitée*, mais cette forme nouvelle a été supprimée par la loi de 1867.

III. — *Société en nom collectif.*

§ I. — Caractères de la société en nom collectif.

La société en nom collectif est la forme de droit commun, à laquelle les parties sont censées se soumettre quand elles n'ont point adopté expressément une autre forme.

Son caractère essentiel consiste dans la responsabilité personnelle, indéfinie et solidaire de chacun des associés.

A cette responsabilité personnelle correspond un signe sensible: la Raison sociale. Comme le crédit de la société est fondé sur le nom et le crédit de chacun des associés, c'est ce nom qui forme la dénomination de l'être social ; elle s'appellera par exemple la *Société Pierre, Paul et C*ie. Cette appellation est la raison sociale, elle forme aussi la signature sociale dont se servent les gérants toutes les fois qu'ils agissent au nom de la société.

Les noms des associés peuvent seuls faire partie de la raison sociale (art. 21, C. C).

De ce que la société en nom collectif est commerciale et composée d'associés responsables, il résulte que nul ne peut en faire partie s'il ne peut être commerçant. On admet même en général que les mineurs et les femmes mariées, autorisés à faire le commerce, ne pourraient sans une autorisation spéciale entrer dans une société en nom collectif ; car les risques à courir et les conséquences juridiques sont infiniment plus graves que dans l'exercice ordinaire du commerce.

De ce que la responsabilité et la solidarité sont des caractères inhérents à la société en nom collectif, on conclut à peu près universellement que les parties ne sauraient déroger à cette règle et limiter leur responsabilité ou s'affranchir de la solidarité. Sur le premier point on invoque l'art. 2092 du C. N. C'est, dit-on, un principe de droit commun que quiconque s'est engagé personnellement est tenu sur tous ses biens. Le Code de Commerce a dérogé à cette règle pour la société anonyme et pour la société en commandite ; mais si on veut n'encourir qu'une responsabilité limitée on devra prendre la forme de ces sociétés avec les règles protectrices qui y sont contenues, et on ne saurait appliquer à une autre forme les dispositions exceptionnelles qui permettent à l'associé anonyme de n'être tenu que jusqu'à concurrence de sa mise. D'ailleurs, le Code de Commerce porte que la loi reconnaît trois formes de société commerciale ; cette énumération limitative a pour but de faciliter les transactions commerciales en permettant aux tiers de connaître par le nom seul de la société avec laquelle ils contractent, le genre de garanties qu'elle offre. Permettre de s'affranchir des règles essentielles à chacune de ces formes ce serait tromper les tiers par un nom mensonger, et les obliger à consulter l'acte de société avant de rien conclure, pour **être sûrs de n'être point lésés.**

Au reste, la solidarité n'existe de plein droit que vis-à-vis des tiers, et elle ne saurait être invoquée par les associés entre eux si elle n'a été stipulée expressément.

§ II. — Constitution des sociétés en nom collectif.

En matière de société il faut distinguer deux contrats distincts ; l'un entre les associés pour former la société, l'autre entre les associés, la société et les tiers. Deux formalités seront donc exigées :

1° A l'égard des associés la rédaction d'un acte écrit, soit authentique, soit sous seing privé ;

2° A l'égard des tiers certains modes de publicité qui viennent d'être déterminés à nouveau par le Titre IV de la loi du 24 juillet 1867.

Ces formalités consistent à peine de nullité :

1° Dans le dépôt, sous le délai d'un mois à partir de la constitution de la société, d'un double de l'acte constitutif s'il est sous-seing privé, ou d'une expédition s'il est notarié; le dépôt a lieu aux greffes de la justice de paix et du tribunal de commerce du lieu où la société est établie, et si elle a plusieurs maisons situées dans divers arrondissements, le dépôt doit avoir lieu dans chaque arrondissement. (On entend par arrondissement les sous-préfectures et non les villes divisées en arrondissements municipaux, pour lesquelles il suffit d'un dépôt au tribunal de commerce et au greffe de la justice de paix du principal établissement.)

2° Dans la publication, sous le même délai, d'un extrait de l'acte publié dans un des journaux désignés pour les annonces judiciaires.

Cet extrait doit contenir :

1° L'énonciation que la société est en nom collectif.

2° Les noms des associés.

3° La désignation des gérants.

4° La raison sociale.
5° L'indication du siége social.
6° L'époque où la société commence.
7° Celle où elle doit finir.
8° La date du dépôt au greffe de la justice de paix et du tribunal de commerce.

Il doit être justifié de l'insertion, également à peine de nullité, par un exemplaire du journal certifié par l'imprimeur, légalisé par le maire et enregistré dans les trois mois de sa date.

Si la société a divers établissements, l'insertion doit avoir lieu dans chacun des arrondissements où le dépôt au greffe est exigé.

Les mêmes publications sont exigées pour tout acte ayant pour objet :

1° Une modification aux clauses de l'association.
2° La continuation de la société au delà du terme fixé dans l'acte.
3° La dissolution avant le terme fixé.
4° Le mode de liquidation.
5° Tout changement à la raison sociale.
6° Tout changement ou retraite d'associé.

Il est évident, en cas de modification aux clauses de l'acte de société, que l'extrait publié dans les journaux n'est nécessaire que si le changement porte sur une des clauses dont la publicité était primitivement nécessaire. Ainsi une modification ayant pour but de déterminer un nouveau mode de répartition des bénéfices entre les associés devrait être l'objet d'un dépôt au greffe, mais non d'une insertion dans les journaux.

Toutes ces formalités sont prescrites à peine de nullité de la société s'il s'agit de l'acte de constitution, de nullité de la modification apportée à l'acte primitif, s'il s'agit d'une simple modification.

L'art. 56 de la loi de 1867 porte que la nullité aura lieu *à l'égard des intéressés*, mais qu'elle ne pourra être opposée aux tiers par les associés, et cela se conçoit, car ceux-ci ne sauraient tirer parti de leur faute pour éluder leurs engagements. Les créanciers sociaux auront donc le droit de choisir, d'invoquer la nullité, ou s'ils le préfèrent de tenir la société pour valable.

Mais il convient de se demander quels sont les *intéressés* auxquels le défaut de publication permet d'invoquer la nullité. — Ce sont :

1° *Les créanciers sociaux.* Ils n'auront pas d'intérêt dans une société en nom collectif à tenir la société pour nulle, puisque les associés sont personnellement responsables et que l'existence de la société leur donne de plus un privilége sur l'actif social, qui les fait passer avant les créanciers personnels des associés, mais ils pourront avoir intérêt à faire annuler une clause modificative de l'acte primitif, et portant par exemple sur la retraite d'un associé plus solvable que ses coassociés, sur le changement du gérant, etc.

2° *Les associés entre eux.* Ils ont intérêt à ne pas rester engagés dans une société dont on peut sans cesse leur opposer la nullité.

3° *Les débiteurs de la société.* Ils ont intérêt à faire annuler la société et à devenir les débiteurs personnels des associés, s'ils ont contre l'un d'eux une créance qui leur permette de lui opposer la compensation.

4° *Les créanciers d'un associé.* Ils ont intérêt à ce que leur débiteur ne reste point dans une société qui serait sous le coup d'une demande en nullité, et ils peuvent provoquer eux-mêmes cette demande contre les coassociés de leur débiteur.

Mais pourraient-ils invoquer la nullité contre les tiers ?

Un premier système leur refuse ce droit, car ils ne sont

que les ayants-cause de l'associé leur débiteur. Celui-ci ne pourrait invoquer la nullité à l'égard des tiers, et son créancier ne saurait avoir plus de droits que lui-même.

Le second système répond plus justement que la loi a donné le droit d'invoquer la nullité à tous *les intéressés,* à la seule exception des associés. Le créancier d'un associé est évidemment un intéressé, il agit personnellement et non du chef de son débiteur ; il peut donc invoquer la nullité.

Cette question est importante, car si la société est valable, les créanciers sociaux auront un privilége sur le capital social, si elle est nulle, au contraire, ils ne viendront qu'en concours avec les créanciers personnels de chaque associé. On conçoit donc l'intérêt que les créanciers personnels de l'associé peuvent avoir à invoquer la nullité.

Si la nullité est prononcée, comment devra se faire entre les associés la répartition de l'actif et la contribution aux bénéfices ou aux pertes ?

Premier système. La société étant nulle, on ne saurait invoquer les clauses de l'acte qui est légalement inexistant, et les juges feront la répartition d'après les règles de l'équité *(ex æquo et bono),* c'est-à-dire proportionnellement à la mise de chacun.

Deuxième système. La liquidation devra avoir lieu conformément aux clauses de l'acte de société, car la nullité n'est stipulée que dans l'intérêt des tiers; les associés n'ont le droit de l'invoquer entre eux que pour l'avenir et afin de sortir d'une situation dangereuse vis-à-vis des tiers. Mais la société reste valable pour le passé, et les opérations terminées sont régies par l'acte de société.

Ce deuxième système est plus conforme aux principes et évite d'inextricables difficultés qui surviendraient nécessairement, s'il fallait considérer comme non avenu le passé d'une société, si long qu'il soit.

§ III. — Fonctionnement des sociétés en nom collectif.

De la gérance. La société est administrée par un ou plusieurs gérants.

Il faut distinguer à cet égard trois hypothèses.

Première hypothèse. L'acte de société est muet sur la gérance. Le droit d'administrer et d'employer la signature sociale appartient alors à chacun des associés, car à défaut de convention ils sont censés s'être donné le pouvoir d'administrer l'un pour l'autre. Mais tous ayant un droit égal, chacun d'eux peut opposer son *veto* à une opération avant qu'elle soit conclue. *In pari causa melior est causa prohibentis.* Ces règles sont du reste tracées par l'art. 1859 C. N.

Deuxième hypothèse. L'acte de société décide que le gérant sera nommé par l'assemblée des associés. Alors le gérant est révocable et c'est la direction imposée par la majorité qui prévaut.

Troisième hypothèse. Le gérant est nommé par l'acte constitutif de la société. Alors il ne peut être révoqué, car on suppose que les dispositions relatives à l'exercice de la gérance ont pu être la raison déterminante de son accession au contrat de société. Les associés ne pourraient même entraver la liberté de son administration ou lui interdire de faire une ou plusieurs opérations. Ils n'auraient que le droit de demander sa révocation en justice pour une *cause légitime*.

Pouvoirs du gérant. A défaut de convention expresse, les pouvoirs du gérant sont plus étendus que dans la société civile et comprennent le droit de faire toutes les opérations nécessaires pour réaliser le but que se propose la société. On admet généralement néanmoins qu'il ne pourrait ni vendre les immeubles, ni les hypothéquer, ni transiger dans une contestation relative à des immeubles.

QUAND LE GÉRANT OBLIGE LA SOCIÉTÉ. Le gérant n'oblige la société que quand il contracte sous la raison sociale. On conçoit néanmoins que l'obligation existerait si le gérant, signant de son nom personnel, déclarait dans acte qu'il agit au nom de la société; en effet il n'y a pas dans notre droit de formules obligatoires.

A la différence des sociétés civiles, on admet que le gérant oblige la société, toutes les fois qu'il agit sous la raison sociale, et lors même qu'il excède ses pouvoirs ou qu'il fait une affaire personnelle. En effet, *la raison sociale* est le signe qui permet aux tiers de croire qu'ils ont affaire à la société; ils seraient donc trompés si celle-ci n'était pas obligée ; et dans le cas où le gérant se servirait de la signature sociale dans son intérêt personnel, on peut dire qu'il appartenait aux associés de prendre leurs garanties, en choisissant un gérant plus honnête. Il en serait autrement s'il y avait dol ou mauvaise foi de la part du créancier, mais la preuve de la mauvaise foi serait à la charge de la société.

QUAND UN ASSOCIÉ NON GÉRANT OBLIGE LA SOCIÉTÉ. Si un associé non gérant a contracté au nom de la société et que celle-ci en ait tiré profit, la société sera obligée envers le créancier, car elle a ratifié implicitement en faisant sienne l'opération (art. 1864 C. N).

Si l'associé non gérant a agi pour son compte personnel et non pour le compte de la société, la question est controversée, car le cas ne rentre plus dans l'article 1864 C. N. On admet que la société ne sera point directement obligée envers le tiers, créancier, qui ne l'a jamais eue en vue. Mais si elle a tiré profit de l'opération, elle sera obligée envers l'associé qui lui aura procuré un bénéfice;

et le créancier pourra agir indirectement, en **exerçant** contre la société l'action de l'associé son débiteur.

Devoirs des associés envers la société. Les devoirs des associés sont déterminés par les règles du droit civil. Ils doivent effectuer leur apport, veiller aux intérêts de leur société comme à leurs intérêts propres, et ne point se retirer à contre temps.

Ils ne peuvent faire entrer une tierce personne dans la société sans le consentement unanime des associés, mais ils peuvent prendre un croupier qui est leur associé personnel et dont ils sont responsables. Le croupier s'oblige envers la société, car il est considéré comme mandataire de l'associé; la société n'est point obligée directement envers lui, car elle n'a d'affaires qu'avec l'associé, mais l'associé doit tenir compte à son croupier, en vertu de leur contrat particulier, des dividendes qu'il a reçus de la société.

La société formée entre un associé en nom collectif et son croupier n'est pas nécessairement en nom collectif : elle peut très bien être une commandite ou une simple association en participation.

IV. — *Société en commandite.*

§ 1. — Caractères de la société en commandite.

Le caractère de la société en commandite est de se composer de deux éléments distincts : 1° des associés responsables et solidaires, comme dans la société en nom collectif : ce sont les *commandités*; 2° des associés qui ne sont que de simples bailleurs de fonds et ne sont responsables que jusqu'à concurrence de leur mise : ce sont les *commanditaires*. Les premiers administrent la société, les seconds ne peuvent intervenir dans l'administration ;

leur rôle se borne à apporter leur capital et à participer aux bénéfices, ce sont en quelque sorte des prêteurs ou, selon l'expression du Code de Commerce, de simples *bailleurs de fonds*.

Il faut cependant se garder de confondre le commanditaire avec un prêteur ou créancier ordinaire, et plusieurs différences importantes séparent leurs situations :

1° Le commanditaire est un associé, le prêteur ne l'est pas ;

2° Le commanditaire possède un intérêt ou une action, le prêteur une obligation.

3° Le commanditaire subit les risques de la société, le prêteur doit être remboursé intégralement.

4° Le commanditaire a droit aux bénéfices qui sont plus ou moins considérables suivant la prospérité de la société, le prêteur a droit à un intérêt fixe.

5° Le prêteur est un créancier qui peut faire déclarer la faillite de la société si elle ne le paie pas ; le commanditaire est un associé qui ne possède de créance qu'autant qu'il y a excédant d'actif, et qui par conséquent ne saurait faire mettre la société en faillite.

De ce que le commanditaire n'est responsable que jusqu'à concurrence de sa mise, il résulte que pour être commanditaire il suffit d'avoir le droit de placer des fonds et d'engager un capital. Les commandités seuls ont besoin d'être capables de faire le commerce.

La société en commandite possède une raison sociale comme la société en nom collectif : mais la raison sociale ne comprend pas les noms de tous les associés : elle ne comprend que les noms de l'élément responsable, des commandités.

§ II. — Historique.

La société en commandite est d'origine italienne et provient du contrat de *commande*, par lequel on confiait, au moyen âge, une somme d'argent ou une pacotille à un marchand ou à un marin pour en trafiquer dans les villes qu'il parcourait, à la condition de participer au bénéfice.

Ce contrat prit un rapide développement, parce qu'il permettait d'éluder la loi sur le prêt en donnant à une remise de fonds la forme d'une association, et qu'il permettait à la noblesse de s'enrichir dans le commerce sans déroger, grâce au rôle secret et non apparent du commanditaire.

Aujourd'hui encore les avantages de la société en commandite sont à peu près les mêmes. Elle permet aux personnes non commerçantes de participer à des opérations commerciales et d'associer leur capital à l'industrie, sans courir les risques auxquels le commerçant est soumis.

Elle est utile aussi au commandité, car elle lui procure les fonds dont il a besoin et lui offre, au lieu d'un créancier qui réclamerait un intérêt fixe, un associé qui prend, il est vrai, sa part des bénéfices mais qui n'a rien à réclamer si les bénéfices n'existent pas, et qui ne peut faire déclarer la faillite.

Il est à remarquer que la société en commandite n'a jamais été introduite en Angleterre et y est encore inconnue.

§ III. — Division des sociétés en commandite.

On distingue deux espèces de commandites :
1º La commandite simple ou par intérêt ;
2º La commandite par actions.

La commandite par intérêt est celle dans laquelle le commanditaire possède en représentation de son apport, un droit proportionnel sur l'actif social et sur les bénéfices qui se nomme *intérêt*, et dont la nature est d'être attaché à sa personne, de ne pouvoir être-cédé à aucune autre.

La commandite par actions est celle dans laquelle l'intérêt du commanditaire consiste dans un titre nommé *action* dont la nature est d'être transmissible et destiné à changer de mains.

La commandite par intérêt est la forme à laquelle un commerçant a recours pour se procurer des fonds auprès d'un bailleur ou tout au moins d'un nombre de bailleurs peu considérable. La commandite par actions est la forme dont on se sert pour les grandes entreprises qui demandent des capitaux considérables et s'adressent à la confiance du public.

La commandite par actions n'existe que depuis le Code de commerce, qui l'a créée en décidant après avoir établi la forme de *l'action* pour les sociétés anonymes, que les sociétés en commandite pourraient aussi diviser leur capital en actions « sans aucune autre dérogation aux règles établies pour ce genre de société » (art. 38).

§ IV. — DE LA SOCIÉTÉ EN COMMANDITE SIMPLE.

Si on veut prendre une commandite à l'état pur, il faut supposer un seul commandité et un ou plusieurs commanditaires. Il en est rarement ainsi dans la pratique et les commandités sont généralement au nombre de plusieurs. En ce cas, rien n'est changé dans les rapports de l'élément commandité avec l'élément commanditaire : seulement les commandités sont censés former entre eux une société en nom collectif, et ils sont soumis dans leurs rapports aux règles de cette société.

§ V. — CONSTITUTION DE LA SOCIÉTÉ EN COMMANDITE.

Il faut comme pour les sociétés en nom collectif un acte écrit et certaines formes de publicité.

La loi du 24 juillet 1867 a résolu une question controversée, en décidant que si l'acte est sous seing privé, il suffira de deux doubles, quel que soit le nombre des associés.

Les formes de publicité consistent, comme pour les sociétés en nom collectif, dans le dépôt d'un double de l'acte de société, aux greffes du tribunal de commerce et de la justice de paix, et dans la publication d'un extrait dans les journaux. Mais les mentions qui doivent être faites dans l'extrait ne sont pas absolument les mêmes.

Ces mentions doivent contenir :

1° L'énonciation que la société est en commandite simple.

2° Les noms des commandités.

3° La désignation des gérants.

4°, 5°, 6°, 7° et 8° La raison sociale, l'indication du siége social, l'époque où la société commence, celle où elle doit finir et la date du dépôt au greffe.

9° Le montant du capital social et le montant des valeurs fournies ou à fournir par les commanditaires. La désignation du capital remplace ici l'indication des noms des associés commanditaires qui est inutile, puisque ceux-ci ne sont pas responsables et que le crédit de la société consiste dans son capital. On n'indiquera donc que les noms des associés responsables, des commandités, et l'élément commanditaire ne sera désigné que par le capital qu'il apporte. Dans les sociétés en nom collectif, au contraire, on ne désigne point le montant du capital, parce que le crédit repose tout entier sur la responsabilité personnelle des associés, et qu'il pourrait y avoir inconvénient sans avantage à divulguer la situation financière de la société.

En cas de modification aux clauses primitives de l'acte, les mêmes publications seront nécessaires que pour la société en nom collectif. On devra, de plus, publier les modifications par lesquelles la société augmenterait son capital, puisque le montant du capital est au nombre des énonciations nécessaires dans la société en commandite.

Le tout à peine de nullité d'après les règles que nous avons indiquées à propos des sociétés en nom collectif.

§ VI. — Fonctionnement de la société en commandite.

Des gérants. Le gouvernement de la société appartient à l'élément commandité. Il est le *dominus rei* et exerce la gérance sans immixtion de la part des commanditaires, du moins dans la rigueur des principes. La gérance peut d'ailleurs appartenir à tous les commandités ou à quelques-uns d'entre eux, être décernée par les statuts, ou par une délibération postérieure conformément aux statuts. Les règles sont à cet égard celles de la société en nom collectif.

Du rôle des commanditaires. La loi interdit aux commanditaires tout acte de gestion. En principe leur rôle est purement passif et se borne à surveiller les gérants, sans s'immiscer jamais dans l'administration. On a craint que si les commanditaires pouvaient diriger l'entreprise, ayant tout à gagner et rien à perdre puisqu'ils ne seraient pas responsables, ils ne vinssent à engager la société dans les opérations les plus imprudentes.

On a pensé surtout, que si les tiers se trouvaient en présence d'un simple commanditaire agissant au nom de la société, ils pourraient se tromper sur sa position, le prendre pour un associé responsable, et contracter en comptant sur sa responsabilité.—Aussi est-il interdit aux commanditaires d'agir au nom de la société alors même qu'ils agiraient en vertu d'une procuration du gérant et comme ses mandataires.

Mais quels sont les actes qui constituent l'immixtion interdite?

Sur ce point délicat on tend de plus en plus à interpréter le texte dans un sens favorable au commanditaire et à lui reconnaître les pouvoirs les plus étendus qu'il soit possible de lui accorder, sans violer directement la loi.

Le Corps législatif a modifié l'art. 28 du Code de commerce (loi du 6 mai 1863), en déclarant que les avis, conseils, actes de contrôle ou de surveillance n'engagent point la responsabilité du commanditaire, et a supprimé dans l'art. 27 le paragraphe qui lui interdisait d'être employé pour les affaires de la société.

La jurisprudence s'associant à cette pensée a reconnu au commanditaire le droit de se livrer à des actes d'*immixtion intérieure,* qui suivant elle ne sauraient avoir d'inconvénient au point de vue des tiers dont ils resteraient ignorés.

Puis elle en est venue à autoriser certains *actes extérieurs* qui tiennent de la surveillance ou du contrôle; ainsi il a été jugé que les statuts sociaux peuvent interdire au gérant de transiger, compromettre, placer les capitaux, affermer, hypothéquer, faire des emprunts extraordinaires ou des acquisitions d'immeubles sans l'autorisation des commanditaires.

On a même décidé que les statuts pourraient donner aux commanditaires le droit de révoquer le gérant et que cette révocation n'entraînait pas de plein droit la dissolution de la société ; à plus forte raison les commanditaires pourraient-ils demander la révocation en justice pour une cause légitime.

Ces décisions, évidemment contraires aux principes, mais avantageuses dans la pratique, surtout en matière de commandite par actions, ont considérablement élargi l'ancienne règle, d'après laquelle le commanditaire est

3.

un simple bailleur de fonds auquel il est interdit de faire
« *aucun acte de gestion*. » Aujourd'hui il ne lui est plus
guère interdit que de contracter avec les tiers au nom de
la société.

RESPONSABILITÉ DU COMMANDITAIRE QUI S'EST IMMISCÉ
DANS LA GESTION. Aux termes de l'art. 28 (C.C.) l'associé
commanditaire qui s'était immiscé dans la gestion encourait une peine extrêmement grave: la déchéance de son bénéfice. Il devenait solidairement responsable avec les commandités pour toutes les dettes de la société, même antérieures à son immixtion.

La loi du 6 mai 1863 a modifié cet article et diminué sa rigueur. Désormais, il faut distinguer. La responsabilité du commanditaire ne s'étendra obligatoirement qu'aux dettes qui dérivent des actes de gestion qu'il a faits; quant aux autres engagements de la société, la responsabilité n'est plus encourue de plein droit, elle n'est que facultative et pourra être prononcée par le tribunal pour tout ou pour partie, suivant le nombre et la gravité des actes d'immixtion.

Cette responsabilité n'étant établie que dans l'intérêt des tiers, on admet que le commanditaire déclaré responsable aura un recours contre le gérant pour tout ce qui aura excédé sa mise.

OBLIGATION DU COMMANDITAIRE. La principale obligation du commanditaire consiste à effectuer son apport. Mais quelle est la nature de cette obligation ? Est-elle commerciale ou civile ?

Premier système Le commanditaire n'est tenu que civilement. En effet, il n'est pas commerçant, et la société en commandite a précisément pour but de permettre le placement de leurs capitaux aux personnes qui ne veulent ou ne peuvent pas accepter les dangers de la position de **commerçant**.

Deuxième système. Le commanditaire est tenu commercialement. Il s'agit en effet d'une société de commerce, par conséquent d'une dette commeciale, et s'il est vrai que la loi donne au commanditaire une situation privilégiée, son privilége se borne à n'être responsable que jusqu'à concurrence de sa mise. Mais à l'égard de sa mise il n'a droit à aucun bénéfice spécial; et c'est précisément parce que sa mise entre seule dans la société, à laquelle sa personne reste étrangère, que cette mise subit les règles relatives aux sociétés commerciales et est exigible commercialement.

De ce que la mise est seule responsable, il résulte que, la mise une fois versée, les créanciers sociaux ne pourront jamais attaquer le commanditaire, hormis le cas exceptionnel où il se serait immiscé dans la gestion. Mais si la mise n'est pas versée, les créanciers pourront-ils actionner le commanditaire directement et de leur chef?

Premier système. Les créanciers pourront actionner directement le commanditaire jusqu'à concurrence de sa mise. En effet il est associé et comme tel responsable des engagements de la société dans la limite de son apport.

Deuxième système. Les créanciers n'ont pas d'action directe contre le commanditaire, car celui-ci n'a contracté qu'avec le gérant : il n'est point partie au contrat passé entre la société et les tiers, et la preuve de ce fait est que son nom reste étranger au public et n'est point inséré dans les journaux destinés à porter à la connaissance des tiers l'existence et la composition de la société. Si donc les créanciers sociaux veulent attaquer en justice le commanditaire, ils ne pourront agir que par subrogation aux droits du gérant.

Il résulterait de ce système que les commanditaires pourraient opposer aux créanciers toutes les exceptions personnelles au gérant, et offrir en compensation de leur mise les sommes qui leur seraient dues par le gérant ou la société.

Troisième système. Ce système admet comme le premier que les créanciers ont une action directe. En effet, si le commanditaire n'est point tenu personnellement, sa mise est une partie du capital social et est tenue envers les créanciers. Mais comme la société est une personne morale représentée en justice par son gérant, les créanciers ne pourront poursuivre que le gérant, tant que la société ne sera pas en faillite. Ils ne pourront donc agir directement contre les commanditaires qu'après avoir fait déclarer la faillite, s'il y a lieu.

§ VII. — DE LA SOCIÉTÉ EN COMMANDITE PAR ACTIONS.

Le Code de Commerce n'avait point tracé à l'origine de règles spéciales à la commandite par actions, et elle ne différait de la commandite simple que par la nature du droit conféré au commanditaire sous le nom d'*action*.

DE L'ACTION. L'action est le droit de l'associé au partage des bénéfices et de l'actif social. Sa nature particulière est d'être transmissible et de passer de mains en mains.

Elle peut être transmise par les modes du droit civil (succession, donation, cession de créance).

Elle peut être transmise par les modes commerciaux et on dit alors qu'elle est *négociable*.

Les modes de négociation diffèrent suivant la nature de l'action qui peut revêtir trois formes distinctes : action *nominative*, action *au porteur*, action *à ordre*.

L'action nominative est celle dont le titre porte le nom du titulaire. Elle ne peut être cédée que par un *transfert* inscrit sur les registres de la société et signé du titulaire ou de son fondé de pouvoirs.

L'action au porteur n'a pas de titulaire ; elle appartient au porteur, et est l'application complète du principe : *En fait de meubles possession vaut titre.* Elle se transmet de la main à la main, par simple tradition.

L'action à ordre (très-peu usitée) est celle dont le titre porte : *Payable à M. X...* (le nom du titulaire) *ou à son ordre.* Elle se transmet par endossement.

Il peut arriver qu'une action ne soit pas négociable ; par exemple, la loi de 1856 reproduite dans la loi de 1867, a interdit toute négociation avant le versement du quart du capital ; mais dans ces cas l'action qui n'est point négociable ne cesse pas pour cela d'être transmissible. Elle peut toujours être cédée par les modes de droit civil et en particulier par le mode établi par l'art. 1690 du C N. pour la cession de créance, c'est-à-dire par tradition au cessionnaire avec signification du transport au débiteur et acceptation du transport faite par le débiteur dans un acte authentique.

DANGERS DE LA SOCIÉTÉ PAR ACTIONS. On conçoit immédiatement les avantages et les dangers de la société par actions.

Ses avantages sont de permettre à l'associé de céder son droit, de supprimer par là les relations de personnes et d'éviter ainsi les causes de dissolution si fréquentes dans les autres sociétés qui prennent fin par la mort, l'interdiction, la faillite ou la simple retraite d'un associé. En outre elle facilite l'apport des capitaux et se prête aux plus vastes entreprises.

Ses dangers se tirent de ses avantages mêmes ; ils consistent dans les facilités qu'un titre essentiellement transmissible prête à l'agiotage le plus effréné.

Ce danger s'est réalisé surtout dans la société en commandite par actions, parce que le Code de Commerce laissait à cette société une liberté complète, tandis que pour les sociétés anonymes, le droit d'accorder ou de refuser l'autorisation permettait au gouvernement de prendre ses garanties. Dans la commandite rien de tel n'existait et cette absence de règles donna lieu aux abus les plus graves.

Des sociétés qui n'avaient aucun caractère sérieux étaient fondées sous prétexte d'entreprises illusoires et s'adressaient à la crédulité des actionnaires qui ne manquaient pas d'y souscrire. L'acte de société, rédigé à l'avance et sans contrôle, accordait au gérant les priviléges les plus exorbitants et lui servait à exagérer hors de toute mesure la valeur prétendue de ses apports en matériaux ou en industrie : les actions étaient divisées en coupons du prix le plus modique, quelquefois de 5 ou de 1 franc et devenaient pour les ouvriers, à la portée desquels elles étaient mises, de véritables billets de loterie ; des dividendes fictifs pris sur le capital permettaient de simuler pendant quelque temps une prospérité mensongère ; le gérant provoquait le plus souvent une hausse factice en achetant ostensiblement un certain nombre d'actions, à haut prix, pour faire monter le cours et en revendre ensuite avec bénéfice un beaucoup plus grand nombre ; et à la suite de ces opérations une faillite inévitable consommait la ruine des actionnaires trop confiants.

Remèdes apportés par la législation. Dès 1838, on regardait comme indispensable de remédier à ces inconvénients et sinon de supprimer la commandite par actions, au moins d'interdire les actions au porteur. Un projet de loi fut présenté à cet effet, mais ne put être mis en discussion avant la fin de la législature et ne fut point repris devant la Chambre nouvelle.

Une loi du 17 juillet 1856 eut pour but de **répondre aux réclamations de l'opinion publique**, elle conserva la commandite par actions même au porteur, mais en organisant un système de garanties plus efficace que par le passé. La loi de 1856 a été abrogée depuis par la loi du 24 juillet 1867, mais le titre Ier de cette nouvelle loi en a reproduit, bien qu'en les adoucissant, les principales dispositions.

Rappelons, avant d'examiner la réglementation relative à la commandite par actions, qu'une loi du 6 mai 1863[1], applicable aux deux formes de commandite, a modifié les art. 26 et 27 du Code de Commerce et diminué l'omnipotence des gérants en adoucissant les règles relatives à la responsabilité du commanditaire pour immixtion dans la gestion.

§ VII (SUITE). — DISPOSITIONS DE LA LOI DE 1867 RELATIVES A LA COMMANDITE PAR ACTIONS.

RÈGLES RELATIVES A LA CONSTITUTION DE LA SOCIÉTÉ. *Première règle.* Les actions ou coupons d'actions ne peuvent être de moins de 100 francs si le capital n'excède pas 200,000 francs; et de moins de 500 francs si le capital excède 200,000 francs, le tout sous peine de 500 à 10,000 francs d'amende.

Deuxième règle. La société n'est définitivement constituée qu'après que la totalité des actions a été souscrite et que le quart au moins du prix de chaque action a été versé par les actionnaires. Ordinairement le paiement des actions souscrites a lieu par versements successifs, et il y a même des sociétés, nommées *sociétés à capital*

---

[1] Il ne faut pas confondre cette loi avec la loi du même jour sur les sociétés à responsabilité limitée. Celle-ci a été abrogée par la loi du 24 juillet 1867, tandis que la loi modificative des art. 26 et 27 du Code de Commerce n'a pas cessé d'être en vigueur.

de garantie (les sociétés d'assurance, par exemple), dont le capital, n'étant point engagé dans les opérations sociales et n'étant destiné qu'à servir de garantie aux créanciers en cas de sinistre, n'est jamais versé que pour une faible partie. Le reste demeure entre les mains des actionnaires et n'est *appelé* que s'il y a lieu. Ces pratiques n'ont rien de contraire à la loi, pourvu toutefois que le versement primitif du quart du capital ait été réalisé.

Troisième règle. Une action ne peut être négociée qu'après que le versement du quart de la totalité des actions a été effectué. Mais lorsqu'elle n'est pas encore négociable, elle peut toujours être cédée civilement.

Quatrième règle. L'action est nécessairement nominative tant que le versement de la moitié du capital n'a pas été effectué. Elle est nominative jusqu'au versement total, à moins que les statuts primitifs n'aient donné à l'assemblée le droit de transformer les actions en actions au porteur après le versement de moitié et que l'assemblée n'ait permis cette transformation.

Cinquième règle. En principe, l'actionnaire n'est pas responsable personnellement, car il est inconnu légalement, l'action est donc seule responsable, et si les versements successifs ne sont point effectués à l'échéance, la société n'a d'autre droit que de faire vendre l'action et de se payer sur le prix. — Ce principe a été modifié par la loi de 1856 ; et on a voulu qu'une catégorie spéciale d'actionnaires, les souscripteurs primitifs, fussent personnellement responsables de la totalité des versements. En effet, les souscripteurs primitifs se sont obligés personnellement par le fait de leur souscription ; ils ne peuvent donc prétendre à l'irresponsabilité des actionnaires ordinaires et ils doivent être tenus de verser le montant intégral de leur souscription. La loi de 1867 a reproduit cette règle avec certains tempéraments assez compliqués.

1° Si les actions doivent être nominatives jusqu'à entière libération, le souscripteur primitif est tenu personnellement jusqu'à entière libération.

2° Si les statuts ont autorisé la transformation en actions au porteur après le versement de moitié (en vertu de la règle précédente), ils sont censés avoir limité la responsabilité du souscripteur au versement de moitié. La loi y ajoute pour plus de sûreté un délai de deux ans et le souscripteur cesse d'être responsable au bout de deux ans à compter de la délibération de l'assemblée générale sur la question de savoir si les actions seront tranformées en actions au porteur. La responsabilité cesse, alors même que par suite du vote négatif de l'assemblée, l'action serait restée nominative.

3° Si l'action a été cédée ou négociée avant le versement de moitié, le cessionnaire est responsable comme le souscripteur primitif et sans que d'ailleurs la responsabilité de celui-ci soit éteinte par la cession qu'il a faite.

4° Si l'action est cédée ou négociée après le versement de moitié, les cessionnaires postérieurs à ce versement ne sont jamais responsables, et le versement de la dernière moitié ne peut être exigé que du souscripteur et des cessionnaires antérieurs, sous les distinctions que nous venons d'indiquer.

Sixième règle. Dans le cas où un associé fait un apport qui n'est point en numéraire, ou stipule à son profit un avantage particulier, la société n'est définitivement constituée, qu'après que l'évaluation de l'apport ou l'avantage ont été vérifiés et approuvés par l'assemblée générale.

Une première assemblée nomme des experts pour apprécier la valeur de l'apport ; l'approbation ne peut être donnée que par une seconde assemblée, réunie après une nouvelle convocation, cinq jours au moins après l'impression du rapport ; et l'associé qui a fait l'apport ou stipule l'avantage n'y a pas voix délibérative. La majorité se compte par tête et l'assemblée doit représenter le quart des actionnaires et le quart du capital social en numéraire. L'approbation est d'ailleurs sans préjudice du recours devant les tribunaux en cas de dol ou de fraude.

Par exception, cette vérification n'est pas nécessaire s'il s'agit d'un apport qui est possédé par indivis entre tous les associés ; car on n'a plus à craindre alors les dangers d'une évaluation exagérée.

Septième règle. Les publications se font comme pour la société en commandite simple (voir page 43) sauf les dispositions suivantes :

1º L'extrait publié dans les journaux doit énoncer que la société est en commandite par actions.

2º La souscription de la totalité du capital et le versement du quart sont certifiés par le gérant, dans un acte notarié auquel sont annexés : la liste des souscripteurs, l'état des versements effectués et un double ou une expédition de l'acte de société.

3º Il doit être annexé à l'acte déposé aux greffes : 1º une expédition de l'acte notarié constatant la souscription du capital et le versement du quart ; 2º une copie certifiée des délibérations prises par l'assemblée générale sur la vérification des apports qui ne sont pas en numéraire.

4º Toute personne a le droit de prendre communication des pièces déposées au greffe et de s'en faire délivrer à ses frais une expédition ou un extrait.

Huitième règle. Toute société en commandite par actions doit avoir un conseil de surveillance et ce conseil doit être composé de trois actionnaires au moins, sauf le cas où le nombre des actionnaires serait inférieur à trois. Si les personnes nommées n'étaient pas actionnaires, elles seraient censées avoir souscrit par le fait de leur acceptation, le nombre d'actions déterminé par les statuts, ou, en cas de silence des statuts, une action au moins, et elles en seraient débitrices envers la société.

Le conseil est nommé par l'assemblée générale pour une durée fixée par les statuts. Toutefois le premier conseil ne peut être nommé pour plus d'un an.

Outre ses fonctions ordinaires, le premier conseil a une attribution spéciale et un devoir exceptionnel. Il doit vérifier en entrant en fonctions si toutes les prescriptions de la loi ont été observées.

Sanction des règles relatives a la constitution de la société. La violation d'une ou plusieurs des prescriptions que nous venons d'indiquer entraîne la nullité de la société. La nullité peut être invoquée par tout intéressé, mais ne peut être opposée aux tiers par les actionnaires, car ceux-ci sont nécessairement en faute.

Les causes de nullité sont les suivantes :

1º Si les actions sont divisées en coupons de moins de 100 ou de 500 francs, suivant que le capital est inférieur ou supérieur à 200,000 francs.

2º Si elles sont émises autrement que sous la forme nominative avant le versement intégral ; sauf l'exception relative au cas de transformation en actions au porteur, opérée conformément aux statuts après le versement du moitié.

3º Si les apports qui ne sont pas en numéraire ou les avantages particuliers ne sont pas vérifiés par deux assemblées successives ; si la seconde assemblée n'est pas tenue à cinq jours de distance au moins de la première, si le rapport n'est pas imprimé dans le même délai, si le vote relatif à cette vérification n'a pas lieu par tête, si les associés soumis à vérification ne s'abstiennent point d'y prendre part, et si l'assemblée ne comprend pas au moins le quart des actionnaires représentant le quart du capital social en numéraire.

4° Si une ou plusieurs des publications prescrites ont été omises.

5° Si un conseil de surveillance composé de trois membres au moins n'a pas été nommé avant toute opération sociale.

En outre, les tribunaux peuvent prononcer, suivant les cas, la responsabilité avec le gérant des membres du premier conseil de surveillance et des associés dont l'apport n'a pas été vérifié. Cette responsabilité est égale au dommage résultant pour la société ou pour les tiers de la nullité de la société. Elle n'est pas nécessairement solidaire.

Enfin la loi prononce certaines peines correctionnelles.

1° Sont punies d'une amende de 500 à 10,000 francs, toute émission, toute négociation et toute participation à la négociation d'actions d'une société constituée contrairement à une ou plusieurs des prescriptions légales.

2° Est puni de la même amende le gérant qui a commencé les opérations sociales avant l'entrée en fonctions du conseil de surveillance.

3° Sont punis des peines de l'escroquerie :

Ceux qui par publication faite de mauvaise foi, de souscriptions ou de versements mensongers, ou de tous autres faits faux, ont obtenu ou tenté d'obtenir des souscriptions ou versements.

Ceux qui, dans le même but, ont publié contrairement à la vérité, le nom de personnes indiquées comme étant ou devant être attachées à la société à un titre quelconque.

L'article 463 du Code Pénal relatif aux circonstances atténuantes est applicable à tous ces délits.

CONSÉQUENCES DE LA NULLITÉ RELATIVEMENT A LA LIQUIDATION. Nous avons admis plus haut (page 36) le système d'après lequel la nullité des sociétés ne fait point obstacle à ce que la liquidation ait lieu entre associés conformément à l'acte de société. Le même principe devra-t-il être appliqué quand la nullité est prononcée en exécution des prescriptions spéciales de la loi sur les commandites par actions, ou devra-t-il s'appliquer seulement au cas où la nullité est prononcée pour défaut de publicité?

Premier système. La nullité est absolue et ses effets s'étendent même au passé. En effet, les prescriptions relatives à l'établissement du conseil de surveillance, à la vérification des apports, à la forme des actions, etc., sont établies dans l'intérêt des actionnaires et pour empêcher qu'on n'abuse de leur crédulité. Il ne s'agit donc pas ici d'une nullité établie dans l'intérêt des tiers, et puisque la nullité se fonde sur la présomption que les actionnaires ont été lésés, on ne saurait prendre pour base de la liquidation les statuts qui ont servi à les frauder. La répartition aura donc lieu *ex æquo et bono*.

Deuxième système. La liquidation aura lieu conformément à l'acte de société, car la loi ne distingue pas entre les deux cas, et l'acticle qui nous occupe est conçu dans les mêmes termes que l'article relatif à la nullité pour défaut de publication. D'ailleurs, il ne résulte pas nécessairement de ce que les prescriptions de la loi ont été violées, que les droits des actionnaires aient été fraudés ; et s'il y a eu dol ou fraude, les actionnaires attaqueront la liquidation devant les tribunaux. Mais dans tous les cas où il n'y a eu ni dol ni fraude, les statuts sociaux serviront de base à la répartition.

RÈGLES RELATIVES AU FONCTIONNEMENT DE LA SOCIÉTÉ.
1 *Conseil de surveillance.* Les fonctions ordinaires du conseil de surveillance (outre les fonctions spéciales au premier conseil) sont :

1° De vérifier les livres, la caisse et le portefeuille de la société.

2° De faire chaque année un rapport à l'assemblée générale, où il signalera les irrégularités qu'il aurait reconnues dans les inventaires.

3° De constater dans le même rapport, les motifs qui s'opposent aux distributions de dividendes proposées par le gérant.

4° De convoquer, s'il y a lieu, l'assemblée générale.

5° De provoquer en justice, conformément à l'avis de l'assemblée générale, la dissolution de la société.

Sous l'empire de la loi de 1856 on discutait sur l'étendue de la responsabilité du conseil de surveillance. La loi de 1867 décide que les membres du conseil ne sont responsables que suivant les règles du mandat des fautes commises par eux dans l'exercice de leurs fonctions. Il s'ensuit que s'ils ont rempli avec exactitude les fonctions de surveillance qui leur sont conférées et que nous venons d'énumérer, ils ne devront encourir aucune responsabilité à raison des actes de la gestion et de leurs résultats. Au cas contraire, ils ne seront responsables que du dommage causé par leur manque de surveillance.

Ils ne sont pas civilement responsables des délits commis par le gérant, à moins que leur complicité ne soit établie suivant les règles du droit criminel.

2° *De l'assemblée générale des actionnaires.* L'assemblée générale se réunit au moins une fois par an. Les actionnaires y entendent le rapport du gérant, et celui du conseil de surveillance et approuvent le projet de répartition des dividendes proposé par le gérant.

L'assemblée peut aussi autoriser le conseil de surveillance à poursuivre en justice la dissolution de la société.

Quinze jours avant la réunion, tout actionnaire peut prendre communication du bilan, des inventaires et du rapport du conseil de surveillance; mais non du rapport des gérants. On a craint qu'une publicité extérieure donnée à ce rapport ne pût nuire à la société en divulguant tout le détail des opérations sociales.

L'assemblée délibère à la majorité. Les statuts déterminent le nombre d'actions qu'il faut posséder pour y assister et le nombre de voix auquel a droit chaque membre présent, sauf pour la première assemblée, où tous les actionnaires sont admis et où le vote a lieu par tête.

3° *De la répétition des dividendes.* Une des questions les plus controversées était celle à laquelle donnait lieu sous la loi de 1856 la répétition des dividendes en cas de faillite. On admettait généralement 1° que les dividendes distribués sur les bénéfices ne pouvaient pas être répétés par les créanciers, en cas de perte postérieure, 2° que les dividendes fictifs, c'est-à-dire distribués en l'absence de bénéfices et pris sur le capital, pouvaient être répétés contre les actionnaires tant qu'ils n'étaient pas prescrits par trente ans. La loi de 1867 a sanctionné cette première règle et modifié la seconde.

Désormais la répétition des dividendes fictifs ne peut avoir lieu que dans deux cas : 1° lorsqu'ils ont été distribués en l'absence d'inventaires, 2 lorsqu'ils ont été distribués en dehors des résultats constatés par l'inventaire. Dans tous les autres cas les dividendes reçus sont assimilés aux fruits consommés de bonne foi et ne peuvent être répétés.

Enfin, dans les deux cas où la répétition est admise, elle se prescrit par cinq ans à compter du jour fixé pour la distribution. Une disposition transitoire ordonne que les prescriptions plus longues commencées avant la promulgation de la loi seront accomplies par le laps de cinq ans à dater de la promulgation.

La distribution des dividendes fictifs est un délit qui rend le gérant passible des peines de l'escroquerie.

Y a-t-il lieu de distinguer au point de vue du dividende fictif entre les dividendes et les intérêts?

Premier système. Il faut distinguer entre les dividendes qui consistent dans la répartition des bénéfices et les intérêts qui sont le montant du taux légal de l'intérêt du capital de l'action. En effet, cette distinction est dans les usages du commerce ; ordinairement le coupon du 1er semestre (1er janvier) représente l'intérêt de l'argent, celui du 2e semestre (1er juillet) représente le dividende, et les sociétés qui ne font pas encore de bénéfices paient néanmoins l'intérêt à leurs actionnaires. Cette habitude est équitable, car la créance de l'actionnaire participe à la fois du contrat de prêt et du contrat de société, et on ne peut lui demander de renoncer à l'intérêt de son capital.

Deuxième système. Toute distribution faite en dehors de l'inventaire constitue un dividende fictif. La loi ne distingue pas entre les deux cas et on ne saurait reconnaître à l'actionnaire un droit à l'intérêt légal de sa mise. L'actionnaire n'est pas un prêteur mais un associé ; c'est sans doute un associé qui n'est responsable que jusqu'à concurrence de sa mise ; mais sauf cette dérogation spéciale, il est soumis au droit commun : sa mise est une part d'association engagée dans les risques de la société, subissant les pertes ou l'absence des gains, et ne donnant aucun autre droit que celui de partager les bénéfices réalisés.

4º *Action des associés contre les gérants ou le conseil de surveillance.* L'art. 17 de la loi de 1867 accorde un droit spécial aux associés qui ont un intérêt commun à soutenir contre les gérants ou le conseil de surveillance. Si ces associés représentent le vingtième du capital social, ils peuvent nonobstant la règle « *que nul ne plaide par procureurs* » charger un ou plusieurs mandataires de soutenir l'action commune. Cette exception a pour but d'éviter les complications et les frais de procédure.

5° *Règle spéciale de publicité*. Dans tout acte, facture, annonce, publication ou autre document imprimé ou autographié émané des sociétés en commandite par actions, la dénomination sociale doit toujours être précédée ou suivie de l'énonciation lisible et en toutes lettres du caractère de *société en commandite par actions* et du montant du capital social.

Dispositions transitoires. La loi du 24 juillet 1867 prononce l'abrogation de la loi du 17 juillet 1856 sur les sociétés en commandite par actions.

Les sociétés antérieures à la loi de 1856, et qui n'auraient pas obéi aux dispositions de cette loi relatives à la création d'un conseil de surveillance, sont tenues d'en constituer un dans le délai de six mois. En cas d'infraction à cette disposition, tout actionnaire aura le droit de faire prononcer la dissolution de la société.

V. — *Société anonyme.*

§ I. — Caractères de la société anonyme.

La société en nom collectif est composée d'associés responsables et solidaires; la société en commandite possède aussi un élément responsable, mais elle diffère de la société en nom collectif en ce qu'elle joint à cet élément un autre élément sans responsabilité personnelle; la société anonyme diffère des deux sociétés précédentes en ce que l'élément responsable n'y existe absolument pas; aucun associé n'est tenu au delà de sa mise et l'actif social supporte seul les obligations de la société. Comme il n'y a pas de responsabilité personnelle, il ne saurait non plus y avoir de raison sociale et la société anonyme tire précisément son nom de ce qu'elle ne porte le nom de personne. On la désigne par l'objet de son entreprise, *Société vinicole* par exemple. — On caractérise ordinairement cette forme de société d'une manière fort juste en disant qu'elle est une *société de choses,* une société de capitaux, par opposition à la société en nom collectif qui est une *société de personnes.* Suivant cette désignation, la société en commandite serait une *société mixte,* de choses et de personnes à la fois.

L'article 34 du Code de Commerce dit que le capital de la société anonyme se *divise en actions ou en coupons d'actions d'une égale valeur.* On s'est demandé à propos de la loi de 1867 si cette disposition était impérative, et de là deux questions.

1º Les actions peuvent-elles être de valeur inégale?

Premier système. Les actions doivent être d'égale valeur. L'article 34 C. C. le déclare expressément, et cette disposition est nécessaire pour introduire la clarté dans la comptabilité sociale, et permettre au public qui achète les actions de calculer si leur valeur est en rapport avec l'état des affaires de la société.

Deuxième système. L'article 34 du C. C. n'a rien d'impératif; il se contente de rappeler le *plerumque fit,* mais on ne saurait prétendre qu'il impose la division en actions égales. Cette règle qui n'aurait aucune utilité serait une gêne pour beaucoup de sociétés; d'ailleurs, si elle existait elle n'aurait pas de sanction, car la loi n'en crée aucune et les sociétés pourraient y contrevenir sans rien craindre. En fait il existe depuis le Code de Commerce un grand nombre de sociétés où les actions sont de valeurs inégales. Ces actions qu'on nomme actions de quotité se rencontrent en particulier dans presque toutes les sociétés anonymes fondées pour l'exploitation des mines, et on peut dire qu'elles ont été consacrées légalement par l'art. 14 de la loi sur le timbre qui met sur la même ligne les actions de somme fixe et les actions de quotité. (Ce deuxième système dont l'adoption intéresse surtout les sociétés coopératives a été soutenu au Corps législatif par M. Rouher.)

2° Les statuts peuvent-ils déclarer que l'action ne sera ni négociable ni même cessible d'après les modes du droit civil, ce qui revient à décider que la société anonyme pourrait être soumise à la règle des sociétés de personnes, d'après laquelle un associé ne peut jamais introduire un tiers dans la société.

Premier système. Le caractère essentiel de l'action est d'être cessible; sans ce caractère il n'y aurait pas action mais intérêt : les statuts pourront donc décider si l'action sera nominative ou au porteur, ils pourront même déclarer qu'elle ne sera pas négociable commercialement, mais ils ne sauraient jamais la rendre absolument incessible.

Deuxième système. L'action peut être rendue incessible par les statuts. Il est vrai que le caractère de l'action est d'être cessible et qu'une action incessible n'est plus une action mais un intérêt. La question est donc de savoir si une société anonyme peut diviser son capital en intérêts, soit qu'elle lui donne expressément ce nom, soit qu'elle lui donne à tort le nom d'action. Aucune loi ne l'a défendu, et on ne concevrait pas une défense de cette nature, puisque la forme de l'intérêt est moins dangereuse que la forme de l'action. Le Code de Commerce en déclarant que le capital de la société anonyme est divisé en actions lui accorde par cette disposition une faveur spéciale dont elle usera le plus souvent, mais il ne l'oblige pas à en user, et il veut dire seulement que le capital *pourra* être divisé en actions.

Il en est de même des sociétés en commandite. Une société en commandite par actions où l'action serait déclarée incessible serait une société en commandite simple mal qualifiée ; avec cette distinction toutefois, qu'il pourrait résulter de la qualification adoptée, qu'en prenant la forme de l'intérêt, la société a voulu cependant être régie par les dispositions spéciales de la loi sur les commandites par actions, en ce que ces dispositions ont de compatible avec une commandite simple.

§ II. — Historique.

La société anonyme était inconnue dans notre ancien droit, et elle a été consacrée légalement pour la première fois par le Code de Commerce.

Sous l'empire du Code de Commerce, l'établissement des sociétés anonymes était soumis à l'autorisation du gouvernement, qui faisait examiner les statuts par le Conseil d'État, et n'accordait l'autorisation que si la société offrait des garanties sérieuses.

Mais ces formes protectrices devinrent inutiles par suite du développement de la commandite par actions qui n'était pas soumise à l'autorisation du gouvernement et qui pouvait se livrer aux mêmes entreprises dans des conditions presque identiques.

La loi du 23 mai 1863 créa sous le nom de *Société à responsabilité limitée*, une société anonyme libre pour laquelle une réglementation légale suppléait aux garanties de l'autorisation. Toutefois cette société ne pouvait avoir un capital supérieur à vingt millions.

La loi du 24 juillet 1867 a généralisé ce principe. Elle a rendu libres toutes les sociétés anonymes, et supprimé la société à responsabilité limitée, en appliquant d'ailleurs à la société anonyme libre la plupart des règles de la loi de 1863, sauf celle relative à la limitation du capital

§ III. — Constitution de la société anonyme.

La constitution de la société anonyme est soumise à toutes les règles concernant la constitution de la société en commandite par actions, sauf les règles suivantes :

Première règle. Les associés ne peuvent être, lors de la constitution de la société, en nombre inférieur à sept. On a craint qu'un nombre plus restreint ne donnât à la société aux yeux des tiers l'apparence d'une société en nom collectif; au reste, il suffit que le nombre légal existe au moment de la constitution de la société ; et si plus tard le nombre primitivement conforme à la loi descendait au dessous de sept, il ne saurait y avoir nullité ; il n'y aurait pas même dissolution de plein droit, et cette diminution de nombre ouvrirait seulement à tout intéressé le droit de provoquer judiciairement la dissolution, six mois après que le nombre des actionnaires serait devenu inférieur à sept.

Deuxième règle. La déclaration notariée, constatant que le capital est totalement souscrit et que le versement du quart est effectué, ne pourra être faite comme dans la société en commandite par les *gérants,* qui, n'étant point nommés par les statuts, n'existent pas encore. — Elle sera faite par les *fondateurs* de la société, c'est-à-dire par les personnes qui auront monté l'entreprise et recueilli les souscriptions.

De plus, la déclaration sera soumise avec pièces à l'appui à la première assemblée générale qui devra en vérifier la sincérité. Cette vérification remplacera pour la société anonyme la vérification prescrite aux membres du conseil de surveillance dans la société en commandite par actions.

Troisième règle. Deux dispositions spéciales sont ajou-

4.

tées aux formes de publicité requises pour la société en commandite par actions :

1º La liste nominative et dûment certifiée des souscripteurs, contenant leurs noms, prénoms, qualités, demeures, et le nombre d'actions souscrites par chacun d'eux doivent être annexés à l'acte de société déposé aux greffes.

2º L'extrait publié dans les journaux doit énoncer le montant du capital social en numéraire et en autres objets et la quotité à prélever sur les bénéfices pour composer le fonds de réserve.

Quatrième règle. L'assemblée qui approuve les apports et autres avantages stipulés, et qui nomme les premiers administrateurs est soumise à des conditions de nombre plus sévères que les conditions exigées pour le même cas dans la société en commandite; — elle doit se composer d'un nombre d'actionnaires représentant la moitié au moins du capital. — Si l'assemblée n'est pas en nombre, elle n'en prend pas moins les résolutions pour lesquelles elle a été convoquée, mais ces résolutions ne sont que provisoires. Une nouvelle assemblée est alors convoquée; et deux avis publiés dans un des journaux désignés pour les annonces légales à huit jours de distance, un mois au moins avant la nouvelle réunion, font connaître aux actionnaires les délibérations provisoires soumises à leur approbation. Ces délibérations deviennent définitives si elles sont adoptées par la seconde assemblée ; et cette seconde assemblée délibère valablement, pourvu qu'elle comprenne un nombre d'actionnaires représentant le cinquième du capital social.

Cinquième règle. A la différence de la commandite, il n'y a pas dans la société anonyme de gérant de plein droit ; l'art. 22 de la loi de 1867 porte qu'elle est administrée par un ou plusieurs mandataires à temps, qui sont révocables et pris parmi les associés.

Ils sont élus par la première assemblée générale et ne peuvent être nommés pour plus de six ans.

Toutefois, ils peuvent être désignés pour la première fois par les statuts, avec la condition que leur nomination ne sera point soumise à l'assemblée ; mais dans ce cas, ils ne peuvent être nommés pour plus de trois ans.

La société n'est constituée qu'après la nomination des administrateurs.

Sixième règle. La société anonyme n'a pas de conseil de surveillance. Nous verrons, à propos des règles relatives au fonctionnement de la société anonyme, qu'elle possède il est vrai des mandataires ayant sous un autre nom un pouvoir analogue. (Commissaires du contrôle.)

SANCTION DE CES RÈGLES. La sanction de ces règles est la même que pour les sociétés en commandite par actions.

Elle consiste :

1° Dans la nullité de la société.

2° Dans la responsabilité correctionnelle des administrateurs ou des fondateurs, à l'occasion de certains faits qualifiés délits par la loi de 1867, et que nous avons énumérés.

3° Dans la responsabilité civile et solidaire des fondateurs, auxquels la nullité est imputable, et des administrateurs en fonctions au moment où la nullité a été encourue ; auxquels le tribunal peut joindre les actionnaires dont les apports ou avantages n'auraient pas été vérifiés et approuvés.

Cette responsabilité créée par l'art. 42 de la loi de 1867 n'est encourue qu'à l'égard des tiers. — A l'égard des actionnaires, il y aura lieu simplement à des dommages-intérêts de la valeur du préjudice causé par la nullité, suivant les règles du droit commun.

CAUSES DE NULLITÉ. Il résulte de ce qui vient d'être dit, qu'aux causes de nullité énoncées à propos de la société en commandite par actions, il faut ajouter, en matière de sociétes anonymes, les causes suivantes :

1° Si les associés étaient inférieurs à sept lors de la constitution.

2° Si la déclaration relative à la souscription et au versement du quart n'a pas été vérifiée par la première assemblée.

3° Si les deux dispositions spéciales relatives aux documents qui doivent être publiés n'ont pas été observées.

4° Dans le cas de vérification d'apports, si les règles relatives au nombre d'actionnaires présents n'ont pas été observées.

5° Si les administrateurs n'ont pas été élus par l'assemblée pour six ans au plus ou nommés par les statuts pour trois ans au plus; et, dans le cas où ils auraient été nommés par la première assemblée, si les règles relatives au nombre des actionnaires présents n'ont pas été observées.

§ IV. — Fonctionnement de la société anonyme.

Des administrateurs. On a vu que les administrateurs ne peuvent être nommés pour plus de six ans et sont toujours révocables. Cependant dans le cas où les premiers administrateurs seraient nommés par les statuts, il faut admettre qu'ils ne seraient pas révocables *ad nutum* pendant la durée de leur mandat, et que les actionnaires pourraient seulement provoquer la révocation en justice pour cause légitime.

A l'égard des administrateurs élus, on admet généralement que l'acte de société pourrait décider qu'ils ne seront pas révocables *ad nutum*. La règle n'est pas en effet *d'ordre public*.

Les administrateurs doivent être propriétaires d'un certain nombre d'actions déterminé par les statuts.

FONCTIONS DES ADMINISTRATEURS. Les administrateurs gèrent la société à titre de mandataires. Ils peuvent choisir parmi eux un directeur, ou même, si les statuts le permettent, se substituer un mandataire qui n'aurait pas été nommé par l'assemblée et dont ils seraient responsables envers elle.

Cette substitution aura lieu le plus souvent, dans le cas où la société aurait besoin d'être dirigée par un ingénieur ou un homme technique, et où celui-ci ne pourrait pas être membre du conseil d'administration, parce qu'il ne possèderait pas le nombre d'actions nécessaires.

Les administrateurs doivent dresser chaque semestre un état sommaire de la situation active et passive de la société.

Chaque année ils établissent un inventaire et le soumettent avec leur rapport à l'assemblée générale.

En outre, ils sont tenus en cas de perte des trois quarts du capital social, de convoquer l'assemblée à l'effet de statuer sur la question de savoir s'il y a lieu de prononcer la dissolution de la société. La résolution rendue à cet effet par l'assemblée est dans tous les cas rendue publique.
— Si cette convocation n'a pas été faite ou si l'assemblée n'a pu se constituer régulièrement, tout intéressé peut demander la dissolution devant les tribunaux.

Il est interdit aux administrateurs de prendre ou de conserver un intérêt dans une entreprise ou un marché fait avec la société, à moins qu'ils n'y soient autorisés par l'assemblée générale ; et dans ce cas, il est rendu chaque année à l'assemblée un compte spécial de ces marchés ou entreprises. On admet généralement que cette prohibition ne s'applique pas aux adjudications publiques, dans lesquelles on n'a pas à craindre que l'administrateur préfère son intérêt à celui de la société. Cette prescription n'a d'ailleurs pas de sanction spéciale et sa violation donne lieu seulement à des dommages et intérêts.

Responsabilité des administrateurs. L'administrateur, quand il contracte avec les tiers au nom de la société, n'oblige que la société ; il ne s'oblige pas même subsidiairement, à moins qu'il n'ait violé les prescriptions de la loi, outrepassé ses pouvoirs, ou commis une faute grave dans l'exercice de ses fonctions, notamment en distribuant ou en laissant distribuer des dividendes fictifs. Dans ces cas il est responsable envers la société et envers les tiers suivant les règles du mandat.

La garantie de la société et des tiers consiste dans les actions dont le nombre est fixé par les statuts et dont tout administrateur doit être propriétaire. Ces actions sont nominatives, inaliénables, frappées d'un timbre indiquant l'inaliénabilité et déposées dans la caisse sociale. Elles sont affectées en totalité à la garantie de tous les actes de la gestion, même de ceux qui seraient exclusivement personnels à un seul des administrateurs.

Les actions déposées par les administrateurs sont donc tenues solidairement. Mais en dehors de ce capital affecté à une garantie spéciale, les administrateurs sont-ils tenus solidairement sur tous leurs biens ? Non ; l'article 44 de la loi de 1867 dit qu'ils sont responsables individuellement ou solidairement suivant les cas. Il y a donc lieu de se référer au droit commun, et d'après le droit commun la solidarité n'existe en matière de mandat que si elle a été stipulée. Les administrateurs ne sont donc pas solidaires, mais ils sont tenus *in solidum* de la réparation des fautes commises en commun.

La solidarité devra cependant être prononcée, par exception, en cas de distribution de dividendes fictifs.

Les administrateurs pourraient-ils prétendre qu'ils ne sont pas tenus à l'égard des tiers au delà du montant des actions déposées par eux, en invoquant l'article 1997 C. N. aux termes duquel « le mandataire qui a donné à la

« partie avec laquelle il contracte en cette qualité une
« suffisante connaissance de ses pouvoirs, n'est tenu
« d'aucune garantie, s'il ne s'y est personnellement sou-
« mis? » L'affirmative semble difficile à contester en présence de la publicité spéciale et étendue que reçoivent les statuts des sociétés anonymes, et, à l'aide de laquelle, les pouvoirs des administrateurs sont portés à la connaissance du public.

Outre cette responsabilité civile, les administrateurs qui ont réparti des dividendes fictifs sont passibles des peines prononcées dans le même cas contre les gérants des sociétés en commandite. On a vu que les peines prononcées pour inobservation des règles relatives à la constitution de la société leur étaient également applicables.

DURÉE DE LA RESPONSABILITÉ DES ADMINISTRATEURS. Il faut distinguer s'il s'agit des tiers ou des actionnaires.

A l'égard des tiers, l'action contre les administrateurs se prescrit par cinq ans à partir de la dissolution de la société, conformément aux règles spéciales de prescription en matière de sociétés.

A l'égard des associés, l'action se prescrit par trente ans, conformément aux règles du mandat.

FONDS DE RÉSERVE. Aux termes de la loi de 1867, il est fait annuellement sur les bénéfices nets un prélèvement d'un vingtième au moins, affecté à la formation d'un fonds de réserve. Ce prélèvement cesse d'être obligatoire lorsque le fonds de réserve a atteint le dixième du capital social. L'inobservation de cette règle aurait pour conséquence d'engager la responsabilité des administrateurs envers les associés et envers les tiers.

Ce prélèvement a lieu sur le *dividende*, mais non sur l'*intérêt*; car il n'y a pas *bénéfice net* quand l'intérêt des actions n'est pas payé.

COMMISSAIRES DU CONTROLE. Chaque année l'assemblée désigne un ou plusieurs commissaires, associés ou non, chargés de faire un rapport à l'assemblée générale de l'année suivante sur la situation de la société, sur le bilan et sur les comptes présentés par les administrateurs. Ce rapport est prescrit à peine de nullité de la délibération portant approbation du bilan et des comptes. A défaut de nomination ou en cas d'empêchement d'un commissaire, il est pourvu à son remplacement par ordonnance du président du tribunal de commerce rendue à la requête de tout intéressé, les administrateurs dûment appelés.

Les fonctions des commissaires ne sont pas permanentes; elles ne durent que pendant les trois mois qui précèdent l'assemblée générale annuelle. On a cru devoir entourer de moins de surveillance des administrateurs élus qu'un gérant institué de plein droit, et de là, cette différence entre l'autorité permanente du conseil de surveillance dans les sociétés en commandite et les fonctions temporaires des commissaires du contrôle dans la société anonyme.

Pendant les trois mois qui précèdent l'assemblée générale, les commissaires ont le droit de prendre communication des livres et d'examiner les opérations de la société.

L'état semestriel de la situation de la société est mis à leur disposition.

Le bilan et l'inventaire leur sont communiqués quarante jours au moins avant l'assemblée générale.

Bien qu'en principe leurs fonctions soient temporaires, ils peuvent en tout temps convoquer l'assemblée générale, s'ils jugent cette convocation urgente.

La responsabilité des commissaires envers la société est déterminée d'après les règles du mandat ; elle diffère de la responsabilité des membres du conseil de surveillance dans les sociétés en commandite par deux points importants.

1° Les commissaires n'ont pas de vérification à faire, lors de la constitution de la société, et par conséquent, ils ne sont point responsables du dommage résultant de l'annulation de la société.

2° Ils ne sont pas solidaires; mais ils sont tenus *in solidum* de la réparation des fautes commises en commun.

Assemblée générale. L'assemblée générale des actionnaires est le pouvoir législatif des sociétés anonymes; son autorité n'est pas restreinte comme dans les sociétés en commandite par celle du gérant, et elle peut tracer aux administrateurs les règles qu'elle veut leur imposer. Elle peut aussi modifier les statuts si elle le juge convenable.

Quinze jours avant la réunion de l'assemblée, tout actionnaire peut prendre communication de l'inventaire et de la liste des actionnaires, se faire délivrer copie du bilan et du rapport des commissaires.

De la formation des assemblées. Il faut distinguer entre trois cas différents.

Premier cas. L'assemblée est convoquée pour sa réunion annuelle. Les statuts déterminent le nombre d'actions qui donne droit d'y participer et le nombre de voix auquel a droit chaque actionnaire.

L'assemblée doit réunir un nombre d'actionnaires représentant au moins le quart du capital social. Si elle est en nombre insuffisant, une nouvelle assemblée est convoquée dans les formes et avec les délais prescrits par les statuts, et cette nouvelle assemblée délibère valablement, quel que soit le nombre de ses membres.

Deuxième cas. L'assemblée est convoquée pour modifier les statuts, continuer la société au delà du terme fixé pour sa durée ou la dissoudre avant ce terme. On suit les mêmes règles que dans le premier cas, sauf que les actionnaires présents doivent représenter la moitié au moins du capi-

5

tal social, et que si l'assemblée est en nombre insuffisant, la nouvelle assemblée n'est point affranchie de l'obligation imposée à la première.

Troisième cas. L'assemblée est convoquée pour la première réunion où ont lieu les vérifications d'apports et la nomination des premiers administrateurs. Nous avons déjà indiqué (pages 53 et 69) que tous les actionnaires y étaient admis, que le vote avait lieu par tête, que les actionnaires présents devaient représenter la moitié au moins du capital; et, qu'en cas d'insuffisance, une nouvelle assemblée, convoquée après deux publications dans les journaux, délibérait valablement avec un nombre d'actionnaires représentant le cinquième au moins du capital social.

— En aucun cas les adhésions ultérieures des actionnaires absents à une réunion ne sont admises pour compléter le nombre légal des votes. Cette décision résulte du rejet par le Corps législatif d'un amendement destiné à établir cette faculté.

Sont passibles d'une amende de 500 à 10,000 francs : 1° ceux qui en se présentant comme propriétaires d'actions qui ne leur appartiennent pas ont créé frauduleusement une majorité factice dans une assemblée générale, 2° ceux qui ont remis les actions pour en faire l'usage frauduleux.

Cette disposition est applicable aux sociétés en commandite par actions comme aux sociétés anonymes. Mais elle implique une intention frauduleuse et par conséquent, ne s'applique point au cas où un actionnaire aurait, conformément aux statuts, donné mandat à un autre actionnaire de voter pour lui en son absence.

Pour faciliter les constatations il est tenu une feuille de présence, indiquant les noms et les domiciles des actionnaires et le nombre d'actions dont ils sont porteurs ; cette feuille certifiée par le bureau est déposée au siége social et communiquée à tout requérant.

CAISSE D'AMORTISSEMENT. En général et bien que la loi ne l'exige pas, les sociétés anonymes créent une caisse d'amortissement pour le service de laquelle une certaine somme est prélevée chaque année sur les bénéfices nets. L'amortissement se fait de deux manières : soit en plaçant à intérêts composés la somme affectée à l'amortissement, pour racheter quand les circonstances seront favorables les actions à vendre ; soit en faisant chaque année un tirage d'actions, à la suite duquel celles qui sont désignées par le sort sont remboursées à leurs propriétaires.

Dans ce dernier cas on conserve généralement aux actionnaires remboursés le droit de continuer à participer aux dividendes, mais ils ne reçoivent plus l'intérêt. Lorsque toutes les actions ont été ainsi remboursées, s'il reste un capital, il est partagé entre toutes les actions amorties. Ces actions amorties se nomment *actions de jouissance*.

DE L'AUGMENTATION DU CAPITAL, ET DES OBLIGATIONS. Une société qui a besoin de se procurer de nouveaux fonds peut y procéder de deux manières : 1° en augmentant son capital par la création d'actions nouvelles avec le concours des règles de publicité prescrites pour cette modification aux statuts, 2° en émettant des obligations.

Les actions nouvelles n'ont ordinairement droit aux dividendes qu'au bout de cinq ans et elles touchent seulement l'intérêt pendant les cinq premières années. Mais on fait chaque année un tirage qui donne droit à un cinquième des actions de participer aux dividendes. Ce sont les actions *sorties* qu'il ne faut pas confondre avec les *actions amorties* dont nous venons de nous occuper.

Les obligations sont un emprunt contracté par la société et donnent à l'obligataire tous les droits d'un créancier (voir page 40). Elles sont généralement émises au prix de 500 fr., remboursable dans un laps de temps déterminé, au moyen de tirages annuels et avec intérêt de 3 0/0 : mais elles ne sont pas vendues au prix d'émission ; ce prix ne sert qu'à déterminer le montant du remboursement et les souscripteurs paient généralement les obligations de 250 à 300 francs.

Publicité spéciale et contestations entre les associés et la société. Sont applicables aux sociétés anonymes 1° la règle qui impose aux sociétés en commandite par actions l'énonciation sur tous les actes émanés de la société, de la forme en commandite ou anonyme et du montant du capital ; 2° la règle qui permet aux actionnaires représentant le vingtième au moins du capital, de se faire représenter en justice par un mandataire dans les actions à intenter ou à soutenir contre les gérants (administrateurs) ou le conseil de surveillance (commissaires du contrôle).

Dispositions transitoires. La loi du 23 mai 1863 sur les sociétés à responsabilité limitée est abrogée. Néanmoins, les lois n'ayant pas d'effet rétroactif, les sociétés établies conformément à cette loi continueront à y être soumises, et les sociétés anonymes établies conformément aux dispositions du Code de Commerce ne seront point soumises à la loi actuelle.

Cependant il leur est donné certaines facilités pour s'y soumettre, si elles le désirent.

1° Les sociétés anonymes actuellement existantes pourront se transformer en sociétés anonymes régies par la loi de 1867, en observant les formes prescrites pour la modification de leurs statuts et en obtenant en outre l'autorisation du gouvernement.

2° Les sociétés à responsabilité limitée pourront se transformer en sociétés anonymes régies par la loi de 1867, en observant les formes stipulées pour la modification de leurs statuts.

3º Les sociétés en commandite par actions dont les statuts autorisaient la transformation en société anonyme autorisée par le gouvernement ou en société à responsabilité limitée, pourront en exécution de ces statuts se transformer en sociétés anonymes régies par la loi de 1867.

DES SOCIÉTÉS CIVILES ET DES SOCIÉTÉS ÉTRANGÈRES. Il nous reste à examiner deux questions soulevées à propos des sociétés anonymes : l'une relative aux sociétés civiles qui prennent la forme de société anonyme ou toute autre forme de société commerciale, l'autre relative aux sociétés étrangères.

Les sociétés civiles qui prennent la forme d'une société commerciale et spécialement la forme de société anonyme sont-elles régies par la loi commerciale ?

Premier système. Les sociétés civiles qui prennent une forme exclusivement commerciale se soumettent par là à la loi commerciale et sont régies par elle. Il est de toute justice, en effet, qu'en prenant une forme de société privilégiée elles soient tenues d'en accepter les garanties légales.

Deuxième système. Les sociétés civiles ne peuvent jamais devenir commerciales puisque l'objet de leurs opérations n'est pas commercial, et quand elles adoptent la forme anonyme, leur situation ne saurait être changée pour cela. Aussi elles continuent à être régies par le droit civil ; elles ne forment point une personne morale, la responsabilité des actionnaires n'est point limitée à leur mise, et chacun d'eux est tenu même au delà de sa mise, pour une part virile, conformément aux art. 1862 et 1863 C. N.

Troisième système. Les sociétés ne deviennent pas commerciales parce qu'elles prennent une forme commerciale ; mais il résulte de l'adoption de cette forme que l'intention des parties, si elles ne se sont pas expliquées autrement, a été de se soumettre aux dispositions légales qui régissent la forme de société qu'elles ont prise. On devra donc, par interprétation de la convention, leur appliquer les règles tracées par le Code de Commerce, et non point les art. 1862 et 1863 du Code Napoléon, auxquels les parties ont entendu déroger comme elles en avaient le droit ; car à la différence du droit commercial, le droit civil ne régit les sociétés civiles qu'à défaut de conventions que les parties peuvent toujours prendre à la seule condition de respecter l'ordre public et les bonnes mœurs.

Les sociétés anonymes étrangères peuvent-elles fonctionner et plaider en France ?

Jusqu'à la loi de 1867 la négative était incontestable. Mais des décrets impériaux avaient accordé ce droit à un grand nombre de pays étrangers à charge de réciprocité pour les sociétés françaises. Il résulte de la loi de 1867 que des sociétés étrangères pourront fonctionner librement en France si elles se soumettent aux prescriptions de cette loi. Si au contraire elles restent soumises à la loi de leur pays, elles ne pourront être reconnues en France que dans le cas où les traités conclus avec le gouvernement de ce pays accorderaient la même faculté aux sociétés françaises (art. 11 C. N.).

VI. — *Tontines et Sociétés d'assurances.*

La loi de 1867 consacre un titre spécial aux associations tontinières qui ne sont pas des sociétés commerciales et qui ne sont pas même des sociétés.

Le caractère distinctif des associations tontinières est que leurs effets dépendent pour les associés des chances que présente la durée incertaine de la vie des hommes.

Ces associations continuent à rester sous la surveillance du gouvernement et à ne pouvoir s'établir sans son autorisation.

Les sociétés d'assurance qui n'ont pas le caractère tontinier et qui ne spéculent pas sur la durée de la vie humaine (les assurances contre les faillites ou contre l'incendie, par exemple) peuvent se former sans autorisation. Un règlement d'administration publique détermine les formes sous lesquelles elles peuvent se constituer.

VII. — *Association en participation*

Indépendemment des formes de sociétés ci-dessus, la loi reconnaît les *associations commerciales en participation*, ces associations sont relatives à une ou plusieurs opérations de commerce, elles ont lieu pour les objets, dans les formes avec les proportions d'intérêt et aux conditions convenues entre les participants, elles ne sont point sujettes aux formalités prescrites pour les autres sociétés (art. 47, 48 et 50 C.C.).

Ce qui caractérise la participation, c'est que légalement elle est occulte ; elle ne crée point un être juridique, une personne distincte des associés qui soit destinée à entrer en relations avec le public. C'est une convention essentiellement privée destinée à régler les rapports de deux ou plusieurs commerçants qui veulent mettre en commun leurs chances de gain ou de perte. Elle reste inconnue des tiers vis-à-vis desquels chacun des participants se trouve dans la même situation que s'il n'était pas associé. Dans l'ancien droit on donnait à la participation le nom de société anonyme parce que, dit Savary, « elle n'est connue « de personne comme n'important en façon quelconque « au public ».

De cette condition dérivent les dispositions qui la régissent. Comme elle ne forme point une personne en rapport avec les tiers, elle n'est pas soumise aux garanties que la loi commerciale stipule en faveur des tiers dans les sociétés dont elle règle la forme. Elle rentre purement et simplement dans le droit commun, et à défaut de conventions spéciales on lui applique les règles du Code Napoléon. Ainsi le participant qui a contracté avec des tiers est seul obligé et n'oblige pas ses coassociés s'il n'a pas reçu d'eux un mandat spécial.

La participation s'applique surtout aux coalitions que forment entre elles plusieurs maisons de commerce dans le but de soutenir pendant un temps plus ou moins long une industrie commune. En général chaque participant conserve l'exploitation de ses affaires personnelles, sauf à mettre en commun les bénéfices et les pertes.

La participation peut n'être pas même une société, si par exemple un commerçant s'est engagé au sujet d'une ou plusieurs opérations avec plusieurs personnes qui ne se connaissent pas réciproquement, qui ne contractent pas les unes avec les autres et dont chacune n'a de liens qu'avec lui seul. Elle peut aussi revêtir vis-à-vis des participants la forme d'une société commerciale et être en commandite, si la convention a eu lieu entre un commerçant et un bailleur de fonds.

De ce que la participation peut affecter toutes les formes de société sans perdre son caractère, il résulte qu'une société nulle pour défaut de publicité pourra toujours se dire une participation et subsister ainsi à l'égard des associés, lorsque ceux-ci le désireront.

On se demande souvent à qui appartient le fonds social, dans la participation; et cette question a donné naissance à quatre systèmes.

Premier système. Le fonds social appartient au gérant ; cela résulte de ce que la participation n'est pas une personne morale.

Deuxième système. Le fonds social appartient à chaque associé par indivis.

Troisième système. La part de chaque participant demeure sa propriété personnelle, sauf l'obligation que lui impose l'art. 1860 C. N. de ne point engager ni aliéner les choses qui dépendent de la société à moins qu'il ne soit administrateur. C'est précisément parce que la société n'est pas une personne morale que chaque associé conserve ses biens et que ceux-ci ne deviennent la propriété ni de la société ni du gérant.

Ce système est important dans ses résultats ; car si le gérant tombait en faillite, les participants pourraient revendiquer l'actif social dont il est dépositaire, tandis que dans le premier système ils ne viendraient qu'au marc le franc avec les créanciers personnels.

Quatrième système. La condition de l'actif social dépend absolument de la convention. En l'absence de convention spéciale la part de chaque participant demeure sa propriété personnelle conformément aux règles du Code Napoléon.

— On peut se demander aussi, si les participants qui sont intervenus en commun dans le même acte sont tenus conjointement ou solidairement envers les tiers. (La question n'existerait pas s'ils n'avaient point agi en commun puisque chaque participant n'oblige que lui-même.)

Premier système. Ils sont tenus solidairement, car tout associé commercial est tenu solidairement.

Deuxième système. Il n'y a pas de solidarité, car l'art. 50 C. C. déclare que la participation n'est pas soumise aux règles des autres sociétés, et son essence consiste à être inexistante vis-à-vis des tiers. Ce sera d'ailleurs une question de fait de savoir si les participants s'étant présentés comme associés commerciaux, il n'y a point lieu **de déclarer** qu'ils ont accepté la responsabilité solidaire, en prenant l'apparence d'une société en nom collectif.

Quelques personnes soutiennent que la participation a pour caractère essentiel de ne pas se référer à un ensemble d'opérations mais seulement à une ou plusieurs opérations spéciales, et elles se fondent sur l'art. 48 C.C., « ces associations sont relatives *à une ou plusieurs opérations* de commerce ». Mais il semble évident que ce texte n'a rien de prohibitif; et quand il parle de «plusieurs opérations» on ne conçoit pas quelle différence il pourrait y avoir entre « plusieurs opérations » et « un ensemble d'opérations ».

Où s'arrêterait-on en effet? Quel serait le chiffre à partir duquel les opérations cesseraient d'être *plusieurs* pour devenir *un ensemble* ?

VIII. — *Dissolution des sociétés.*

Les causes de dissolution des sociétés sont réglées par l'art. 1865 du C Nap. sauf les exceptions qui tiennent aux conditions spéciales de certaines sociétés de commerce.

Ces causes sont les suivantes :

I. L'expiration du terme pour lequel la société a été contractée.

II. La consommation de l'entreprise.

III. L'extinction de la chose, qui peut s'entendre de trois manières :

1° La perte de la chose qui faisait l'objet de la société, si par exemple un navire avait été mis en société et venait à faire naufrage.

2° La perte du capital social.

3° La perte de l'apport d'un associé, car alors celui-ci n'ayant plus de mise ne peut plus être associé et la société se trouve dissoute par retraite d'un de ses membres.

A l'égard de l'apport d'un associé, il faut distinguer entre plusieurs cas :

S'il s'agit d'un corps certain, la propriété en a été transférée à la société par l'effet du contrat ; dès lors l'apport est aux risques de la société qui en est propriétaire, l'associé est libéré et la perte postérieure n'est pas une cause de dissolution.

S'il s'agit d'un usufruit, soit qu'il soit d'un corps certain, soit qu'il soit de choses fongibles, la solution est la même : l'usufruit dans le premier cas, la propriété dans le second ont été transférés à la société et les risques sont à sa charge.

S'il s'agit d'un apport en jouissance, par exemple lorsqu'un associé s'engage à verser chaque année le revenu d'une rente, l'apport est successif et dans le cas où la chose viendrait à périr la société serait dissoute à partir du jour de la perte.

S'il s'agit d'un apport en industrie et que l'associé devienne incapable de remplir ses engagements, c'est encore un apport successif dont la perte entraîne dissolution.

S'il s'agit d'un corps certain dont la propriété n'a pas été transférée par l'effet du contrat, parce que l'associé n'en était pas propriétaire et s'est engagé seulement à le procurer à la société au bout d'un certain terme, dans le cas où ce corps certain viendrait à périr avant que la propriété n'ait été transférée, il y aurait perte de l'apport et par conséquent dissolution de la société.

IV. La mort naturelle de quelqu'un des associés.

Cette cause de dissolution n'est pas applicable à la société anonyme, car, en divisant leur capital en actions, les associés sont convenus implicitement par avance que la société continuerait entre eux et toute personne à qui l'action viendrait à être transférée.

S'il s'agit de la mort du commanditaire, il faut distinguer entre la commandite simple et la commandite par actions ; dans la commandite simple la société est dissoute parce qu'elle était faite *intuitu personæ*, dans la commandite par actions, on applique la même règle que dans la société anonyme.

Au reste les associés peuvent toujours convenir, dans toute société, que la société continuera entre les associés survivants nonobstant le décès de l'un d'eux ou même qu'elle continuera entre les survivants et l'héritier de l'associé défunt.

V. L'interdiction, l'interdiction légale, la faillite ou la déconfiture d'un associé ; (ce mode de dissolution est comme le précédent inapplicable à la société anonyme et dans la société en commandite par actions ; il ne s'applique qu'à l'interdiction, la faillite ou la déconfiture des commandités mais non à celle des actionnaires.)

Il faut distinguer entre le cas de déconfiture et les trois autres cas. En effet, l'interdiction ou la faillite résultant d'un jugement dissolvent la société de plein droit ; en cas de déconfiture au contraire il faut que la dissolution soit prononcée par un jugement qui constate l'état de déconfiture.

Si la faillite d'un associé entraîne dissolution, il n'en est pas de même de la faillite de la société elle-même; car la dissolution est basée sur la présomption que les associés n'ont pas entendu rester en société avec un individu tombé en faillite, et, dans le cas où la société elle-même est en faillite, ce motif n'existe plus.

VI. La volonté qu'un seul ou plusieurs associés expriment de n'être plus en société pourvu que la durée de la société soit illimitée, qu'il n'y ait pas d'autre moyen d'en sortir, que la retraite soit notifiée à tous les associés et qu'elle ait lieu de bonne foi et non à contre temps.

Ce mode de dissolution ne saurait s'appliquer aux sociétés par actions, car l'actionnaire a toujours un autre moyen de sortir de la société, c'est de céder son action, et les administrateurs dont l'action est incessible ont toujours un moyen de la rendre cessible, c'est de résigner leurs fonctions. Mais il en serait autrement dans le cas où les statuts rendraient l'action incessible pour tous les actionnaires.

VII. Dans les sociétés anonymes, le vote de l'assemblée générale des actionnaires déclarant que la société cessera d'exister, pourvu que l'assemblée soit composée d'un nombre d'actionnaires représentant la moitié du capital social. Ce mode de dissolution ne s'applique pas aux sociétés en commandite par actions, car dans la commanditée les actionnaires ne sont pas les maîtres de l'entreprise et ne peuvent contraindre le gérant à la dissolution par le seul effet de leur volonté.

VIII. L'inexécution des engagements contractés par les associés envers la société dans le contrat qui la constitue.

IX. La dissolution prononcée en justice pour juste cause, par exemple si une infirmité habituelle rend un associé impropre aux affaires de la société ou autres cas semblables, dont la légitimité et la gravité sont laissés à l'arbitraire du juge.

A l'égard de ce mode de dissolution il faut encore distinguer entre les sociétés de personnes et les sociétés par actions ; dans les sociétés de personnes, tout membre a le droit de provoquer la dissolution en justice; dans les sociétés par actions, les membres ont un moyen plus simple de se retirer en cédant leur action, aussi ne peuvent-ils provoquer la dissolution que dans un petit nombre de cas limités.

Si la société est en commandite par actions, la dissolution ne peut être provoquée en justice que sur une décision de l'assemblée générale.

Si la société est anonyme, l'assemblée générale ayant le droit de prononcer elle-même la dissolution, il ne saurait être question du cas précédent, mais lorsqu'à la suite de la perte des trois quarts du capital social, les administrateurs n'ont point convoqué la société pour délibérer sur la dissolution, ou lorsque l'assemblée ne s'est pas réunie ou n'a pu délibérer, tout intéressé a le droit de provoquer en justice la dissolution

— Il ne faut pas confondre la dissolution avec la nullité d'une société ; les conséquences juridiques ne sont pas les mêmes dans les deux cas, et la dissolution d'une société n'enlève point aux tiers qui y ont intérêt le droit de demander en justice sa nullité.

CONDITIONS DE PUBLICITÉ. La dissolution d'une société doit être rendue publique dans les formes requises pour publier son établissement. Dans le cas où cette règle ne serait pas observée, les tiers auraient le droit de tenir la dissolution pour non avenue; et il en serait ainsi dans le cas même où contrairement à la loi l'établissement de la société n'aurait pas été rendu public; car lorsqu'une société n'a pas été rendue publique, les tiers ont le droit de la considérer comme nulle ou comme valable, selon leur choix, et s'ils préféraient la tenir pour valable ils auraient ensuite le droit d'invoquer l'inexistence de la dissolution à leur égard dans le cas où cette dissolution n'aurait pas été rendue publique.

Toutefois la nécessité de rendre publique la dissolution des sociétés n'existe que dans le cas où cette dissolution provient d'un fait volontaire de l'homme, comme la renonciation d'un associé ou la délibération de l'assemblée générale dans une société anonyme. Dans les autres cas, lors de l'expiration du terme fixé par les statuts, en cas d'un jugement déclaratif de faillite ou même en cas de mort d'un associé la dissolution s'opère de plein droit et n'a pas besoin d'être rendue publique pour être valable à l'égard des tiers.

IX. — *Liquidation des sociétés*

Dès que la société est dissoute, l'être moral disparaît et l'indivision commence.

La liquidation consiste:

1° A terminer les affaires commencées sans en entreprendre de nouvelles.

2° A faire tous actes conservatoires.

3° A opérer les rentrées et à payer les dettes.

La liquidation est confiée à un ou plusieurs liquidateurs.

Les liquidateurs sont conventionnels ou judiciaires.

Conventionnels lorsqu'ils ont été désignés par l'acte de société ou que l'acte de société en a remis la nomination à la majorité des associés.

Judiciaires lorsqu'à défaut de convention ils sont désignés par la justice.

On discute sur la question de savoir si les liquidateurs pourraient, en cas de silence du contrat, être nommés lors de la dissolution, par l'assemblée des associés délibérant à la majorité ; mais on admet généralement que cet acte ne rentrant pas dans les opérations sociales, *l'unanimité* serait indispensable.

Les liquidateurs sont des mandataires, responsables selon les règles du mandat et dont les obligations se prescrivent par 30 ans. Leur mandat consiste exclusivement à opérer la liquidation et ils ne peuvent se livrer à aucune autre espèce d'actes sans une autorisation spéciale.

A la suite de la liquidation le partage a lieu conformément aux règles du droit commun établies au **titre des successions** (C. N.).

X. — *Prescription en matière de sociétés.*

Tant que la société dure, la prescription est de trente ans suivant les règles du droit commun.

A partir de la dissolution, ou plutôt du jour où elle a été rendue publique, il faut distinguer entre trois cas.

1° Entre associés la prescription est de trente ans.

2° Vis à vis des tiers l'actif social est également tenu pendant trente ans.

3° Les obligations personnelles des associés se prescrivent à l'égard des tiers par cinq ans à partir de la dissolution.

L'art. 64 C. C. qui établit cette prescription spéciale de cinq ans porte qu'elle aura lieu « *contre tout associé non liquidateur* », c'est-à-dire que si la liquidation a été confiée à un associé, il sera tenu pendant trente ans pour les obligations contractées comme liquidateur et pendant cinq ans seulement pour les obligations contractées comme associé. Cependant on soutient quelquefois que le liquidateur est tenu pendant trente ans même des obligations contractées comme associé ; et on argumente par analogie de ce que le tuteur ne pourrait se prévaloir contre le mineur de la prescription de dix ans à l'égard de ses dettes personnelles, parce que son devoir lui commandait d'interrompre la prescription contre lui-même. Il est facile de reconnaître que l'analogie prétendue n'existe pas. En effet, le tuteur est tenu de faire l'affaire du mineur ; le liquidateur est tenu aussi de faire l'affaire de la société, il n'est pas chargé de faire celle des **créanciers sociaux.**

XI. — *Sociétés à capital variable.*

Une société en nom collectif, en commandite ou anonyme, est dite à capital variable, lorsque indépendamment des règles particulières à chaque forme de société, il y est stipulé que le capital social sera susceptible d'être augmenté par des versements successifs ou par l'admission de nouveaux membres, ou diminué par la reprise totale ou partielle des apports (art. 48, L. du 24 juillet 1867).

Le caractère des sociétés à capital variable est de s'adresser à des capitaux en formation, tandis que les sociétés ordinaires s'adressent à des capitaux déjà formés. Spécialement destinées aux ouvriers et aux associations coopératives, elles ont pour élément commun la création du capital par l'épargne. Il faut donc que les associés puissent effectuer leur apport par une série de versements si modiques, qu'ils soient permis aux plus pauvres, et il faut, d'autre part, que dans une nécessité pressante, ils puissent retirer tout ou partie de leurs mises pour subvenir à leurs besoins. Il en résulte que la société à capital variable joue un double rôle. A l'égard des tiers elle est fondée comme toute société dans le but de se livrer à l'exercice d'une industrie quelconque et suit les règles communes quand elle contracte ou s'oblige. A l'égard des associés elle tient à la fois de la société et de la caisse d'épargne. — De là la nécessité de modifier en sa faveur les dispositions de droit commun qui fixent à 100 ou à 500 francs le minimum du prix de chaque action et qui exigent le versement immédiat du quart ; la nécessité de modifier également les règles qui imposent aux sociétés la nécessité de rendre publique toute retraite d'associé ou toute modification du capital social. Ces modifications ont, en effet, dans les sociétés à capital variable un caractère incessant qui rendrait journalière la nécessité de publications nouvelles et qui imposerait des frais considérables.

A ces dispositions extensives du droit commun et conçues en faveur des sociétés à capital variable, la loi de 1867 en a ajouté un certain nombre d'autres, restrictives du droit commun, et conçues dans le dessein de s'opposer à ce que la liberté concédée aux associations coopératives, ne puisse devenir un moyen d'éluder les prescriptions relatives aux sociétés par actions, en donnant à des sociétés conçues dans un but d'agiotage la forme à capital variable.

Pour étudier ces règles nouvelles il faut distinguer un certain nombre d'hypothèses, suivant que la société à capital variable a adopté l'une ou l'autre des formes de sociétés établies par le droit commun.

Première hypothèse. La société est anonyme ou en commandite par actions. C'est cette hypothèse qui a préoccupé surtout le législateur.

DISPOSITIONS EXTENSIVES. Si la société est à capital variable le prix de chaque action ne peut descendre à 50 francs. Au lieu du versement du quart le versement du dixième est seul exigé pour la constitution de la société.

Tout associé peut en restant associé retirer une partie de son apport, jusqu'à concurrence d'une somme fixée par les statuts au dessous de laquelle le capital ne pourra être réduit et qui ne pourra être moindre du dixième.

Tout associé pourra se retirer lorsqu'il le jugera convenable, à moins de conventions contraires et sauf l'application de la règle en vertu de laquelle le capital social ne peut être réduit au delà du dixième.

L'assemblée générale pourra décider à la majorité fixée par les statuts que tel membre cessera de faire partie de la société.

Dans la société en commandite par actions, la société ne sera point dissoute par la mort, l'interdiction, la faillite ou la retraite de l'un des commandités ; et elle continuera de plein droit entre les autres associés.

Les augmentations ou diminutions du capital social, les retraites d'associés autres que les gérants ou les administrateurs ne sont point soumises à la formalité du dépôt et de la publication par extrait.

DISPOSITIONS RESTRICTIVES. Le capital social ne pourra être primitivement établi au dessus de 200,000 fr. ; il pourra être augmenté d'année en année par délibération de l'assemblée générale ; mais chacune des augmentations ne pourra excéder 200,000 francs.

Les actions seront nominatives et ne pourront jamais être au porteur ; les statuts pourront donner à la société le droit de s'opposer au transfert d'une action si elle le juge convenable, en raison de la personne à qui elle aurait été transférée.

L'associé qui cessera de faire partie de la société par sa volonté ou par celle de l'assemblée générale sera tenu pendant cinq ans à partir de sa retraite et jusqu'à concurrence du montant de ses actions, des obligations de la société au moment de sa retraite.

DIFFICULTÉS. La société à capital variable est soumise aux régles de droit commun sur tous les points auxquels il n'est point expressément dérogé. Ainsi la société n'est constituée qu'après la souscription de la totalité du capital primitif, les apports qui ne sont pas en numéraire doivent être vérifiés suivant les formes prescrites, etc. On peut en comparant cet état légal avec le but que le législateur a voulu remplir se poser un certain nombre de questions.

1° Comment la société pourra-t-elle concilier avec la nécessité de la souscription immédiate du capital la nécessité d'admettre postérieurement les membres qui se présenteront ? — Elle leur donnera en échange de leur mise, sous forme d'obligation ou autrement, un droit de créance avec part de bénéfice destiné à être échangé en action lorsqu'il y aura des actions disponibles, soit par suite de la retraite d'un ou plusieurs associés, soit lors de l'augmentation annuelle du capital social.

2° La pratique apprendra probablement que la nécessité d'un versement primitif de 5 francs sera difficile à réaliser pour beaucoup de membres. Comment y obvier ? — A l'égard des premiers souscripteurs la société se formera d'abord soit en simple participation, soit en une sorte de caisse d'épargne, et ne se transformera en société anonyme que lorsqu'elle sera parvenue à constituer à l'aide d'une série d'apports successifs le capital exigé. A l'égard des nouveaux souscripteurs et une fois la société constituée, on acceptera les mises inférieures à 5 francs en donnant un droit de créance qui sera échangé en action lorsque le versement légal sera effectué.

Deuxième hypothèse. La société est en nom collectif ou en commandite simple.

Elle est régie par le droit commun sauf deux exceptions :

1° Elle n'est point astreinte à publier les modifications du capital et les changements d'associés à l'exception des gérants.

2° Elle n'est point dissoute par la mort, la renonciation, la faillite ou la déconfiture d'un associé.

Troisième hypothèse. La société est une société civile.

Cette hypothèse se réalisera souvent, car à l'exception des sociétés de production, presque toutes les sociétés coopératives sont civiles, par exemple les sociétés de consommation qui ont pour objet d'acheter des denrées destinées à la nourriture des associés.

Dans ce cas trois dérogations sont faites au droit commun.

1º La société n'est astreinte à aucune publicité, le titre IV de la loi de 1867 ne s'appliquant qu'aux sociétés commerciales.

2º Elle n'est point dissoute par la mort, la renonciation, la faillite ou la déconfiture d'un associé.

3º Elle est valablement représentée en justice par ses administrateurs.

XII. — *Contestations entre associés.*

Aux termes des art. 51 à 63 C. C. les contestations entre associés devaient être jugées par des arbitres. Mais ces articles ont été abrogés par la loi du 17 juillet 1856 et désormais les contestations entre associés sont de la compétence du tribunal de commerce.

Pourrait-on convenir dans l'acte de société qu'en cas de contestation on s'en rapportera à des arbitres ?

Premier système. La clause est licite. L'art. 1006 C. P. C. déclare bien que tout compromis doit indiquer l'objet en litige, ce qui semble exclure une convention faite à l'avance, mais cet article se réfère à la convention par laquelle on nomme des arbitres et non à la convention par laquelle on s'engage à en nommer.

Deuxième système. La clause est illicite. L'art. 1006 C. P. C. fixe limitativement les cas où on ne peut renoncer à ses juges légitimes et veut que toute clause compromissoire indique l'objet du litige. On ne peut donc compromettre que pour une contestation déjà née. D'ailleurs le Code de Commerce a fait une exception en matière d'assurances et a cru nécessaire de l'énoncer expressément. Il en résulte que dans les cas où la loi n'a pas autorisé une convention de cette nature, elle ne saurait être faite valablement.

TITRE IV.

DES SÉPARATIONS DE BIENS.

Sous ce titre le Code de Commerce traite de la publicité qui devra être donnée aux contrats de mariage des commerçants et aux jugements prononçant séparation de corps ou séparation de biens.

CONTRATS DE MARIAGE. Il devra être affiché dans le prétoire du tribunal un extrait du contrat de mariage, indiquant le régime adopté par les époux.

Si l'époux était commerçant au moment de son mariage, la publication est faite par le notaire qui a reçu le contrat sous peine de 100 francs d'amende, de la destitution et de responsabilité légale. La nécessité de publication s'applique à la communauté légale, mais dans le cas seulement où il y aurait un contrat : car si les époux n'avaient pas fait de contrat il n'y aurait pas de notaire, et par conséquent on ne pourrait le charger de la publication.

Si l'époux entre dans le commerce postérieurement à son mariage il doit faire lui-même la publication ; et s'il ne la fait pas il s'expose à être en cas de faillite condamné comme banqueroutier simple (avant la loi du 28 mai 1838 il était condamné comme banqueroutier frauduleux). Cette disposition ne s'applique pas au cas où les époux seraient mariés sous le régime de la communauté, avec ou sans contrat, car le régime de la communauté étant **le plus avantageux** pour les créanciers, la publication n'aurait d'autre effet que de faciliter le crédit de l'époux commerçant et on ne saurait le punir d'avoir négligé une formalité qui n'avait d'intérêt que pour lui-même.

JUGEMENTS DE SÉPARATION. L'article 66 C. C. se réfère à l'art. 872 C. P. C. à l'égard des formes de publicité qui devront être données aux jugements prononçant séparation de corps ou séparation de biens. Dans le cas où la publication n'aurait pas eu lieu les créanciers pourraient former tierce opposition aux jugements ou contredire à toute liquidation qui en aurait été la suite.

TITRE V.

DES BOURSES DE COMMERCE, AGENTS DE CHANGE ET COURTIERS.

I. — *Des bourses de commerce.*

La bourse est le lieu où les commerçants se réunissent sous l'autorité du gouvernement et où s'opèrent les négociations et transactions sur les marchandises, et les effets publics ou autres.

Les bourses de commerce sont établies par le gouvernement. Il en existe actuellement à Paris, Lyon, Marseille, Bordeaux, Rouen, Toulouse et Lille. Leur utilité consiste à mettre en relations les acheteurs et les vendeurs en accumulant entre les mains d'intermédiaires communs nommés *agents de change* ou *courtiers* toutes les offres et toutes les demandes qui se produisent sur la place.

Le résultat des négociations qui s'y opèrent détermine le cours des effets publics et autres négociations, ce cours n'est autre chose que le prix courant auquel sont vendus les effets publics et les marchandises et qui est constaté par les agents de change et les courtiers dans la forme prescrite par les Règlements.

L'entrée de la bourse est interdite aux femmes et aux faillis.

II. — *Négociations des effets publics et autres.*

La bourse de Paris s'occupe à peu près exclusivement de

la négociation des effets publics et des autres valeurs de même nature émises par les compagnies industrielles ou les gouvernements étrangers.

§ I. — Effets publics.

On nomme « effets publics » les obligations dont l'Etat s'est constitué le débiteur et qui sont de deux natures.

1° *Les Rentes perpétuelles inscrites sur le grand livre* et dont le capital n'est jamais exigible. Ces rentes proviennent d'emprunts successivement faits par le gouvernement et qu'on nomme 3 0/0, 4 0/0, 4 1/2 0/0 suivant que le taux de l'intérêt annuel est de 3 fr. 4 fr. ou 4 fr. 50.

La souscription de l'emprunt est généralement ouverte à un prix un peu inférieur au taux des rentes anciennes, de façon à attirer les souscripteurs par l'appât d'un bénéfice facile à réaliser, puisqu'ils pourront revendre leurs titres à la bourse au prix courant.

Les prix des rentes, *au pair*, est de 100 fr.; et si le gouvernement voulait les rembourser, il ne pourrait les rembourser qu'à ce prix, infiniment supérieur au cours de la bourse, surtout pour le 3 0/0. Aussi ce remboursement n'a-t-il jamais lieu et quand l'Etat veut amortir sa dette il procède d'une autre manière. Il achète à la bourse, au prix courant, les titres qui sont à vendre, et il les annule après les avoir retirés ainsi du commerce en les rachetant.

Il arrive quelquefois que l'Etat *convertit* sa dette, c'est-à-dire change le titre des créanciers en un titre nouveau et différent de l'ancien; c'est ainsi que sous le ministère de Villèle le 5 0/0 a été converti en 4 1/2 0/0 et que dernièrement la loi du 12 février 1862 a opéré la conversion en 3 0/0 d'une partie du 4 0/0 et du 4 1/2 0/0.

Aux termes de la loi de 1862 la conversion est facultative

pour les rentiers. Ceux qui veulent échanger leurs titres contre des titres 3 0/0, y gagnent l'avantage d'avoir pour le même prix un plus grand nombre de titres, que le gouvernement ne pourra rembourser qu'au taux de 100 fr. Ceux qui se refusent à la conversion restent exposés au remboursement au taux de 100 fr. avec un nombre de titres moins considérable.

L'avantage que le gouvernement retire des conversions consiste dans le paiement d'une *soulte* payée au trésor par les rentiers qui convertissent leurs titres.

2° *Les bons du Trésor*. Les bons du Trésor que l'on nomme aussi *dette flottante* diffèrent des rentes inscrites sur le grand livre en ce qu'ils ne sont pas perpétuels, et se remboursent à présentation du titre.

On appelle quelquefois, aussi, *effets publics*, quoique ce nom ne soit pas rigoureusement exact, les actions et obligations de grandes compagnies qui ont été garanties par l'Etat, les obligations résultants d'emprunts municipaux et départementaux, quelquefois même les actions et obligations des sociétés autorisées par le gouvernement, comme les sociétés anonymes avant la loi de 1867, ou placées sous sa surveillance spéciale, comme la banque de France, le Crédit foncier etc.

§ II. — Effets non publics.

L'article 72 C.C. parle de la négociation « des effets publics *ou autres* ». Sous cette dernière qualification il faut ranger les actions et obligations émises par les sociétés libres, sociétés en commandite par actions, sociétés à responsabilité limitée (tant qu'il continuera d'en subsister), sociétés anonymes régies par la loi de 1867.

§ III. — Opérations de bourse.

Les opérations de bourse se font *au comptant* ou *à terme*. Elles n'ont pas nécessairement un caractère commercial, car ce caractère résulte ici comme ailleurs de la question de savoir si on a spéculé, acheté pour revendre. Un particulier qui achète des valeurs sans intention de les revendre et dans le but de faire un simple placement ne fait pas un acte de commerce.

Le marché au comptant est celui dans lequel l'acheteur est mis immédiatement en possession des titres et en solde le prix au moment du marché. L'acheteur doit remettre à l'agent de change chargé de faire la négociation le prix nécessaire au paiement, le vendeur doit lui remettre les titres qu'il a l'intention de négocier.

Le marché à terme est celui dont l'exécution est différée jusqu'à l'expiration d'un terme convenu et qui est ordinairement fixé à la fin du mois courant.

Cette sorte de marché plus spécialement favorable à la spéculation ou aux jeux de bourse a été réglementée en 1832 par une décision de la chambre syndicale des agents de change. En vertu de cette décision les parties ne peuvent prendre d'autre terme que la fin du mois courant, ou la fin du mois suivant. En outre on ne peut opérer à terme que sur un nombre de titres considérable et qui doivent, pour la facilité des transactions, former un compte rond. En rentes sur l'État le chiffre doit être de 1,500 fr. de rente ou d'un multiple de 1,500 fr. Sur les autres effets le chiffre doit être d'au moins 25 actions.

On distingue deux sortes de marchés à terme, le *marché ferme* et le *marché libre* ou *marché à prime*.

Le marché ferme est celui dans lequel l'opération est définitive dès le début, de telle sorte que les deux parties se sont engagées irrévocablement à remettre au terme fixé, l'une les titres qu'elle vend, l'autre le prix des titres qu'elle achète.

Le marché libre ou *à prime* est celui dans lequel moyennant une somme payée de suite à titre d'arrhes et qui reçoit le nom de *prime* l'acheteur conserve le droit de renoncer au marché, lors de l'expiration du terme, en abandonnant la prime à son vendeur. — Il fait alors connaître sa décision définitive au jour fixé pour la *réponse des primes* (ordinairement la dernière bourse du mois). Dans le cas où il conserve l'opération, ce qu'on nomme *lever la prime*, le marché se trouve converti en marché ferme. Dans le cas où il abandonne la prime le marché est non avenu et le vendeur bénéficie de la prime.

La prime est ordinairement de 50 c, 1 fr., 1,50 ou 2 f., de là l'expression de bourse: 1,500 *fr.*, *de rente à 71 dont 50, ou dont 1, ou dont 1,50 etc.*

La combinaison du marché à terme et du marché au comptant donne lieu à une autre opération qu'on nomme *Report.*

Le Report est l'opération d'une personne qui vend un titre au comptant et le rachète immédiatement à terme dans le but de se procurer de l'argent. En temps ordinaire le prix est plus élevé à terme qu'au comptant à raison du bénéfice que possède l'acheteur à terme de conserver son argent jusqu'à la fin du mois. On nomme aussi *Report* l'excédant du prix des valeurs à terme sur le prix au comptant, et on dit qu'il y a 1 fr., 2 fr., de report, etc.

Il arrive quelquefois que le prix au comptant est plus élevé que le prix à terme, lorsque beaucoup de personnes ayant vendu *à découvert*, c'est-à-dire ayant vendu des titres qu'elles n'avaient pas et se trouvant dans la nécessité de s'en procurer pour les fournir à leurs acheteurs, au moment de la liquidation, sont obligés de les acquérir coûte que coûte et en font ainsi monter le prix parce que leur offre est supérieure à la demande. On nomme *déport* l'excédant du prix au comptant sur le prix à terme.

On peut se demander si le prix du report peut être supérieur au taux légal de l'intérêt.

Premier système. Le report ne peut excéder 1/2 0/0 par mois (soit 6 0/0 par an). En effet l'opération du reporteur est un emprunt sur nantissement, et dès lors elle est soumise aux règles de la loi de 1867 sur l'usure.

Deuxième système. Le prix du report est indépendant du taux légal. On ne saurait, en effet, considérer l'opération comme un contrat de prêt, car il n'y a pas de prêteur, et la personne à laquelle le reporteur vend ses titres au comptant n'est pas la même que celle à laquelle il achète à terme des titres semblables. L'opération consiste rigoureusement dans une *vente* et un *rachat* et dès lors elle n'est pas soumise à la loi sur l'usure.

III. — Des agents de change

§ 1. — Attributions.

Les agents de change sont des officiers publics destinés à servir entre les parties d'agents intermédiaires et établis par la loi dans toutes les villes où il y a des bourses de commerce.

Les agents de change sont commerçants et peuvent être déclarés en faillite :

Leurs fonctions consistent.

1° A faire *seuls* les négociations d'effets publics ou autres.

2° A certifier les signatures en cas de transfert,

3° A constater officiellement le cours des effets publics.

4° A faire pour le compte des commerçants les négociations de lettres de change ou de billets et de tous papiers commerçables. Leur ministère n'étant point obligatoire pour cet objet les commerçants n'y ont pas recours dans la pratique et négocient les billets sans intermédiaires.

5° A constater le cours du change (voir titre VIII).

6° A faire les négociations ou le courtage des ventes ou achats de matières métalliques, en concurrence avec les courtiers. — La loi de 1868 ayant rendu le courtage libre, il faut en conclure que depuis 1868 le ministère des agents de change a cessé d'être obligatoire en même temps que celui des courtiers pour la négociation des matières métalliques.

7° A en constater *seuls* le cours (les courtiers ne peuvent faire cette constatation).

Toute personne qui se livrerait à une ou plusieurs des opérations exclusivement attribuées aux agents de change se rendrait coupable du délit d'immixtion dans les fonctions publiques puni de 2 à 5 ans d'emprisonnement par l'art. 258 C. P.

§ II. — Conditions requises pour devenir agent de change.

Les agents de change sont nommés par décret impérial sur la présentation de leurs prédécesseurs conformément à l'art. 91 de la loi de finances du 28 avril 1816.

Il faut qu'ils réunissent les conditions suivantes.

1° Qu'ils soient âgés de 25 ans au moins.

2° Qu'ils jouissent des droits civils et politiques.

3° Qu'ils ne soient point faillis.

4° Qu'ils soient présentés par leur prédécesseur en vertu d'un traité de vente qui doit être approuvé par le ministre des finances.

5. Qu'ils soient agréés par la chambre syndicale.

6° Qu'ils présentent un certificat d'aptitude et d'honorabilité délivré par plusieurs maisons de banque.

7° Qu'ils fournissent un cautionnement qui est de 200,000 fr., à Paris et qui varie de 40,000 à 12,000 fr., dans les bourses de province, suivant les villes où la bourse est établie.

— Les agents de change peuvent former avec un ou plusieurs bailleurs de fonds une association analogue à la commandite, mais qui en diffère cependant en ce que les résultats financiers de la gestion entrent seuls dans l'association, tandis que l'agent de change demeure toujours propriétaire exclusif de l'*office*.

L'agent de change est tenu d'acquitter personnellement le quart au moins du prix de l'office et du prix du cautionnement. (L. du 2 juillet 1862.)

§ III. — OBLIGATIONS DES AGENTS DE CHANGE.

1° Outre les livres obligatoires pour tous les commerçants, ils doivent avoir un *carnet* sur lequel ils consignent leurs opérations au moment même où ils les effectuent.

Bien qu'obligatoire pour les agents de change, le carnet ne fait pas foi en justice, ce privilége étant réservé aux livres obligatoires pour tous les commerçants.

2° Ils ne peuvent opérer pour leur propre compte. (Sans cela l'agent de change pourrait mettre en péril par ses opérations les sommes que ses clients lui confient à titre de dépôt pour payer leurs achats.)

Toute contravention entraîne la peine de la destitution et une amende correctionnelle qui ne peut excéder 3,000 francs.

3° Ils ne peuvent sous les mêmes peines s'immiscer ni avoir d'intérêt dans aucune entreprise commerciale.

4° En cas de faillite, ils sont déclarés banqueroutiers (c'est la sanction de la règle qui leur interdit d'opérer pour leur propre compte).

5° Ils sont tenus (sauf stipulation contraire) de garder le secret le plus inviolable sur les noms des parties pour lesquels ils opèrent (Arr. du 27 prairial an X).

6° Il leur est interdit de se rendre garants de l'exécution des marchés dans lesquels ils s'entremettent.

7° Ils doivent se faire remettre avant d'opérer, les titres qu'ils sont chargés à vendre et le prix des titres qu'ils sont chargés d'acheter.

Cette dernière règle est la conséquence inévitable des deux règles précédentes. En effet, puisque l'agent de change est tenu de garder le secret, il ne peut obliger son client dont le nom reste inconnu, et puisque d'autre part il ne peut se porter garant, il n'a d'autre ressource que de se faire nantir des titres ou du prix.

Néanmoins la jurisprudence a tempéré cette règle qui ne tendrait à rien moins qu'à rendre les marchés à terme impossibles ; et elle admet que l'agent de change peut se contenter de prendre une simple *couverture*. Suivant elle, l'art. 80 C. C. qui interdit à l'agent de change de se porter garant, lui interdit de s'engager sous la forme du cautionnement, mais il ne lui interdit pas le cautionnement, involontaire et non stipulé qui résulte de l'obligation où il se trouvera de payer sur ses propres fonds, s'il n'a pas eu soin de se mettre à couvert.

La couverture ainsi remise à l'agent de change peut avoir deux caractères différents. Si c'est une somme d'argent, elle est considérée comme une remise partielle du prix dû à l'agent de change pour l'exécution de son mandat. Si elle consiste en titres ou en valeurs elle forme un *nantissement*.

§ IV. — Recours de l'agent de change contre son client.

Dans le cas où l'agent de change n'a pas eu soin de se faire remettre les titres ou leur prix, il peut recourir contre son vendeur en exerçant contre lui, suivant les règles du droit commun, l'action *mandati contraria*.

Il peut aussi, après sommation, *exécuter* son client, c'est-à-dire vendre ses titres afin de se payer sur le prix.

Mais dans le cas où il s'agit d'un marché à terme, il se soulève une question importante. L'agent de change peut-il exiger son paiement, ou au contraire le client n'est-il pas en droit de se refuser à l'exécution d'une obligation illicite, au paiement d'une dette qu'on ne saurait considérer autrement que comme une dette de jeu ?

Premier système. Le client n'est jamais obligé pour un marché à terme, et dans le cas même où il aurait payé, il pourrait exercer la répétition de l'indû. En effet, le marché à terme est toujours illicite. Trois arrêts du grand conseil de 1726, de 1785 et de 1786 déclarent nuls et délictueux les marchés qui se feraient à terme et sans la livraison des effets ou le dépôt de ces effets constaté au moment de l'engagement.

Depuis lors, il est vrai que l'art. 422 C. P. a adouci cette règle en punissant seulement toute convention de livrer des effets « qui ne seront pas prouvés par le vendeur avoir existé à sa disposition au temps de la convention, *ou avoir dû s'y trouver au temps de la livraison.* »

Mais cet article n'a abrogé les arrêts ci-dessus qu'au point de vue de la répression pénale, et au point de vue civil, la nullité ne continue pas moins à être encourue.

Deuxième système. Le marché à terme est toujours valable et le client est toujours obligé. En effet, aucune loi n'interdit de vendre les choses futures. Le commerce ne vit que de spéculations de ce genre, et si on peut vendre des marchandises dont on n'est pas propriétaire, il n'y a aucune raison pour qu'on n'ait pas le droit de vendre des effets dans les mêmes conditions. Peu importe qu'une interdiction de cette nature ait existé sous l'ancien régime. Elle a été abrogée implicitement par l'établissement de la liberté commerciale et les principes de 1789.

Troisième système. Le marché à terme est valable et oblige le client s'il est sérieux, il ne l'oblige pas si il constitue une opération de jeu, c'est-à-dire un pari sur la hausse et la baisse destiné à se borner à un simple paiement de différences.

En effet, il ne saurait être question des arrêts du grand conseil qui sont réduits aujourd'hui à la simple valeur d'un document historique, et la question doit se résoudre par les principes du droit commun. Or, nous nous trouvons en présence de l'art. 1695 C. N. aux termes duquel « la loi n'accorde aucune action pour une dette de jeu ou « pour le paiement d'un pari. » Quand il résultera des circonstances que le marché tombe sous l'application de cet article, l'agent de change n'aura pas d'action, il en aura une dans tous les autres cas.

Ajoutons qu'il ne saurait être question d'autoriser la répétition, car l'art. 1697 C. N. s'y oppose formellement.

Enfin, le marché qui est un pari à l'égard du client peut très-bien n'en être pas un à l'égard de l'agent de change, si celui-ci a eu de justes raisons d'ignorer qu'il s'agissait d'une opération de jeu ; et dans ces cas, l'agent de change pourra exiger son paiement en justice.

IV. — *Des courtiers.*

Les courtiers sont des officiers publics comme les agents de change, chargés comme eux de servir d'intermédiaires entre les acheteurs et les vendeurs, à propos des négociations qui rentrent dans leurs attributions. Leur ministère n'est point obligatoire en ce sens que les commerçants peuvent traiter leurs affaires eux-mêmes, mais dans le cas où ils veulent se servir d'intermédiaires, ils ne peuvent se servir que des courtiers, et tout courtage fait par un simple particulier constitue l'immixtion dans les fonctions de courtier qui rentre dans le délit d'immixtion dans les fonctions publiques, puni par l'art. 258 C. P.

Avant la loi du 18 juillet 1866, il y avait 5 espèces de courtiers.

1° *Les courtiers de marchandises* qui avaient seuls le droit de faire le courtage des marchandises et d'en constater le cours, et qui exerçaient concurremment avec les agents de change le courtage des matières métalliques.

2° *Les courtiers d'assurances maritimes* chargés en concurrence avec les notaires de s'entremettre entre les assureurs et les personnes qui veulent faire assurer leur navire, et de rédiger les polices d'assurances ; ayant seuls le droit de constater le taux des primes.

3° *Les courtiers interprètes et conducteurs de navires* chargés du courtage de l'affretement ou nolissement, de la constation du cours du frêt, des fonctions d'interprètes pour les affaires contentieuses et pour le service des douanes.

4° *Les courtiers de transport par terre et par eau*, chargés seuls de faire le courtage des transports par terre et par *rivières ou canaux*.

5° *Les courtiers gourmets piqueurs de vins* établis à Paris pour le service de l'entrepôt des vins (Déc. du 15 déc. 1813), chargés de servir d'intermédiaires, et d'experts sur la qualité des vins dans l'entrepôt.

Les courtiers de transport par terre et par eau n'existent plus en fait, les premiers titulaires n'ayant jamais été remplacés.

Les courtiers de marchandises ont perdu leur caractère d'officiers publics en vertu de la loi du 18 juillet 1866 qui a supprimé leur monopole et rendu leur profession libre.

Il ne subsiste donc plus aujourd'hui que les courtiers d'assurances maritimes, les courtiers de navires et les courtiers gourmets piqueurs de vins.

Cependant les courtiers de marchandises n'ont point été entièrement supprimés comme *intermédiaires officiels* entre les parties. Aux termes de la loi de 1868, il y a à côté des *courtiers libres,* des *courtiers inscrits* soumis à certaines conditions d'aptitude et de discipline analogues comme réglementation, à ce qui existe pour la profession d'avocat.

Les courtiers inscrits sont chargés seuls de constater officiellement le prix des marchandises, dans les villes où ils sont en nombre suffisant. Ils procèdent seuls aux ventes publiques de marchandises, dans le cas où la loi ordonne que la vente sera faite par un courtier.

Il est interdit aux courtiers inscrits ou non inscrits de servir d'intermédiaires dans les affaires où ils ont un intérêt personnel, sous peine de 500 à 3,000 francs d'amende.

TITRE VI.

DU GAGE ET DES COMMISSIONNAIRES.

I. — *Du gage commercial.*

Les trois premiers articles du titre VI relatifs au *gage commercial* n'existaient pas dans la rédaction primitive du Code de Commerce. Ils y ont été introduits par la loi du 23 mai 1863 qui a eu pour but d'affranchir le gage en matière de commerce d'un certain nombre d'entraves imposées par la législation civile.

Le gage est commercial lorsqu'il est constitué soit par un commerçant, soit par un non-commerçant à propos d'un acte de commerce. (Le gage est un contrat accessoire qui suit la condition du contrat principal.)

Le gage qui n'est pas constitué à propos d'un acte de commerce est un gage civil, encore bien qu'il soit constitué au profit d'un commerçant Ainsi des effets publics remis en gage à un agent de change à propos d'une opération de bourse constitueront un gage civil dans le cas où l'opération aura le caractère d'une opération civile; ils constitueraient au contraire un gage commercial s'ils étaient remis à propos d'une opération faite dans un but de spéculation et ayant par conséquent le caractère commercial.

Le gage commercial est régi par les dispositions du Code Napoléon, sauf les deux exceptions ci-après :

Première exception. — Le gage commercial se constate

à l'égard des tiers comme à l'égard des parties contractantes par tous les modes de preuve admis en matière commerciale : la correspondance, les livres, la preuve testimoniale. En matière de gage civil au contraire le créancier gagiste ne peut opposer son privilége aux tiers que si le gage résulte d'un acte écrit, enregistré, contenant la déclaration de la somme due et la désignation exacte de la chose remise en gage.

— L'exception que nous venons de formuler suppose que le gage a été constitué en meubles corporels. Dans le cas où le gage serait constitué au contraire en objets incorporels (effets de commerce, créance, titres, etc.), la disposition ne serait plus absolument la même, et il y aurait lieu de distinguer entre quatre hypothèses différentes :

1º Si une *créance* a été donnée en gage, le gagiste est tenu, en matière commerciale comme en matière civile, de signifier le transport au débiteur, pour que celui-ci ne puisse plus payer valablement au cédant.

2º S'il s'agit d'un *billet à ordre* le gage s'établit par *endossement*. On a soin d'indiquer dans la formule de l'endossement que le billet est *passé à ordre pour gage*, afin que le gagiste ne puisse prétendre plus tard qu'on lui a transmis la propriété.

3º S'il s'agit de *titres nominatifs* le gage s'établit par voie de *transfert*. On a soin d'indiquer également que le transfert est à titre de gage, et non à titre de cession.

4º S'il s'agit d'un *titre au porteur*, on applique purement et simplement la règle du gage commercial, et le gage est établi à l'égard des tiers par tout mode de preuve.

Deuxième exception. — En cas de non-paiement à l'échéance, le créancier gagiste a le droit, par le seul fait du non-paiement, de faire procéder à la vente publique des objets donnés en gage huit jours après une signification faite au débiteur et au tiers acquéreur du gage s'il y a lieu. La vente est faite par un agent de change s'il s'agit de titres, par un courtier inscrit s'il s'agit de marchandises.

En droit civil au contraire le gagiste pourrait seulement *faire ordonner en justice* que le gage sera vendu aux enchères ; mais il ne pourrait faire vendre sans jugement.

Remarquons que cette disposition relative à la vente du gage commercial est une exception au droit commun et doit par conséquent être entendue *stricto sensu*. Le créancier gagiste ne pourrait donc convenir valablement que le gage lui restera en propriété à défaut de paiement ou que la vente pourra avoir lieu avant le délai de huitaine, ou qu'elle sera dispensée d'une autre des formalités établies par l'art. 93 CC.

— L'art. 91 CC. décide expressément que s'il s'agit d'effets de commerce, le gagiste pourra en recevoir le montant au moment de leur échéance, sauf à les imputer sur le paiement de sa créance. Cette disposition a pour but de rassurer les tiers sur la validité du paiement fait au gagiste.

— Sur tous les points auxquels il n'est pas dérogé par les deux exceptions que nous venons d'indiquer, les règles du droit civil conservent leur empire et devront être appliquées. Ainsi le privilége du gagiste ne commence que du jour où la chose engagée est sortie de la possession du débiteur pour entrer dans celle du créancier. Peu importe du reste qu'elle soit remise au créancier ou qu'elle soit dans un dépôt public, ou dans ses magasins, pourvu qu'elle soit à sa disposition. Elle est réputée à sa disposition lorsqu'elle est en route et qu'il en est saisi par un connaissement ou une lettre de voiture.

II. — Des warrants.

Les warrants sont des bulletins de gage d'une nature particulière, qui ont été réglementés par la loi du 28 mai 1858.

Aux termes de cette loi il peut être créé avec l'autorisation du gouvernement des *magasins généraux*, destinés à recevoir les matières premières, les marchandises et les objets fabriqués que les industriels veulent y déposer.

Le déposant reçoit en échange des objets qu'il dépose deux titres négociables par la voie de l'endossement.

1° *Un récépissé* ou bulletin de vente.

2° *Un warrant* ou bulletin de gage.

S'il veut vendre ses marchandises il transfère le récépissé à l'acheteur par endossement, et celui-ci devient propriétaire des objets déposés.

S'il veut emprunter sur ses marchandises il transfère le warrant au prêteur et celui-ci vaut nantissement pour la personne à laquelle il a été transféré.

Le déposant peut d'ailleurs vendre ses marchandises, soit qu'elles soient libres, soit qu'elles soient engagées en nantissement. Dans le premier cas, il remet à l'acheteur le récépissé et le warrant à la fois, et celui-ci acquiert alors le droit soit de retirer la marchandise, soit de la donner lui-même en nantissement. Dans le second cas il ne remet à l'acheteur que le récépissé et celui-ci en devenant propriétaire est tenu de respecter le droit de gage conféré au porteur du warrant. — Il peut cependant retirer la marchandise en payant la dette, même avant l'échéance (article 6, L. 28 mai 1858).

Le récépissé et le warrant indiquent le nom du déposant, sa profession et son domicile, la nature de l'objet et sa valeur approximative.

Le porteur du warrant peut en cas de non-paiement à l'échéance, faire vendre les marchandises engagées, huit jours après le protêt. Il est payé sur le prix de la vente préalablement à tous les autres créanciers sauf déduction des droits de magasinage et de vente, des contributions, et des dépenses faites pour la conservation de la chose.

Il ne peut poursuivre l'emprunteur qu'après avoir discuté le gage.

III. — *Des commissionnaires en général.*

§ 1. — Caractères du contrat de commission.

Le contrat de commission est celui par lequel une personne nommée *commissionnaire* s'engage en son propre nom, pour le compte d'une autre nommée *commettant*.

Ce contrat n'est autre chose qu'un *mandat commercial*, un mandat d'une forme particulière dispensé de certaines règles du droit civil peu compatibles avec le caractère des transactions commerciales.

Les principales différences entre la commission et le mandat sont les suivantes :

1º Le commissionnaire s'oblige lui-même ; il fait l'affaire pour son compte et il n'oblige pas le commettant envers les tiers. Les tiers n'ont d'action directe que contre lui, et s'ils veulent actionner le commettant ils ne peuvent le faire qu'indirectement et en exerçant contre celui-ci les actions du commissionnaire leur débiteur. Le mandataire au contraire oblige son mandant envers les tiers et ne s'oblige pas lui-même. — On conçoit la nécessité de cette différence en matière de transactions commerciales, où le secret est souvent indispensable à la réussite, et où **la rapidité** des opérations exige que celui qui contracte s'engage personnellement sans que le créancier ait besoin de s'enquérir de la solvabilité du mandant.

Il faut conclure de cette règle qu'une personne qui ferait une opération commerciale pour le compte d'une autre, sans s'engager elle-même, ne serait pas un commissionnaire. Elle serait un simple mandataire dont les droits et les devoirs seraient réglés par les dispositions du Code Napoléon.

2° La commission est impérative et s'observe strictement. Le commettant ordonne d'acheter à tel prix et le commissionnaire ne pourrait acheter à un prix plus élevé, quand même l'opération serait avantageuse, ni même demander un délai pour en référer au commettant. Il ne pourrait qu'acheter à meilleur marché ou vendre plus cher. Le mandataire au contraire agit dans l'intérêt du mandant avec une large part d'appréciation.

Un mandataire commercial, qui ne se bornerait pas à la stricte exécution de son mandat, ferait acte de *courtage*; il ne serait pas commissionnaire.

3° La commission est spéciale et pour une affaire déterminée, tandis que le mandat peut être général.

Il ne faut donc pas confondre avec les commissionnaires, les personnes qui reçoivent le nom de *facteurs* et qui sont chargées par un négociant d'une spécialité d'affaires et d'un ensemble d'opérations. Ces personnes ne sont pas des mandataires, car elles s'engagent elles-mêmes, mais elles ne sont pas non plus des commissionnaires car elles ne se bornent pas à une affaire déterminée, et elles sont unies au négociant dont elles font les affaires par le contrat de *louage de services*.

4° Lorsqu'une opération est faite pour une personne qui la connaît et ne s'y oppose, on admet universellement qu'il y a *dation tacite* de commission. En matière de mandat, au contraire c'est une question très-controversée que de savoir si le mandat peut être donné tacitement.

5° Le commissionnaire a droit à un salaire, même quand il n'a pas été stipulé, parce que le salaire est dans la nature de la commission. Au contraire, le salaire n'est pas dans la nature du mandat, et ne peut être réclamé par le mandataire que s'il a été stipulé expressément.

6° Le commissionnaire étant salarié est tenu de ses fautes légères ; le mandataire au contraire n'est tenu que de la faute grave.

7° Le commissionnaire a un privilége, le mandataire n'en a pas.

§ II. — Droits et obligations du commissionnaire.

1° *Entre le commissionnaire et les tiers.* — Le commissionnaire est seul obligé envers les tiers et ceux-ci le sont envers lui.

2° *Entre le commettant et les tiers.* — Il n'y a ni relations ni obligation directe entre le commerçant et les tiers. Les tiers ne peuvent actionner le commettant en exécution du contrat, que du chef du commissionnaire, et le commettant s'il veut actionner les tiers est soumis à la même condition.

3° *Entre le commissionnaire et le commettant.* — On applique les règles du mandat, sauf les exceptions indiquées sur le caractère impératif de la commission et sur le salaire du commissionnaire. Ainsi le commissionnaire est tenu de continuer sa gestion jusqu'à l'accomplissement de l'opération, de rendre compte, etc.; le commettant est obligé de payer au commissionnaire son salaire, de lui tenir compte de ses avances et de l'indemniser de ses pertes, etc.

§ III. — Du salaire ou droit de commission.

Le droit de commission est dû au commissionnaire même lorsqu'il n'a pas été stipulé.

Il est simple ou double.

Le droit simple est celui qui est uniquement la récompense du travail du commissionnaire.

Le droit double est celui qui est dû au commissionnaire, lorsqu'il se joint au contrat de commission un autre contrat appelé contrat *du croire (del credere)* par lequel le commissionnaire prend à sa charge les risques de l'insolvabilité des personnes avec lesquelles il doit traiter. Le contrat du croire est un contrat d'assurance entre le commissionnaire et le commettant. Il est analogue aussi au contrat de cautionnement mais il en diffère en ce qu'il n'a pas le caractère de contrat accessoire et peut contenir des clauses différentes de celles qui existent dans le contrat de commission.

§ IV. — Comment la commission prend fin.

La commission prend fin comme le mandat : 1° par la volonté du commettant, 2° par la renonciation du commissionnaire faite en temps opportun ou pour juste cause, 3° par la consommation de la négociation, 4° par la mort, l'interdiction, la faillite ou la déconfiture du commettant ou du commissionnaire.

§ V. — Privilége du commissionnaire.

QUAND LE PRIVILÉGE EXISTE. La créance du commissionnaire contre le commettant est garantie par un privilége ou gage tacite, portant sur les marchandises qui lui ont été remises et qui sont à sa disposition.

Avant la loi du 23 mai 1863 ce privilége donnait au commissionnaire un droit exceptionnel. Depuis que la loi du 23 mai 1863 a créé sous le nom de gage commercial un droit analogue à celui du commissionnaire et applicable à toutes les créances commerciales, le privilége du commissionnaire ne diffère plus du gage commercial que sur deux points :

1° Il existe de plein droit et n'a pas besoin d'être stipulé.

2° Lorsque les marchandises ont été remises au commissionnaire avec commission de les vendre, celui-ci n'a pas besoin d'observer les règles spéciales à la vente du gage, et peut toujours se payer sur le prix après avoir vendu dans les délais et dans les formes convenus pour l'exécution de sa commission.

On discutait avant la loi de 1863 sur la question de savoir si le privilége existait dans le cas où le commissionnaire et le commettant résidaient dans la même ville, ou si au contraire, il n'était pas nécessaire qu'ils résidassent en des lieux différents. La loi de 1863 a terminé cette controverse en supprimant dans l'art. 95 CC., les mots qui l'avaient fait naître ; et désormais, le privilége existe, soit que le commissionnaire et le commettant habitent dans le même lieu, soit qu'ils habitent en des lieux séparés.

Il n'est pas nécessaire non plus que le commissionnaire soit un commissionnaire de profession ; et toute personne chargée d'une commission possède le privilége de l'art. 95.

CRÉANCES GARANTIES PAR LE PRIVILÉGE. Avant la loi de 1863 le privilége ne garantissait que la créance résultant des avances, intérêts et frais.

La loi de 1863 a résolu une question controversée en décidant que le privilége existe pour le *droit de commis-*

sion, aussi bien que pour les déboursés du commissionnaire.

Elle a résolu une autre question en décidant que le privilége garantit les avances faites avant la réception des marchandises, aussi bien que celles qui sont faites pendant que les marchandises sont en la possession du commissionnaire.

Sur quelles marchandises porte le privilége. Le privilége porte sur les marchandises remises par le commettant ou en son nom pour être vendues ou engagées. Il ne s'applique pas aux marchandises achetées par le commissionnaire pour le compte du commettant. Il faut donc distinguer entre le commissionnaire vendeur et le commissionnaire acheteur. Mais si le commissionnaire acheteur ne possède pas le privilége de l'art. 95, il n'est point pour cela privé de garanties et il possède le droit de retention sur les marchandises achetées par lui.

IV. — *Des commissionnaires pour les transports par terre ou par eau.*

Les commissionnaires de transports sont ceux qui contractent en leur nom et pour le compte d'un commettant, avec un ou plusieurs voituriers chargés de transporter des marchandises. Ces commissionnaires sont particulièrement utiles dans les cas où une marchandise doit passer entre les mains de plusieurs voituriers différents avant d'arriver à destination, parce que le commissionnaire a sur les différentes places des correspondants qu'il charge de surveiller l'expédition.

Les commissionnaires de transport diffèrent des autres commissionnaires en ce qu'ils sont soumis à certaines obligations spéciales.

1º Ils sont tenus d'insérer sur leur livre-journal la déclaration de la nature et de la quantité des marchandises qui leur sont remises. S'ils en sont requis ils doivent inscrire aussi leur valeur.

2° Ils sont garants des avaries, de la perte ou du retard dans l'arrivée des marchandises sauf le cas de force majeure.

3° Ils sont garants des commissionnaires intermédiaires auxquels ils adressent les marchandises.

V. — *Du voiturier et du contrat de transport.*

Le voiturier est un entrepreneur qui se charge de transporter des marchandises d'un lieu à un autre moyennant un prix convenu. Il ne faut pas le confondre avec le commissionnaire de transports qui sert quelquefois d'intermédiaire entre l'expéditeur et lui. Le voiturier n'est pas un commissionnaire et il est lié avec la personne avec laquelle il contracte par le contrat de louage d'ouvrage ou d'industrie.

§ I. — Lettre de voiture.

Le contrat de transport est constaté par une lettre de voiture qui est remise au voiturier et qui contient : 1° l'indication des objets, leur nature, leur poids ou contenance, leurs marques ou numérotage ; 2° le nom et le domicile de l'expéditeur, celui du destinataire et celui du voiturier ; 3° le prix de la voiture ; 4° le délai dans lequel les marchandises seront expédiées et le prix de l'indemnité qui sera due en cas de retard ; 5° la signature de l'expéditeur.

La qualification de *lettre de voiture* ne s'applique qu'aux actes constatant les transports par terre ; quand il s'agit d'un transport par mer l'acte se nomme *connaissement*.

§ II. — Obligations du voiturier.

1° Le voiturier est chargé de la garde des objets qu'il doit transporter et, il doit les remettre au lieu et dans le délai fixé par la convention.

2° Il est responsable du retard, des avaries et de la perte de l'objet, à moins qu'il n'y ait force majeure, vice de la chose ou faute de l'Expéditeur. (Il s'en suit que le voiturier est responsable de toute faute même très-légère puisque sa responsabilité ne cesse qu'en cas de force majeure.)

3° Il est responsable comme les aubergistes, du vol ou du dommage causé par ses domestiques ou par les étrangers reçus dans sa voiture ou dans ses magasins.

4° La preuve par témoins est admise contre lui, même en matière civile.

En cas de refus ou de contestation du destinataire pour l'acceptation des marchandises, leur état est constaté par des experts nommés par le président du tribunal de commerce.

L'action contre le voiturier à raison des dommages-intérêts dont il est responsable cesse lorsque les marchandises ont été acceptées par le destinataire et que le prix du transport a été payé. — Lorsque les marchandises ont été acceptées, si le prix n'a pas été payé l'action subsiste mais elle est soumise à une prescription spéciale qui est de six mois si le transport a eu lieu en France, d'un an si le transport a eu lieu à l'étranger.

Le délai de la prescription court à partir du jour où les objets auraient dû être remis s'il s'agit de perte des marchandises ou de retard dans l'arrivée.

Il court à partir du jour où les objets ont été remis, s'il s'agit d'avaries subies par les marchandises.

Cette prescription ne serait pas admise dans le cas où il y aurait eu dol ou fraude du voiturier.

§ III. — Droits et privilége du voiturier.

Le voiturier a droit de se faire payer le prix du transport et les dépenses accessoires ; il peut agir à cet effet contre l'expéditeur ou contre le destinataire qui a accepté les marchandises.

Il a un privilége sur les marchandises, qui lui permet de se faire autoriser par le président du tribunal de commerce à les vendre pour se payer sur leur prix.

On discute sur la question de savoir si le privilége cesse lorsque le voiturier s'est dessaisi des objets.

Premier système. Le voiturier conserve son privilége même lorsqu'il s'est dessaisi des objets. Il en était ainsi dans l'ancien droit, et en effet le privilége n'est pas attaché à un droit de gage, mais à l'idée que le voiturier a donné une plus-value aux objets en les transportant.

Deuxième système. Le privilége du voiturier cesse lorsqu'il s'est dessaisi des objets. La loi n'ayant pas établi de dispositions contraires, il y a lieu de se référer au droit commun.

TITRE VII.

DES ACHATS ET DES VENTES.

Sous la rubrique *Des achats et des ventes*, le titre VII s'occupe des modes de preuve applicables en matière commerciale, non-seulement aux ventes mais à toutes les négociations.

Ces modes de preuve sont :

1° Les actes authentiques.

2° Les actes sous signature privée. — Ils sont dispensés en matière commerciale : 1° de la formalité qui astreint à faire autant de doubles qu'il y a de parties (art. 1325, C. N.), 2° de la nécessité du bon et approuvé (art. 1326, C. N.), 3° de la nécessité de l'enregistrement pour prendre date certaine à l'égard des tiers.

3° Le bordereau d'un agent de change ou courtier dûment signé par les parties. Le bordereau étant émané d'un officier public, fait foi jusqu'à incription de faux.

4° Une facture acceptée.

5° La correspondance.

6° Les livres des parties (voir titre II).

7° La preuve testimoniale, lorsque le tribunal croit devoir l'admettre. Elle est admise même au-delà de 150 fr. dans tous les cas où le Code de commerce n'exige pas la confection d'un acte écrit.

8° L'aveu.

9° Le serment.

10° Les présomptions.

TITRE VIII.

DE LA LETTRE DE CHANGE ET DU BILLET A ORDRE

I. — *Notions préliminaires sur le change et les banques.*

§ I. — Contrat de change.

Il faut distinguer le *change manuel* et le *contrat de change.*

Le change manuel est l'acte par lequel deux personnes échangent une monnaie contre une autre monnaie dont le cours est constaté à la Bourse sous le titre : *matières d'or et d'argent.*

Le contrat de change est une convention par laquelle une personne s'engage à procurer à une autre personne, *dans un lieu différent de celui où la convention a été faite,* une somme d'or ou d'argent monnayé en échange d'une valeur reçue.

Le contrat de change est commutatif et à titre onéreux.

Il est synallagmatique ou unilatéral suivant que la valeur qui doit être donnée au changeur a été payée comptant ou simplement promise. En effet, dans le premier cas le changeur doit être seul obligé, dans le second cas il y a obligation des deux parties.

Le contrat de change a pour but de permettre à un commerçant de se procurer une somme d'argent dans un lieu où il ne réside pas et où il a un paiement à faire.

§ II. — Cours du change.

Il peut arriver que le cours du change soit au *pair*, c'est-à-dire qu'une personne remettant 100 fr. à un changeur à Marseille reçoive du changeur la même somme de 100 fr. à Paris ; mais la plupart du temps il n'en est pas ainsi ; car le cours du change est soumis aux lois de l'offre et de la demande, et s'il y a à Marseille plus de commerçants ayant besoin d'argent à Paris qu'il n'y a à Paris de commerçants ayant besoin d'argent à Marseille, l'excès de la demande fera monter le cours du change à Marseille et l'excès de l'offre le fera baisser à Paris.

Lorsque le change est au dessus du pair c'est-à-dire qu'il faut donner une somme supérieure à celle qu'on recevra dans une autre ville, on dit que le cours du change est *haut*.

Lorsque le change est au-dessous du pair, c'est-à-dire qu'on recevra dans une autre ville une somme supérieure à celle qu'on a versée, on dit que le change est *bas*.

Le cours du change entre les différentes villes de France est constaté à la Bourse d'après la somme que le changeur remet pour une somme de 100 fr. On dit que le change est à 99 1/2, 99 1/4, 99 1/8, etc.

La constatation est plus compliquée entre villes de pays différents où l'unité monétaire n'est pas la même. On commence par fixer le cours du pair, c'est-à-dire la valeur de l'unité monétaire du pays étranger en monnaie française. Ainsi le prix d'une livre sterling au cours du pair est de 25 fr. 22 cent. Puis après avoir fixé le cours du pair on dresse un tableau sur lequel on constate le cours réel en *papier* et en *argent*, c'est-à-dire en demande et en **offre**.

Les variations du cours du change donnent lieu à une opération connue sous le nom d'*arbitrage* (*arbitrium*, discernement). Lorsque le change est cher entre deux villes, par exemple entre Paris et Lyon, il peut arriver qu'au contraire le change soit bon marché entre ces deux villes et une troisième, par exemple Genève. Au lieu de tirer directement de Paris sur Lyon, on tirera de Paris sur Genève et à Genève on chargera un commissionnaire de tirer de Genève sur Lyon. Telle est l'opération nommée arbitrage.

Outre les variations de prix résultant du cours de change il faut compter aussi les frais de change, c'est-à-dire le droit de commission perçu par le changeur. Ce droit est de 1/2 0/0.

Ajoutons que le change à terme est toujours meilleur marché que le change à vue, parce que dans le change à terme le changeur doit faire déduction de l'escompte, c'est-à-dire de l'intérêt de l'argent pendant le délai où il demeurera en sa possession.

C'est une question controversée que de savoir si l'escompteur est soumis à la loi de 1807 sur le taux de l'intérêt.

Premier système. La loi de 1807 n'est pas applicable car l'escompte est un achat à terme.

Deuxième système. L'escompte est un prêt. Il ne peut dépasser 6 0/0 si l'escompteur est commerçant et 5 0/0 si l'escompteur n'est pas commerçant. (La loi de 1857 a fait une exception en faveur de la Banque de France qui est autorisée à faire l'escompte au dessus du taux légal.)

§ III. — DES BANQUES.

Le change est fait en général par les banques publiques ou privées.

Les banques sont des établissements de crédit spécialement destinés à la circulation des capitaux.

Leurs opérations consistent :

1° A faire le change.

2° A faire l'escompte des effets, c'est-à-dire à acheter au comptant des effets à terme moyennant une retenue égale au taux de l'intérêt.

3° A recevoir les dépôts d'argent ou de valeurs qui leur sont confiés par les particuliers ou les commerçants et que ceux-ci retirent ensuite lorsqu'ils ont besoin de leurs fonds. — Souvent il arrive que le déposant donne l'ordre de payer un de ses créanciers avec lequel il veut se libérer et que celui-ci ne veut pas être mis en possession de l'argent qui lui est dû. La banque se borne alors à faire un *virement de compte*, c'est-à-dire qu'elle conserve la somme en la transportant du crédit du déposant au crédit du créancier.

4° A ouvrir des *comptes courants*, c'est-à-dire à recevoir de personnes avec lesquelles la banque est en affaires, des valeurs qui lui sont remises non plus à titre de dépôt, mais en toute propriété et à la seule charge d'en créditer le remettant. On dit que ces valeurs entrent dans le compte courant entre la banque et son correspondant; et le règlement des comptes se fait par compensation entre le compte créditeur et le compte débiteur.

Les sommes remises en compte courant sont soumises à deux règles spéciales : l'exigibilité n'en est possible qu'à l'époque fixée pour arrêter les comptes et l'anatocisme est permis dans la supputation des intérêts à laquelle donne lieu le règlement de compte.

5° A émettre des billets.

La Banque de France a seule le droit d'émettre en France des billets servant de monnaie fiduciaire. La valeur des billets émis par elle est ordinairement égale au triple de son capital ; et elle escompte en billets les effets à courte échéance revêtus de trois signatures. Il en résulte qu'elle ne court à peu près aucun risque et que ses opérations roulant toujours sur une somme égale au triple de son capital les intérêts perçus par elle s'élèvent à 18 0/0 par an.

Ajoutons que les porteurs de billets ne courent jamais aucun danger ; car si la Banque ne possède en numéraire que le tiers de leur valeur, elle possède en effets à courte échéance une valeur égale à la totalité de ses billets.

II. — *De la lettre de change.*

§ 1. Définition et caractère de la lettre de change.

Définition. La lettre de change est un des moyens les plus usités pour l'exécution du contrat de change.

On peut la définir : *Un acte rédigé conformément à la loi, par lequel une personne donne mandat à une autre personne résidant dans un autre lieu, de remettre une certaine somme à une troisième personne qu'elle indique ou à celui auquel celle-ci aura cédé son droit.*

On voit que la lettre de change suppose au moins une personne de plus que le simple contrat de change, car tandis que celui ci peut être fait entre deux parties, celle-là en suppose au moins trois : celui qui donne mandat de payer, celui qui doit payer et celui qui doit recevoir le paiement.

Conditions essentielles. La lettre de change est soumise à cinq conditions essentielles :

1° Elle doit rester jusqu'à l'échéance entre les mains du bénéficiaire dont elle constitue le titre, ou de la personne à laquelle il aura cédé son droit.

2° Elle doit contenir la clause *à ordre*, c'est-à-dire être négociable par la voie de l'endossement.

3° Elle doit être tirée sur un lieu différent de celui où elle a été faite. (Sans cela il n'y aurait pas contrat de change, le contrat de change supposant nécessairement des lieux différents.)

4° La somme qui devra être payée au porteur de la lettre doit consister nécessairement en monnaie d'or ou d'argent.

5° Elle doit contenir certaines énonciations déterminées par la loi.

DÉNOMINATION DES PARTIES. Il importe de se rendre un compte exact des dénominations qui servent à désigner les parties en matière de lettre de change.

Celui qui crée la lettre de change, qui donne mandat de payer, se nomme *tireur*.

Celui qui est chargé de payer se nomme *tiré*.

Celui qui doit recevoir le paiement se nomme *preneur*.

Le preneur qui cède la lettre de change à un tiers par la voie de l'endossement se nomme *endosseur*. Le cessionnaire devient alors preneur aux lieu et place du preneur primitif, et le preneur primitif devenu endosseur remplit à l'égard de son cessionnaire un rôle analogue à celui que le tireur remplit envers lui-même.

DROITS ET OBLIGATIONS RÉSULTANT DE LA LETTRE DE CHANGE. Le tireur s'oblige à procurer au preneur l'acceptation du tiré, et le paiement à l'échéance.

Le tiré n'est point obligé par la lettre de change elle-même, car la lettre se borne à lui donner *mandat* de payer et il n'est pas tenu d'accepter le mandat ; mais quand il a accepté il devient obligé envers le preneur par suite de son acceptation.

L'endosseur est obligé envers son preneur à lui garantir l'acceptation et le paiement ; il joue auprès de son preneur le role de caution du tireur.

Le preneur est créancier du tireur. S'il a reçu la lettre de change par voie d'endossement, il a le tireur pour débiteur principal, et les endosseurs pour cautions de la dette du tireur.

Les obligations du tireur, des endosseurs et du tiré qui a accepté la lettre de change sont solidaires.

§ II. — Historique.

La lettre de change était inconnue en droit romain.

Elle fut introduite dans le moyen âge, par les Juifs ou suivant une autre opinion par les Gibelins lorsqu'ils furent chassés de Florence par les Guelfes ; d'autres encore en attribuent l'invention aux commerçants italiens qui se rendaient aux foires de Lyon et de Champagne.

Les jurisconsultes contestèrent longtemps sa validité, parce qu'elle renversait les principes du droit civil en matière de *cession de créance* ; mais elle prévalut dans les usages du commerce.

Cependant elle ne cessa d'être contestée qu'à la fin du XVIIe siècle.

§ III. — Capacité de s'obliger par lettre de change.

La lettre de change est toujours un acte commercial, même quand elle est faite par un non-commerçant et pour une cause non commerciale. Il en résulte que nul ne peut s'obliger par une lettre de change s'il ne peut être commerçant.

La lettre de change souscrite par la femme non commerçante ne constitue qu'une simple promesse, une obligation civile.

La lettre de change souscrite par le mineur non émancipé est nulle comme lettre de change et annulable comme simple promesse civile d'après les règles du droit commun.

Souscrite par le mineur émancipé à raison des actes d'administration qu'il a le droit de faire elle est valable comme simple promesse.

Néanmoins, dans le cas où une lettre de change a été souscrite par une personne incapable, si elle contient à titre d'endossement ou à tout autre titre la signature de personnes capables, elle sera valable à leur égard comme lettre de change.

Si les parties sont de nationalités différentes, leur capacité est régie par leur statut personnel. La forme et les effets légaux de la lettre de change sont régis au contraire par la loi du lieu où la lettre de change est créée, encore bien que les parties soient étrangères, ou que le paiement soit destiné à avoir lieu dans un autre pays *(Locus regit actum)*.

§ IV. — FORME DE LA LETTRE DE CHANGE.

La lettre de change est en général conçue dans les termes suivants :

Paris le . . . . .
Au 1ᵉʳ . . . . . prochain, il vous plaira payer à l'ordre de M. . . . . . la somme de . . . . . valeur reçue en marchandises (ou en compte).

Signature du tireur.

M. . . . . . (Nom et adresse du tiré).

ÉNONCIATIONS OBLIGATOIRES. Cette formule contient les énonciations prescrites par la loi.

1º La date et le lieu de la création de la lettre de change.

2º **La somme à payer.**

3° Le nom de celui qui doit payer (du tiré).

4° L'échéance.

5° La cause de l'obligation (valeur fournie en marchandises, ou en compte, ou en espèces, etc).

6° Le nom du preneur

7° La clause à ordre.

8° Le lieu où le paiement doit avoir lieu (le domicile du tiré s'il n'a pas été désigné un autre lieu).

9° La signature du tireur (néanmoins la lettre de change pourrait être notariée au lieu d'être sous-seing privé).

En outre la lettre de change doit être écrite sur papier timbré. — Les lettres souscrites à l'étranger sont assujetties au timbre et reçoivent à cet effet un timbre mobile avant toute autre opération.

Il arrive souvent dans la pratique que le tireur souscrit la lettre de change à son ordre, et l'endosse ensuite à l'ordre du preneur. Tant que la lettre de change ainsi rédigée n'a pas été endossée elle n'est point valable, car il n'y a pas de preneur et par conséquent pas de contrat de change; mais la lettre devient valable lorsqu'elle a été complétée par l'endossement.

Cette forme de lettre de change est employée par le tireur lorsque celui-ci, ayant peu de crédit personnel et craignant de ne pas trouver de preneur sur sa signature seule, prend le parti de rédiger la lettre d'avance afin de l'envoyer à l'acceptation du tiré avant de la négocier.

ÉNONCIATIONS FACULTATIVES. A côté des énonciations obligatoires se placent des énonciations qui ne sont point prescrites pour toutes les lettres de change, mais que les parties ont le droit d'y insérer pour en modifier les conditions ordinaires.

Ce sont:

1° **La clause** *sans frais* en vertu de laquelle la lettre ne peut être protestée.

2° L'acceptation du tiré ou d'un tiers (voir § VI et VII).

3. L'endossement (voir § IX).

4° L'aval (voir § XI).

5° La mention du nombre d'exemplaires. (Il arrive quelquefois en effet que la lettre de change est faite en plusieurs exemplaires, soit dans le but de remédier aux dangers de la perte d'un exemplaire unique, soit pour permettre de la négocier pendant qu'elle a été envoyée au tiré pour l'acceptation.) Dans ce cas chaque exemplaire porte un numéro d'ordre.

6° Les noms de différentes personnes qui peuvent être adjointes soit au tireur soit au tiré.

Les personnes qui peuvent être adjointes au tiré sont : 1° *les recommandataires,* personnes chargées de payer à défaut du tiré, et adjointes pour éviter le recours dans le cas où le tiré ne paierait pas à l'échéance. (Le recommandataire est un véritable *adjectus solutionis gratia.*) 2° *les domiciliataires* personnes chez lesquelles doit avoir lieu le paiement, quand il ne doit pas être fait au domicile du tiré. Les domiciliataires servent à payer dans une localité peu importante au nom d'une maison de banque résidant dans une localité voisine et sur laquelle la traite est tirée. — Les commerçants qui sont en mauvaises affaires se servent aussi des domiciliataires pour éviter de faire tort à leur crédit en laissant protester à leur domicile.

Les personnes qui peuvent être adjointes au tireur sont, soit un *mandataire* (un caissier par exemple) chargé de signer au nom du tireur et sans contracter d'engagement personnel, soit un *commissionnaire* chargé de s'engager en son propre nom pour le compte de celui qui lui donne l'ordre de tirer la lettre de change.

L'adjonction d'un commissionnaire a lieu en cas d'arbitrage, lorsque la lettre de change doit être tirée dans un lieu éloigné du domicile du tireur. — Ainsi elle peut avoir lieu lorsqu'un commerçant charge son créancier de se payer du montant de sa créance en tirant une lettre de change sur un de ses débiteurs.

Le commissionnaire se nomme *tireur pour compte*, parce qu'il tire pour le compte de son commettant.

Le commettant se nomme *donneur d'ordre*.

§ IV. — SANCTION DES DISPOSITIONS SUR LA FORME DE LA LETTRE DE CHANGE.

OMISSION ET SUPPOSITION. La violation des dispositions légales peut résulter d'une *supposition* ou d'une *omission*.

Il y a omission lorsqu'une ou plusieurs des énonciations prescrites ont été omises.

Il y a supposition lorsque la lettre de change contient des énonciations mensongères ayant pour but de tromper soit sur le lieu ou la date de l'émission, soit sur le nom, le domicile ou la qualité des parties, soit sur la cause de l'obligation, etc.

Les usuriers emploient fréquemment, pour se dissimuler, la supposition de qualité en faisant tirer pour leur compte et à leur ordre par un homme de paille et en figurant ainsi comme *preneurs*, lorsqu'ils sont en réalité *tireurs* de la lettre de change. A cette supposition se joint ordinairement la supposition de lieu, par laquelle on date la lettre d'une ville voisine, dans le but d'éluder la prescription en vertu de laquelle la lettre de change doit être payée dans un lieu différent de celui où elle a été tirée.

EFFETS DE LA SUPPOSITION. La lettre de change qui contient une supposition est nulle, au moins comme lettre de change. — Elle peut valoir comme simple promesse si elle n'est point entachée de dol ou de fraude, ou de tout autre vice applicable aux contrats ordinaires. Si elle vaut comme simple promesse, l'obligation de donner qui en résulte est tantôt civile, tantôt commerciale, selon qu'elle a eu lieu pour une opération civile ou pour une opération commerciale.

Néanmoins la lettre de change entachée de supposition et dégénérée en simple promesse à l'égard des auteurs ou complices de la supposition, continuera d'être valable, comme lettre de change, à l'égard des tiers porteurs et endosseurs de bonne foi.

EFFETS DE L'OMISSION. Bien que le Code de Commerce ne parle pas des effets de l'omission, on ne saurait douter que la lettre de change où une des énonciations nécessaires a été omise ne dégénère en simple promesse; et de plus, les vices d'omission étant toujours apparents, la nullité existera *erga omnes* sans qu'il puisse y avoir de tiers porteurs et endosseurs de bonne foi à l'égard desquels la lettre soit valable.

CONDITION DE LA LETTRE DE CHANGE DÉGÉNÉRÉE EN SIMPLE PROMESSE. La lettre de change dégénérée en simple promesse n'est plus une lettre de change; elle cesse d'être régie par le Titre VII C.C. et elle rentre dans la condition des contrats de droit commun. Ainsi:

1º On n'appliquera pas la règle en vertu de laquelle toute lettre de change constitue une obligation commerciale. L'obligation sera civile ou commerciale suivant qu'elle aura une cause civile ou une cause commerciale.

2º La formalité du *bon* et *approuvé* prescrite par l'art. 1326 C. N. sera nécessaire à la validité de l'obligation toutes les fois qu'il s'agira d'une obligation civile.

3° Les personnes obligées par la lettre de change dégénérée en simple promesse ne seront pas tenues solidairement.

4° Le tireur ne sera pas tenu de prouver l'acceptation du tiré.

5° La déchéance prononcée contre le porteur de la lettre de change non payée à l'échéance qui n'a point protesté dans les vingt-quatre heures ne sera pas applicable.

6° La prescription ne sera point de cinq ans mais de trente ans, conformément au droit commun.

§ V. — DE LA PROVISION.

EN QUOI ELLE CONSISTE ET QUI DOIT LA FOURNIR. On appelle provision la somme remise au tiré par le tireur pour le paiement de la lettre de change.

La provision consiste soit en valeurs envoyées au tiré par le tireur, soit en une dette du tiré envers le tireur.

Le tireur est tenu envers le tiré de lui fournir la provision avant l'échéance, car le tiré n'est pas débiteur de la lettre de change et par conséquent n'a pas à la payer sur ses propres fonds. Mais si le tireur est obligé envers le tiré, il ne l'est pas envers le preneur. En effet, la lettre de change ne donne au preneur que le droit de réclamer l'acceptation et le paiement à l'échéance. Pourvu que la lettre soit acceptée et payée peu lui importe que la provision ait été fournie ou ne l'ait pas été et que le tiré ait payé avec l'argent du tireur ou avec ses propres fonds.

Lorsque la lettre de change est tirée par un tireur pour compte, on sait que celui-ci, étant un commissionnaire, s'oblige personnellement envers le preneur et les endosseurs et n'oblige pas le donneur d'ordre son commettant. Néanmoins c'est le donneur d'ordre et non le tireur pour compte qui est obligé de fournir la provision au tiré. En effet, le tireur pour compte a traité personnellement avec le preneur, il n'a point traité avec le tiré dont il n'a fait qu'inscrire le nom sur la lettre de change d'après l'ordre de son commettant. C'est donc le donneur d'ordre qui est le véritable mandant du tiré et comme tel tenu de l'action *mandati contraria*.

Cette distinction est importante car il en résulte que le tireur pour compte joue un rôle différent à l'égard du tiré et à l'égard des porteurs et endosseurs. — A l'égard du tiré, il oblige le donneur d'ordre et ne s'oblige pas personnellement. — A l'égard des preneurs et endosseurs il s'oblige personnellement et n'oblige pas le donneur d'ordre.

On a vu que la provision peut consister en une somme dont le tiré est redevable au tireur ou au donneur d'ordre. Dans ce cas, il faut, pour qu'il y ait provision, qu'au jour de l'échéance, la dette du tiré soit au moins égale au montant de la lettre de change.

EFFETS ET PREUVE DE LA PROVISION. 1° *Entre le tireur et le tiré*. — Si le tiré a payé la lettre de change après avoir reçu la provision, il n'a pas de recours contre le tireur, puisqu'il n'a fait que payer avec la provision, c'est-à-dire avec l'argent du tireur.

Au contraire, si le tiré a payé sans avoir reçu provision, il a contre le tireur l'action *mandati contraria*.

Lorsque le tireur a *accepté* la lettre de change, en cas de contestation sur l'existence de la provision, il est présumé l'avoir reçue par le fait de son acceptation (art. 117 C.C.).

2° *Entre le tireur et le porteur*. — On verra que si la lettre n'est point payée à l'échéance, le porteur est tenu de faire le protêt dans les vingt-quatre heures, sous peine d'être **déchu** de ses droits contre le tireur et les endosseurs.

Mais le tireur ne pourra invoquer cette déchéance que s'il a fourni la provision.

En effet, si le tireur n'a pas fourni la provision, il ne s'est pas libéré de l'obligation résultant de la lettre de change. Il faut toujours qu'il en rembourse le montant, soit au tiré, si celui-ci a payé le porteur, soit au porteur lui-même, si le tiré ne l'a pas payé ; et, dès lors, la négligence du porteur ne lui fait subir aucun dommage.

Dans ce cas, la preuve que la provision a été réellement fournie incombe au tireur, nonobstant acceptation du tiré. En effet, la présomption en vertu de laquelle le tiré qui a accepté est réputé avoir reçu la provision, n'est établie que dans les rapports du tireur avec le tiré et cette présomption ne saurait être opposée au porteur·

3° *Entre le porteur et les endosseurs.* — Peu importe que la provision ait été ou non fournie. Ce fait ne modifie en rien la situation des endosseurs, et ceux-ci peuvent toujours invoquer la déchéance contre le porteur qui n'a point fait de protêt dans les vingt-quatre heures (art. 168 C. C.).

Cependant l'art. 117 C. C. semble supposer que les endosseurs ont un intérêt à établir l'existence de la provision, car il déclare que l'acceptation du tiré établit à l'égard des endosseurs la preuve que la provision a été fournie. Cette mention résulte d'une erreur de rédaction. Aux termes de l'ordonnance de 1673, les endosseurs étaient soumis à la même obligation que le tireur et ils ne pouvaient échapper aux poursuites du porteur négligent que si la provision avait été fournie. Aussi Pothier décidait-il qu'en cas de contestation sur l'existence de la provision, les endosseurs auraient droit à invoquer la même présomption que le tireur et pourraient, comme lui opposer au preneur la présomption résultant de l'acceptation du tiré. Les rédacteurs du Code, préoccupés de rendre

8.

la situation des endosseurs aussi favorable que possible, ont d'abord sanctionné dans l'art. 117 cette décision de Pothier; plus tard, à propos de l'art. 168, ils ont adopté la règle plus favorable encore, en vertu de laquelle les endosseurs pourront dans tous les cas opposer la déchéance au porteur négligent, soit que la provision ait été fournie, soit qu'elle ne l'ait pas été ; mais ils ont oublié alors de supprimer la mention devenue inutile de l'article 117, et cette mention est restée dans le texte du Code, bien que le système auquel elle se référait ait cessé d'être en vigueur.

4° *A l'égard de l'acceptation.* — On a vu que l'acceptation du tiré fait présumer l'existence de la provision. Peut-on dire à l'inverse que l'existence de la provision impose au tiré l'obligation d'accepter la lettre de change ; ou en d'autres termes, une personne qui possède une créance exigible peut-elle contraindre son débiteur à acquitter sa dette au moyen d'une lettre de change tirée sur lui ?

Si le débiteur n'est pas commerçant la négative est incontestable. En effet le créancier ne peut contraindre son débiteur à acquitter une obligation qu'il n'a pas contractée, et le débiteur non commerçant est tenu d'une obligation civile, qu'on ne peut transformer contre son gré, par l'emploi de la lettre de change en une obligation commerciale.

Si le débiteur est commerçant ou si la dette est commerciale, la question est controversée.

Premier système. Le débiteur ne peut être contraint d'accepter une lettre de change pour une dette même commerciale. En effet l'obligation résultant de la lettre de change est plus dure pour le débiteur qu'une simple obligation commerciale ; et notamment elle enlève au débiteur le droit d'obtenir un délai de grâce conformément à l'art. 1244 C. N.

Deuxième système. Le débiteur commerçant est tenu d'accepter la lettre de change tirée par son créancier. En effet, cette obligation résulte d'un usage universel, et les usages commerciaux ont force de loi.

De la propriété de la provision. Lorsque la provision a été remise au tiré, il peut être important en cas de faillite de savoir à qui elle appartient du tireur, du tiré ou du preneur.

Première hypothèse. La provision consiste en une dette du tiré. Elle est évidemment la propriété du tiré car le tireur n'a pu céder au preneur que le droit qu'il possédait lui même sur le tiré, c'est-à-dire un simple droit de créance et non un droit de propriété. Il en résulte que si le tiré tombe en faillite avant l'échéance, la somme fera partie de la masse, et sera répartie au marc le franc entre tous les créanciers de la faillite.

Deuxième hypothèse. La provision consiste en une somme remise au tiré pour être spécialement affectée au paiement de la lettre de change. Elle constitue alors un dépôt; le tiré n'est pas propriétaire et s'il tombe en faillite la somme pourra être revendiquée pour la totalité.

Mais, on peut se demander si la provision appartient, dans ce cas, au preneur ou au tireur.

Premier système. Le tireur est demeuré propriétaire de la provision. Il ne s'est obligé qu'à faire toucher le preneur; c'est donc une simple *obligation de faire*. Le preneur ne possède qu'un droit de créance, et il ne saurait prétendre à la propriété de la provision qu'il n'a même pas le droit d'obliger le tireur à fournir. (Voir page 135).

Deuxième système. Le preneur est propriétaire de la provision. En effet, le contrat de lettre de change contient une cession de créance; et, la vente d'une créance implique nécessairement celle des accessoires; or la provision, quand elle existe, est un accessoire de la lettre de change.

Il résulte de ce système adopté avec raison par la jurisprudence :

1° Qu'en cas de faillite du tireur, le porteur de la lettre de change pourra réclamer la provision à l'exclusion des créanciers de la faillite;

2° Que si plusieurs lettres de change successives ont été tirées, les porteurs ayant sur la provision droit réel viendront, en cas de faillite, par ordre de date, et non en concours les uns avec les autres.

§ VI. — DE L'ACCEPTATION

L'acceptation est l'acte par lequel le tiré accepte le mandat de payer donné par le tireur et s'oblige à acquitter la lettre de change à l'échéance.

Le porteur d'une lettre de change a toujours le droit de réclamer l'acceptation, afin de s'assurer qu'il sera payé à l'échéance, ou en cas de refus, de recourir à l'avance contre le tireur ou les endosseurs.

Il n'est jamais obligé de la réclamer (à moins que le tireur ne l'ait stipulé). Il s'agit en effet d'une précaution que la loi lui permet de prendre, dans son intérêt, et qu'il est libre de négliger.

De son côté le tiré n'est pas tenu d'accepter, car il n'est point obligé envers le preneur. Il peut seulement être obligé envers le tireur dans le cas où il serait débiteur de celui-ci, et dans ce cas le refus d'acceptation ouvrirait au tireur un recours en dommages et intérêts; mais dans aucun cas il n'ouvre de recours au preneur contre le tiré, et le preneur n'a de recours que contre le tireur ou les endosseurs.

FORME DE L'ACCEPTATION. La lettre de change doit être présentée à l'acceptation au domicile du tiré.

Le tiré a vingt-quatre heures pour réfléchir et peut

demander que la lettre lui soit remise et reste entre ses mains pendant ce délai. Il en donne alors récépissé.

Lorsque le délai est expiré le tiré est tenu d'accepter ou de refuser formellement. L'acceptation tacite qui existait dans l'ancien droit n'est plus reconnue par le Code de Commerce, et le retard ne vaut plus acceptation, mais il donne lieu à des dommages et intérêts envers le porteur.

Le porteur n'est point tenu de se contenter d'une acceptation conditionnelle ; mais par contre, l'acceptation peut être *partielle*, nonobstant la règle de l'art. 1244 C.N. aux termes de laquelle « le débiteur ne peut point forcer le « créancier à recevoir *en partie* le paiement d'une dette « même divisible. » On a pensé qu'une acceptation partielle ne causerait ici aucun préjudice au preneur, puisqu'il pourrait immédiatement recourir pour le surplus contre le tireur et les endosseurs, et s'en faire garantir par eux le paiement à l'échéance.

Lorsque le tiré accepte, il inscrit sur la lettre de change la mention « accepté » et il signe. L'acceptation qui serait faite par acte séparé ne vaudrait qu'à titre de simple cautionnement civil.

La date de l'acceptation n'est pas nécessaire à moins que le billet ne soit *à tant de jours de vue*. Dans ce cas le délai commence à partir de l'acceptation et la date est indispensable pour fixer le jour de l'échéance. (Voir page 140).

Effets de l'acceptation. Avant l'acceptation le tiré n'était point obligé envers le preneur. Par le fait de l'acceptation le tiré devient débiteur, obligé solidairement et commercialement avec le tireur et les endosseurs.

On a vu de plus qu'entre le tireur et le tiré l'acceptation établit la présomption que la provision a été faite.

De ce que le tiré accepteur, devient débiteur de la lettre de change et s'oblige commercialement, il faut conclure que le tiré ne peut accepter s'il est incapable de faire le commerce. Toutefois l'acceptation ne serait pas absolument nulle et pourrait valoir comme simple promesse.

L'acceptation une fois faite est irrévocable. Le tiré ne pourrait revenir sur sa décision, alors même qu'il apprendrait dans la suite la faillite du tireur antérieure à son acceptation.

EFFETS DU REFUS D'ACCEPTATION. Le refus d'acceptation ouvre au porteur un recours contre le tireur et les endosseurs.

Le preneur qui veut exercer son recours doit au préalable faire dresser un acte appelé *protêt faute d'acceptation*. Le protêt faute d'acceptation n'est point assujetti comme le protêt faute de paiement à la nécessité d'être formé dans le délai de 24 heures.

Il est signifié au tiré et aux recommandataires, s'il en existe.

Il donne au preneur le droit de réclamer du tireur ou des endosseurs une caution qui s'oblige solidairement et commercialement, aux lieu et place du tiré, à payer la lettre de change à l'échéance.

Le tireur et les endosseurs étant obligés solidairement, le preneur peut actionner celui d'entre eux qu'il préfère ou les actionner tous ensemble. Seulement la caution fournie par un endosseur pourra opposer au preneur les mêmes déchéances que l'endosseur lui-même (dans le cas où le protêt faute de paiement n'aurait pas été fait dans les 24 heures). Le preneur aura donc plus d'intérêt à s'adresser au tireur, si celui-ci est solvable.

Naturellement la caution fournie par l'endosseur aura les mêmes recours que celui-ci contre le tireur ou les endosseurs antérieurs, pour se faire indemniser du paiement fait par elle à l'échéance.

Le tireur et les endosseurs peuvent, s'ils le préfèrent, au lieu de fournir une caution au preneur, l'indemniser immédiatement en lui payant le capital, les frais du protêt et, s'il y a lieu, les frais du rechange.

§ VII — DE L'ACCEPTATION PAR INTERVENTION.

Lorsque le tiré a refusé d'accepter la lettre de change, toute personne peut intervenir et accepter à sa place. Cette acceptation ainsi faite par un tiers se nomme acceptation par intervention.

Elle ne peut jamais avoir lieu qu'après le protêt faute d'acceptation.

L'acceptation par intervention est faite soit pour le tireur, soit pour un endosseur, soit pour tout autre débiteur de la lettre de change.

EFFETS DE L'ACCEPTATION PAR INTERVENTION. 1° *A l'égard de l'accepteur.* Elle l'oblige à tous les effets de la lettre de change.

Elle lui donne contre le tireur ou l'endosseur pour lequel il est intervenu, un recours pour se faire indemniser du paiement fait par lui : soit l'action *negotiorum gestorum,* soit l'action *mandati contraria,* suivant que l'accepteur est intervenu de sa propre initiative ou sur le mandat du débiteur.

L'intervenant est tenu de notifier son intervention dans le plus bref délai à celui pour lequel il est intervenu, et il est responsable du préjudice que pourrait causer sa négligence à cet égard ; si par exemple le débiteur ignorant l'intervention avait envoyé la provision au tiré après son refus.

2° *A l'égard du preneur.* En principe, l'acceptation par intervention n'enlève point au preneur son recours contre le tireur et les endosseurs. Mais comme il ne peut exiger d'eux qu'une *caution solvable* et que l'accepteur par intervention est lui-même une caution, en cas de solvabilité de l'accepteur, le preneur sera satisfait et n'aura rien à réclamer.

3º *A l'égard du tireur*. Si l'intervenant a accepté pour le tireur, il aura recours contre lui par l'action *negotiorum gestorum* ou *mandati contraria*.

S'il a accepté pour un endosseur ou tout autre débiteur (le donneur d'aval par exemple), il aura contre le tireur le même recours que celui pour qui il est intervenu.

4º *A l'égard des endosseurs*. Si l'intervenant a accepté pour le tireur et que celui-ci soit insolvable, il aura recours contre les endosseurs pour leur faire partager sa perte car l'accepteur est une caution et on sait que la dette se divise entre les cautions (art. 2033 C. N).

Si l'intervenant a accepté pour un endosseur il aura contre l'endosseur pour lequel il a accepté un recours pour la totalité par l'action *negotiorum gestorum* ou *mandati contraria*. — Contre les endosseurs antérieurs il aura le même recours qu'aurait pu avoir l'endosseur pour lequel il accepte et aux droits duquel il se trouve subrogé. Contre les endosseurs postérieurs, à l'égard desquels il n'a point de recours du chef de celui pour lequel il accepte, il aura de son propre chef le recours de l'art. 2033 C. N. en division de la dette.

INTERVENTION DU TIRÉ. Le tiré lui même peut accepter par intervention, après le protêt faute d'acceptation pure et simple.

Il aura souvent intérêt à n'accepter que par intervention, car, à la différence de l'acceptation pure et simple, l'acceptation par intervention n'établit pas la présomption que la provision a été reçue ; et, d'autre part, elle permet au tiré, si le tireur est insolvable, d'accepter pour le compte d'un endosseur solvable et de se ménager ainsi un recours contre ce dernier.

CONCOURS ENTRE PLUSIEURS INTERVENANTS. Si plusieurs

personnes se présentent à la fois pour intervenir, on devra préférer celle d'entre elles qui offrira le plus de libérations, c'est-à-dire qui acceptera pour le tireur ou pour le premier endosseur, et dont l'acceptation ouvrira par conséquent un moins grand nombre de recours.

Il peut aussi arriver que le tiré veuille accepter par intervention, ou que la lettre de change désigne des *recommandataires* dont la mission est précisément d'accepter et de payer à défaut du tiré

Le tiré et les recommandataires seront préférés aux tiers qui n'offriraient qu'un nombre égal de libérations.

§ VIII. — DE L'ÉCHÉANCE.

Il est important de connaître exactement la date de l'échéance d'une lettre de change ; car, en cas de refus de paiement, le porteur est tenu de faire protester le lendemain sous peine d'être déchu de son recours contre les endosseurs, et contre le tireur qui a fourni provision.

DES DIVERSES ÉCHÉANCES. Une lettre de change peut être :

1° *A vue.* En ce cas elle est payable à présentation.

2° *A un ou plusieurs jours de vue.* En ce cas l'échéance est fixée par la date de l'acceptation ou du protêt faute d'acceptation. Si la lettre est, par exemple, à six jours de vue, l'échéance aura lieu le sixième jour après l'acceptation ou le protêt.

3° *A un ou plusieurs mois de vue.* En ce cas l'échéance est fixée au jour du mois *indiqué*, qui correspond sur le calendrier grégorien avec le jour de l'acceptation ou du protêt. Ainsi une lettre à deux mois de vue acceptée le 1er janvier sera payable le 1er mars, bien que le mois de janvier ait trente et un jours et que le mois de février n'en ait que vingt-huit.

4° *A une ou plusieurs usances de vue.* L'usance est de

trente jours, qui courent du lendemain de l'acceptation ou du protêt. Ainsi une lettre à deux usances de vue sera payable soixante jours après l'acceptation. Si l'acceptation a eu lieu le premier janvier l'échéance aura lieu le 2 mars.

5o 6o et 7o *A un ou plusieurs jours, à un ou plusieurs mois, à une ou plusieurs usances de date*. L'échéance est alors fixée par la date de la lettre de change.

8o *A un jour déterminé*. L'échéance a lieu au jour fixé.

9o *En foire*. L'échéance a lieu la veille du jour fixé pour la clôture de la foire ou le jour même de la foire si elle ne dure qu'un jour.

Si l'échéance d'une lettre de change est à un jour férié elle est payable la veille.

DE LA PRÉSENTATION On a vu que lorsque la lettre de change est à un ou plusieurs jours, à un ou plusieurs mois ou une ou plusieurs usances de vue, l'échéance est fixée par la date de l'acceptation, et on pourrait en conclure que dans ce cas le porteur est tenu de présenter la lettre à l'acceptation.

Cette conclusion ne serait pas exacte, car le porteur n'est jamais obligé de réclamer l'acceptation. Il lui suffira donc, s'il le préfère, de présenter sa lettre sans exiger l'acceptation, et de faire constater la date de la présentation; et l'échéance sera fixée par cette date.

Si le Code de Commerce parle de la date de l'acceptation et non de la date de la présentation, c'est qu'il statue sur le *plerumque fit*, et qu'il est invraisemblable qu'un porteur présente sa lettre au domicile du tiré sans demander l'acceptation. Mais le cas pourra cependant se présenter, si le porteur sait que la provision est en route et étant ainsi assuré d'être payé à l'échéance, ne veut pas s'exposer à un refus d'acceptation qui l'obligerait à faire dresser inutilement un protêt.

Délai fixé pour la présentation Dans l'ancien droit le porteur d'une lettre de change *à vue* ou *à délai de vue* pouvait différer longtemps la présentation de sa lettre et retarder ainsi la libération des débiteurs.

L'art. 160 C. C. modifié par la loi du 3 mai 1862 a voulu améliorer la situation des tireur et endosseurs en fixant un délai dans lequel la lettre de change payable à vue ou à un délai de vue devra être présentée au visa.

Ce délai est de trois mois à compter de la date de la lettre entre l'Europe ou l'Algérie et la France et ses possessions européennes ou *vice versa* ;

De quatre mois, entre les États du littoral de la Méditerranée et de la mer Noire et la France ou ses possessions européennes et *vice versa* ;

De six mois entre les Etats d'Afrique en deçà du cap de Bonne Espérance et d'Amérique en deçà du cap Horn et la France ou ses possessions européennes et *vice versa;*

D'un an entre les autres lieux et les pays soumis à la juridiction française et *vice versa.*

Le porteur qui n'a point présenté sa lettre dans les délais ci-dessus est déchu de ses droits, sauf le cas de force majeure ou la convention contraire des parties.

Si la lettre est à échéance fixe, le porteur qui ne l'a point présentée à l'échéance n'est point déchu de ses droits comme dans le cas précédent, mais trois jours après l'échéance le débiteur est autorisé à déposer la somme à la caisse des dépôts et consignations (Ord. du 3 juillet 1816).

§ IX. — De l'endossement.

L'endossement, ainsi nommé par ce qu'il est ordinairement écrit au dos de la lettre de change, est l'acte par lequel le preneur d'une lettre de change la cède à une autre personne en demeurant garant du paiement à l'échéance.

Le cessionnaire peut lui-même transmettre son droit par un nouvel endossement; il est alors garanti par son endosseur et garant de son cessionnaire ; et il se forme ainsi une chaîne d'endosseurs successifs garantis par ceux qui les précèdent et garants de ceux qui les suivent. Le tireur seul est garant de tous et n'est garanti par personne.

FORME ET CONDITIONS DE L'ENDOSSEMENT. Pour endosser une lettre de change il faut être capable de s'obliger par lettre de change.

L'endossement est en général conçu dans les termes suivants :

Ce.... (la date)

Payez à l'ordre de M..... la somme de.... valeur reçue en marchandises.

Signature de l'endosseur.

Il doit énoncer comme la lettre de change elle-même.
1° La date.
2° Le nom du cessionnaire.
3° La clause à ordre.
4° La cause de l'endossement.
5° La signature de l'endosseur.

Au point de vue de la date deux différences sont à remarquer entre le tireur et l'endosseur :

1° L'endosseur n'est pas tenu d'indiquer le lieu de l'endossement, tandis que le tireur est obligé au contraire de mentionner le lieu du tirage. Cette différence tient à ce que le tirage d'un lieu sur un autre est une condition essentielle à la validité de la lettre de change, tandis que l'endossement peut très-bien au contraire être fait dans le même lieu que le paiement.

2° L'antidate en matière d'endossement est **un crime**

puni des peines du faux; en matière de création de lettre de change la supposition de date aurait simplement pour conséquence de faire dégénérer la lettre en simple promesse. — Cette sévérité envers l'endosseur a pour but de prévenir les fraudes qui auraient lieu en cas de faillite, si, postérieurement à sa faillite, le propriétaire d'une lettre de change pouvait l'endosser en l'antidatant et frustrer ainsi ses créanciers du montant de la créance résultant de la lettre de change.

EFFETS DE L'ENDOSSEMENT. L'endossement contient à la fois une cession de créance et un contrat de cautionnement.

Il confère au cessionnaire la propriété du titre et la garantie de l'endosseur.

— Les effets de l'endossement diffèrent en plusieurs points des effets de la cession de créance telle qu'elle est régie par les art. 1689 et suivants C. N.

1° La cession de créance n'est valable à l'égard des tiers que lorsqu'elle a été signifiée au débiteur ou acceptée par lui dans un acte authentique. En matière de lettre de change au contraire la créance est transférée au cessionnaire par le seul effet de l'endossement et sans qu'il y ait besoin de signification, ni d'acceptation du débiteur.

2° Dans la cession de créance le cédant n'est point garant de la solvabilité du débiteur cédé à moins qu'il ne s'y soit engagé expressément (art. 1694 C. N.). Dans l'endossement au contraire l'endosseur est de plein droit garant solidaire du paiement à l'échéance [1].

---

[1] Cette grave dérogation aux principes du droit commun provient de ce que le preneur d'une lettre de change n'a point de rapports avec le débiteur et souvent ne le connaît pas, tandis que le cessionnaire d'une créance ordinaire entre toujours en relations avec le cédé auquel il est tenu de notifier la ces-

3° Dans la cession de créance le cédant ne s'oblige qu'envers le cessionnaire; dans l'endossement au contraire l'endosseur est obligé non-seulement envers le cessionnaire mais encore envers les tiers au profit desquels le cessionnaire pourra lui-même endosser la lettre de change.

4° Dans la cession de créance le débiteur cédé peut opposer au cessionnaire tous les moyens de défense qu'il possédait contre le cédant. Après l'endossement au contraire le débiteur de la lettre de change ne pourrait opposer au cessionnaire de bonne foi les moyens de défense tirés du dol qu'il aurait pu opposer aux porteurs précédents — Ainsi on ne pourra opposer au cessionnaire ni le dol du preneur, ni le vice tiré d'une supposition, ni l'incapacité de l'un des endosseurs, etc.

Quand l'endossement peut avoir lieu. L'endossement peut toujours avoir lieu du moment que la lettre est tirée. Il peut être fait même après l'échéance, et dans ce cas l'endosseur cède les droits qu'il possède, c'est-à-dire le droit de recourir contre ses garants s'il a protesté dans les délais, ou le droit de recourir contre le tireur qui n'a point fait provision, si la formalité du protêt a été omise.

Endossement irrégulier. L'endossement irrégulier est celui dans lequel une des énonciations prescrites a été omise.

L'endossement irrégulier n'est point valable comme endossement et par conséquent ne transfère point au cessionnaire la propriété de la lettre de change, mais il

sion, et profite de ces rapports pour s'assurer de sa solvabilité. La garantie de l'endosseur a pour but de suppléer à la garantie qui résulterait pour le cessionnaire de l'accomplissement des formalités ordinaires de la cession de créance.

donne à celui-ci le droit d'agir comme mandataire de l'endosseur et par conséquent de réclamer le paiement en son nom.

QUELLE OMISSION REND L'ENDOSSEMENT IRRÉGULIER. L'endossement est irrégulier lorsqu'une des cinq énonciations prescrites a été omise, à l'exception toutefois de la signature de l'endosseur dont l'omission rendrait l'endossement entièrement nul puisqu'il n'y aurait qu'un contrat inachevé.

On peut donc supposer 1° l'omission de la date, 2° celle de la clause à ordre, 3° celle de la mention des valeurs fournies et 4° même, l'omission du nom du cessionnaire. Il arrive fréquemment en effet que l'endossement est fait en blanc pour que le preneur, s'il veut lui-même céder son titre, puisse inscrire directement le nom de son cessionnaire à la place de son nom propre et éviter ainsi l'obligation de la garantie qui lui incomberait s'il figurait comme endosseur. Ce mode d'endossement constitue un endossement régulier.

Il arrive fréquemment que le propriétaire d'une lettre de change, voulant faire toucher pour son compte par un mandataire, a volontairement recours à la forme de l'endossement irrégulier; il omet alors la clause à ordre.

CONDITION DU PORTEUR D'UN ENDOSSEMENT IRRÉGULIER. Il faut distinguer à cet égard entre deux hypothèses.

Première hypothèse. L'irrégularité a été volontaire et l'intention des parties a été simplement de donner au porteur le droit de toucher pour l'endosseur. Le porteur agit alors pour le compte de l'endosseur, soit à titre de mandataire et par conséquent au nom de l'endosseur, soit à titre de commissionnaire et par conséquent en son propre nom, suivant la convention qui est intervenue. Dans tous les cas il est tenu de rendre compte.

On discute sur la question de savoir si le porteur d'un

endossement irrégulier pourrait faire lui-même un endossement régulier.

Premier système. Le porteur d'un endossement irrégulier ne peut faire d'endossement régulier, car il n'a que le mandat de toucher à l'échéance et en endossant la lettre de change il outrepasserait ses pouvoirs.

Deuxième système. Le porteur d'un endossement irrégulier peut endosser régulièrement la lettre de change, car il a mandat de toucher et la cession par voie d'endossement est un des moyens de toucher le montant d'une lettre de change.

Deuxième hypothèse. L'irrégularité résulte d'une omission involontaire et l'intention des parties a été de faire un endossement régulier. L'endossement irrégulier à l'égard des tiers est valable entre les parties, car la convention fait loi ; le porteur agira donc vis-à-vis des tiers à titre de mandataire de l'endosseur, mais ce sera un *procurator in rem suam* qui ne sera point tenu de rendre compte à son mandant.

— Mais le porteur pourrait-il en cas de faillite de l'endosseur invoquer contre les créanciers un endossement irrégulier ?

Premier système. L'endossement irrégulier n'est point opposable aux créanciers de l'endosseur. S'il en était autrement, il serait trop facile d'éluder la loi qui punit l'antidate des peines du faux, en vue des fraudes du failli. Il suffirait, au lieu d'antidate, d'omettre la date, et on aurait un endossement irrégulier qu'on opposerait ensuite aux créanciers en invoquant la convention des parties.

Deuxième système. L'endossement irrégulier n'est point opposable comme endossement, mais le porteur qui a **payé le prix de l'endossement en le croyant valable à l'action en répétition de l'Indu.** Il est donc créancier du failli et vient au marc le franc en concours avec les autres créanciers.

Troisième système. L'endossement irrégulier est opposable aux créanciers de l'endosseur et le porteur est considéré à leur égard comme propriétaire de la lettre de change. En effet les créanciers de l'endosseur sont ses ayants-cause et ne sauraient avoir plus de droit que lui. L'endossement valable à son égard est donc valable aussi à leur égard. En vain objecte-t-on la possibilité des fraudes. La fraude ne se présume pas. Si elle existe ce sera aux créanciers à le prouver, et cette preuve leur donnera gain de cause.

§ X. — DE LA SOLIDARITÉ

L'art. 140 C. C. énonce le principe en vertu duquel tous ceux qui ont signé une lettre de change (le tireur, les endosseurs, l'accepteur, le donneur d'aval) sont tenus solidairement à la garantie envers le porteur.

§ XI. — DE L'AVAL

L'*Aval* (*ad valorem*) est l'acte par lequel un tiers garantit le paiement d'une lettre de change dont il n'est ni le tireur, ni l'endosseur.

Celui qui contracte cet engagement se nomme *donneur d'aval*.

L'aval peut être donné soit dans la lettre de change, soit dans un acte séparé.

Il peut être donné pour tous les débiteurs ou pour l'un d'eux seulement.

Le donneur d'aval est une caution tenue solidairement et par les mêmes voies que les endosseurs, sauf convention contraire.

Il peut opposer au porteur les mêmes déchéances que le débiteur pour lequel l'aval a été donné.

§ XII — Du paiement

Le Code de Commerce ne s'occupe que du paiement, parce que c'est le mode de libération le plus fréquent, mais cependant l'obligation contractée par la lettre de change pourra s'éteindre d'après les modes ordinaires du droit civil :

La dation de paiement,

La confusion (si le porteur est devenu héritier du tireur qui n'avait pas fait provision, ou du tiré qui avait reçu la provision),

La remise de la dette, etc., etc.

Comment se fait le paiement. Le porteur présente sa lettre au tiré au jour de l'échéance, et le paiement a lieu sur la présentation, en espèces d'or ou d'argent et dans la monnaie indiquée par la lettre de change.

Si le tiré a refusé l'acceptation, le paiement ne doit pas moins lui être réclamé. En cas de refus le porteur s'adresse à l'accepteur par intervention

Le tiré ou l'accepteur garde la lettre qu'il a payée et doit exiger qu'elle soit acquittée par le porteur.

Dérogations au droit commun. Les règles du paiement de la lettre de change diffèrent en plusieurs points des règles du paiement en droit commun.

1º L'art. 1244 C. N. n'est pas applicable et le juge ne pourrait accorder un délai de grâce.

2º On pense généralement que contrairement au même article, le paiement partiel doit être admis (Arg. anal. art. 124 C. C.).

3º Contrairement aux art. 1239 et 1241, le débiteur se libère valablement par le paiement fait au porteur de la lettre de change, encore que celui-ci soit incapable, ou ne soit pas propriétaire de la lettre.

4º La saisie-arrêt n'est point admise en matière de

lettre de change et il n'est admis d'opposition au paiement que dans deux cas seulement : en cas de perte de la lettre par son propriétaire, et en cas de faillite du porteur.

5° Contrairement à l'art. 1187 C. N., le terme n'est pas présumé stipulé en faveur du débiteur et le porteur ne peut être contraint à recevoir le paiement avant l'échéance.

Dans le cas où le paiement aurait été fait avant le terme avec le consentement du porteur, ce paiement n'aurait point à l'égard du tiré les mêmes effets que le paiement fait au jour de l'échéance. Celui-ci ne serait libéré que si le paiement avait été fait valablement, et dans le cas où le paiement n'aurait pas été valable, soit qu'il eût été fait à un non-propriétaire, soit que le propriétaire fut incapable, etc., le tiré demeurant débiteur serait obligé de payer une seconde fois.

Il y a cependant un cas où le paiement peut avoir lieu avant l'échéance, même contre la volonté du porteur; c'est lorsque le tiré ayant refusé l'acceptation, le porteur exerce son recours contre le tireur ou contre un endosseur. Ceux-ci ont alors le choix de fournir une caution qui garantisse le paiement à l'échéance ou de se libérer immédiatement.

DE LA PERTE DE LA LETTRE DE CHANGE. Les art. 150 et suiv. C. C. s'occupent du cas où la lettre de change aurait été perdue par son propriétaire.

Il faut distinguer entre trois hypothèses.

Première hypothèse. La lettre de change a été tirée en plusieurs exemplaires et le propriétaire a conservé celui des exemplaires qui était revêtu de l'acceptation du tiré. Dans ce cas le tiré est obligé de payer à présentation du titre accepté par lui, et la perte d'un autre exemplaire ne lui fait courir aucun risque, puisque cet autre exemplaire n'étant pas revêtu de l'acceptation il ne sera pas tenu d'en payer le porteur.

Quant au porteur du titre égaré il aura recours, s'il est de bonne foi, contre les tireurs et endosseurs pour s'en faire payer le montant, sauf le recours de ceux-ci contre celui qui a endossé la lettre dont il n'était pas propriétaire.

Deuxième hypothèse. Le titre perdu était revêtu de l'acceptation du tiré soit que l'exemplaire fut unique, soit qu'il y eut plusieurs exemplaires. Le tiré pourra refuser de payer le propriétaire, car il serait obligé envers le porteur de bonne foi du titre perdu.

Le propriétaire ne pourra obtenir son paiement que par ordonnance du président du tribunal de commerce, à la double condition, 1° de prouver sa qualité de propriétaire, 2° de fournir une caution pour le cas où le tiré serait obligé de payer deux fois.

Aux termes de l'art. 155 C. C. l'engagement de la caution se prescrit par trois ans, bien que le risque du tiré dure cinq années. Cette anomalie est peu explicable.

Troisième hypothèse. La lettre perdue n'avait été tirée qu'en un seul exemplaire et cet exemplaire n'était pas revêtu de l'acceptation du tiré.

En cas de refus de paiement le propriétaire conserve ses droits par un *acte de protestation* fait le lendemain de l'échéance et qu'il notifie à son endosseur immédiat, lequel est tenu de lui prêter son nom et ses soins pour agir envers son propre endosseur et ainsi en remontant d'endosseur en endosseur jusqu'au tireur de la lettre qui lui en donnera un nouvel exemplaire.

Il pourra s'il le préfère obtenir le paiement immédiat par ordonnance du juge.

§ XII. — DU PAIEMENT PAR INTERVENTION.

QUI PEUT ACCEPTER PAR INTERVENTION. En cas de refus

de paiement fait par le tiré et après que le porteur a fait dresser un protêt faute de paiement, toute personne peut payer par intervention.

Le paiement par intervention a lieu comme l'acceptation soit pour le tireur, soit pour un des endosseurs.

Le tiré peut lui-même payer par intervention, ainsi que les endosseurs et le donneur d'aval.

En cas de concours de plusieurs intervenants, on préfère celui qui offre le plus de libérations et en cas d'offre égale on préfere le tiré et les recommandataires.

DROITS DE L'INTERVENANT. Celui qui a payé par intervention est subrogé aux droits du porteur et a les mêmes recours que lui contre les tireurs et endosseurs (art. 158 C. C.) Cette subrogation qui a lieu de plein droit est une dérogation au droit commun, car aux termes de l'art. 1251 C. N. la subrogation légale a lieu au profit de celui qui, étant tenu avec d'autres ou pour d'autres au paiement de la dette, avait intérêt à l'acquitter ; et le tiers intervenant n'était tenu ni avec le tireur ni avec les endosseurs, ni pour eux. Cette exception a été faite dans le but de multiplier l'intervention et d'assurer ainsi le paiement des lettres de change.

La subrogation n'aura lieu que si le paiement a été fait régulièrement, c'est-à-dire après le protêt, et celui qui aurait payé avant le protêt ne pourrait invoquer le bénéfice de l'art. 158.

Mais si le paiement avait été fait avant le protêt par un des endosseurs, celui-ci pourrait-il à défaut de l'art. 158 C. C. invoquer l'art. 1251 C. N. aux termes duquel il est subrogé de plein droit, non plus à titre d'intervenant, mais à titre de débiteur, ayant payé la dette dont il était tenu avec d'autres ou pour d'autres ?

Premier système. L'art. 1251 C. N. n'est pas applicable et l'endosseur qui a payé avant le protêt n'est pas subrogé aux droits du porteur. En effet le législateur a substitué en matière de lettres de change, les dispositions de l'art. 158 C. C. aux dispositions du droit commun; l'art. 158 est donc seul applicable et il n'y a pas de subrogation légale en dehors des cas qu'il détermine.

Deuxième système. L'endosseur qui a payé avant le protêt est subrogé aux droits du porteur en vertu de l'art: 1251 C. N. En effet l'art. 158 C.C. a créé un cas nouveau de subrogation légale, il n'a supprimé en aucune sorte les autres cas prévus par le droit commun et ceux-ci continuent à être régis par les dispositions de l'art. 1251 C.N.

§ XIV. — DROITS ET DEVOIRS DU PORTEUR EN CAS DE NON-PAIEMENT A L'ÉCHÉANCE.

Le porteur d'une lettre de change qui n'est point payée à l'échéance a le droit d'exercer son recours contre les tireurs et endosseurs, ou contre le tiré accepteur.

Il peut faire immédiatement sur leurs effets mobiliers une saisie conservatoire.

Mais il est tenu préalablement, sous peine de certaines déchéances, de remplir trois formalités qui ont pour but d'éclairer les débiteurs sur leur situation, et de ne point prolonger indéfiniment leur responsabilité.

1º Il doit faire dresser le *lendemain de l'échéance* un acte appelé *protêt faute de paiement.*

2º Il doit *dans le délai de quinze jours* signifier le protêt aux signataires contre lesquels il veut recourir.

3º Il doit les assigner *dans le même délai.* (Dans la pratique la signification et l'assignation ont lieu le jour même du protêt.)

Le porteur qui a rempli ces formalités dans les délais fixés est réputé *diligent*; dans le cas contraire il est réputé *négligent.*

DÉCHÉANCES ENCOURUES PAR LE PORTEUR NÉGLIGENT. Il faut distinguer selon que le recours a lieu 1° contre le tiré accepteur, 2° contre le tireur, 3° contre les endosseurs, 4° contre le donneur d'aval ou l'accepteur par intervention.

1° *A l'égard du tiré accepteur.* La déchéance n'est jamais encourue ; en effet le tiré accepteur est débiteur principal, il est présumé avoir reçu la provision, et la négligence du porteur n'a pu modifier sa condition ni lui causer aucun préjudice.

2° *A l'égard du tireur.* La déchéance est encourue si le tireur avait fait provision, car le recours du porteur lui causerait un préjudice en l'obligeant à payer deux fois.

Si le tireur n'avait point fait provision, ou si la provision consistant en une dette du tiré celui-ci était tombé en faillite avant l'échéance, la déchéance ne serait point encourue, car la négligence du porteur ne saurait être une cause de lucre pour le tireur en le dispensant de payer le prix de la lettre de change dont il est débiteur.

3° *A l'égard des endosseurs.* La déchéance est toujours encourue, à moins que la provision n'ait été remise à l'endosseur. Dans ce cas, en effet, l'endosseur se trouve dans la même situation que le tiré accepteur et est soumis au même recours.

4° *A l'égard du donneur d'aval ou de l'accepteur par intervention.* On sait que l'aval peut être donné et que l'acceptation peut être faite soit pour le tireur, soit pour l'endosseur. L'accepteur et le donneur d'aval sont des cautions et peuvent opposer les mêmes exceptions que le débiteur principal, on appliquera donc dans le premier cas les règles de la déchéance à l'égard du tireur ; dans le second, les règles de la déchéance à l'égard des endosseurs.

§ XV. — Recours réciproques des différents débiteurs.

Recours du tireur. Dans le cas où la lettre de change n'aurait pas été payée, le tireur aurait un recours contre le tiré accepteur par l'action *mandati directa*.

Recours du tiré. Dans le cas où la lettre de change a été payée, le tiré qui n'a pas reçu provision a recours contre le tireur par l'action *mandati contraria*. Mais le paiement établissant la présomption que la présomption a été fournie, ce sera à lui de faire la preuve contraire.

Le tiré n'a jamais de recours que contre le tireur et il ne saurait en avoir contre les endosseurs. En effet, le paiement qu'il a fait a eu lieu pour le tireur, et en vertu du mandat qu'il en avait reçu de le libérer, et il ne le libèrerait point s'il attaquait les endosseurs, puisque les endosseurs recourraient alors contre le tireur. — Il en serait autrement, si le tiré avait payé par intervention, pour un endosseur (voir page 157).

Recours des endosseurs. L'endosseur qui a subi le recours du porteur ou d'un autre endosseur a lui-même un recours contre le tireur, contre le tiré accepteur et contre les endosseurs qui le précèdent.

Il est de plus subrogé à tous les droits du porteur (art. 158 C. C., et 1251 C. N.).

Le recours de l'endosseur est soumis à deux conditions :

1° Il faut que le porteur pour lequel il a payé ne fut lui-même pas déchu.

2° Il faut que l'endosseur soit diligent, c'est-à-dire qu'il exerce son recours dans la quinzaine.

Recours du donneur d'aval ou du payeur par intervention. Le donneur d'aval et le payeur par intervention ont un recours contre celui pour lequel l'aval a été donné ou pour lequel le paiement a été fait.

Contre les autres débiteurs ils ont le même recours que celui pour lequel ils ont payé ou donné l'aval.

En outre, ils ont contre tous les garants, même ceux à l'égard desquels celui qu'ils ont cautionné ne possédait pas de recours, une action pour les faire concourir au paiement de la dette, chacun pour sa part et portion. (art. 2033 C. N.).

Enfin ils sont subrogés aux droits du porteur.

§ XVI. — DES PROTÊTS.

Le protêt est un acte extra-judiciaire, rédigé à la requête du porteur, par ministère d'huissier ou de notaire et contenant la constatation authentique du défaut de paiement ou du défaut d'acceptation.

Le protêt fait en cas de refus d'acceptation se nomme *protêt faute d'acceptation*.

Le protêt fait en cas de non-paiement à l'échéance se nomme *protêt faute de paiement*.

Les protêts contiennent la transcription littérale de la lettre de change des endossements et recommandations, et si le protêt est fait faute de paiement, la mention de l'acceptation. Ils contiennent en outre la sommation d'accepter ou de payer, et la mention du refus.

Ils sont signifiés à domicile.

Ils sont régis par la loi du lieu du paiement. On sait que la forme et les effets de la lettre de change sont régis, au contraire, par la loi du lieu de la création.

RÈGLES SPÉCIALES AU PROTÊT FAUTE DE PAIEMENT. Le protêt faute de paiement est signifié non-seulement au domicile du tiré, mais encore à celui de l'accepteur par intervention et des recommandataires.

Il doit être formé le lendemain de l'échéance, sous peine des déchéances indiquées ci-dessus.

Il y a un cas où le protêt faute de paiement peut être fait avant l'échéance : c'est dans le cas où le tiré vient à tomber en faillite. On sait en effet à partir du jour de la faillite que la lettre de change ne pourra être payée.

§ XVII. — DU RECHANGE.

Le porteur d'une lettre de change non payée à l'échéance peut au lieu d'exercer son recours en justice choisir un mode de satisfaction plus rapide et plus simple nommé *rechange*.

Le *rechange* est l'acte par lequel le porteur d'une lettre protestée se paie en tirant lui-même sur son tireur ou sur l'un des endosseurs ou garants, une nouvelle lettre de change d'une valeur égale à la première avec les intérêts et les frais en sus.

La nouvelle lettre de change qui forme ainsi la contre-partie de la première se nomme *retraite*.

On y joint la lettre de change protestée, une expédition de l'acte de protêt, et un compte de retour.

La retraite n'a pas besoin d'être acceptée de celui sur qui elle est tirée et celui-ci est obligé de plein droit à la payer à l'échéance, puisqu'elle représente le montant de sa dette résultant du défaut de paiement de la première lettre.

Le porteur de la première lettre qui devient tireur de la retraite se nomme *retireur*.

Le tireur de la première lettre qui devient tiré dans la retraite se nomme *rechangeur*.

On donne aussi le nom de *rechange* dans une acception différente de la première, au prix du change auquel se négocie la retraite.

COMPTE DE RETOUR. Le compte de retour consiste dans un bordereau contenant l'énonciation de la somme due en principal et en accessoires ; ce bordereau est certifié par deux agents de change et s'il n'y a pas d'agents de change dans la ville d'où la retraite est tirée, par deux commerçants; il est destiné à donner au rechangeur l'explication du prix de la retraite et surtout l'explication de la différence de prix entre la première lettre de change et la retraite.

Il comprend :

1º Le principal de la lettre de change protestée.

2º Les intérêts (en matière de lettre de change les intérêts courent de plein droit du jour de l'échéance et sont de la valeur du préjudice causé, encore que cette valeur soit supérieure au taux légal).

3º Les frais de protêt et autres frais légitimes tels que frais de commission et de banque, courtage, timbre et ports de lettres.

4° Les frais du rechange.

DES FRAIS DU RECHANGE. Si la retraite est tirée sur le tireur de la première lettre il n'y aura pas de difficulté et les frais du rechange seront établis d'après le prix du change entre le lieu où la première lettre de change était payable et le lieu où elle a été tirée (art. 179).

Mais si la retraite est tirée sur un endosseur on discute sur la question de savoir comment sera compté le rechange.

Premier système. L'endosseur devra payer les frais du rechange d'après le prix du change entre le lieu où la première lettre était payable et le lieu où elle a été endossée par lui. — Ce système n'est pas admissible car il est en contradiction formelle avec l'art. 179 C. C. qui décide que le rechange se règle « à l'égard des endosseurs par le cours
« du change du lieu où la lettre de change a été remise
« ou négociée par eux, sur le lieu où le remboursement
« s'effectue. »

Deuxième système. Le rechange est établi sur le cours du change entre le lieu où l'endosseur avait endossé la première lettre et le lieu où il se rembourse. Ce système est plus conforme au texte de l'art. 179, mais il est inapplicable dans la pratique, car si le retireur habite Paris et tire à Bruxelles, sur l'endosseur qui avait endossé la lettre à Lille, il ne pourra connaître le prix du change entre Bruxelles et Lille. Cette erreur du texte tient à ce que les rédacteurs du Code se sont guidés sur l'ordonnance de 1673 qui ne permettait au porteur d'actionner que son cédant immédiat.

Troisième système. Le prix du rechange est le même que celui qui devrait être payé par le tireur de la première lettre si la retraite lui était adressée. En effet ce système est seul logique et applicable ; d'ailleurs l'endosseur n'a fait que garantir l'obligation du tireur et par conséquent ne peut être tenu autrement que lui.

L'endosseur qui a payé la retraite peut lui-même exercer son recours contre les endosseurs précédents à l'aide d'une nouvelle retraite. L'art. 183 C.C. décide que dans ce cas les rechanges ne peuvent être cumulés et que « chaque endosseur n'en supporte qu'un seul ».

On discute sur la question de savoir quel est le rechange qui sera supporté dans ce cas par l'endosseur.

Premier système. Le rechange se calculera d'après le prix du change entre les deux villes qu'habitent les deux endosseurs.

Deuxième système. Le rechange se calculera entre endosseurs non point d'après le prix du change entre les villes qui les séparent, mais d'après le prix du change entre le lieu où la première lettre était payable et le lieu où réside l'endosseur sur laquelle la retraite est tirée. On peut objecter à ce système que le prix du change entre ces villes sera inconnu des deux parties,

Troisième système. L'endosseur réclamera de l'endosseur précédent le rechange qu'il a payé lui-même. En effet il est subrogé aux droits du retireur et ne possède que les droits de celui-ci. Il ne peut donc réclamer que le remboursement du rechange payé par lui au retireur, et il supporte personnellement le rechange auquel donne lieu son propre recours contre l'endosseur précédent.

III. — *Du billet à ordre.*

§ I. — CARACTÈRES DU BILLET A ORDRE.

Le billet à ordre est celui par lequel un individu promet de payer une certaine somme à un jour fixé, à un autre individu ou à celui auquel il aura cédé ses droits.

Ce qui le caractérise, c'est que celui qui s'oblige et qui doit payer est une seule et même personne tandis que dans la lettre de change il y a nécessairement un tireur et un tiré.

Le Code de Commerce ne consacre au billet à ordre que deux articles, et renvoie pour le surplus aux règles de la lettre de change. En effet le billet à ordre est régi par les dispositions relatives à la lettre de change, sauf un petit nombre de différences dont la plupart tiennent à la confusion des rôles du tireur et du tiré.

§ II. — CRÉATION DU BILLET A ORDRE.

Le billet à ordre est ordinairement conçu dans la forme suivante :

Paris le..........

Au.......... prochain, je paierai à M.......... *ou à son ordre la somme de.......... valeur reçue en marchandises.*

Signature et adresse.

Les énonciations obligatoires sont au nombre de sept :

1° La date.
2° Le nom du bénéficiaire.
3° La clause à ordre.
4° L'échéance.
5° La somme à payer.
6° La cause de l'obligation.
7° La signature.

Le billet à ordre se transmet comme la lettre de change par la voie de l'endossement.

§ III. — Différence entre le billet à ordre et la lettre de change.

Les différences entre le billet à ordre et la lettre de change sont les suivantes :

1° Les deux rôles du tireur et du tiré distincts dans la lettre de change se confondent dans le billet à ordre.

2° Le billet à ordre oblige le souscripteur sans qu'il y ait besoin d'acceptation. (Cette différence est une conséquence de la première.)

3° Les règles relatives à la provision sont inapplicables. (Cette différence est encore une conséquence de la première.)

4° Le lieu du paiement peut être et est le plus souvent le même que le lieu de la création.

5° Le billet à ordre n'est pas nécessairement commercial ; à la différence de la lettre de change il peut très-bien constituer une obligation civile et il n'est réputé commercial que s'il est signé par un commerçant et s'il ne résulte pas des énonciations qui y sont contenues qu'il ait été souscrit à l'occasion d'une obligation civile.

Néanmoins lorsqu'un billet à ordre n'est pas commercial, dans le cas par exemple où il aurait été souscrit par un non-commerçant, du moment où l'un des endosseurs est tenu commercialement, le tribunal de commerce est compétent à l'égard de toutes les parties, même de celles qui ne sont point obligées commercialement. — Cette règle est, du reste, commune au billet à ordre et à la lettre de change. Lorsqu'une lettre de change est par suite d'omission, de supposition ou d'incapacité du débiteur, dégénérée en simple promesse civile, le tribunal de commerce continue néanmoins à être compétent, du moment où un seul des débiteurs (tireur, endosseurs, accepteur, etc.) est tenu commercialement.

IV. — *De la prescription en matière de lettres de change et de billets à ordre.*

§ 1 — Son origine et son caractère.

La prescription de cinq ans en matière de lettres de change et de billets à ordre date de l'ordonnance de 1673, et a pour but de protéger les commerçants contre les dangers d'un double paiement auquel pourrait les exposer la mauvaise foi de leurs adversaires s'ils étaient tenus pendant le long espace de trente ans de fournir contre toute demande la preuve que la lettre de change a déjà été payée.

Cette prescription a été maintenue avec raison dans le Code de Commerce.

En effet, la loi ayant organisé dans l'intérêt des débiteurs un système de déchéances contre le porteur qui n'est pas diligent devait prendre en considération la situation des débiteurs au profit desquels cette déchéance n'est pas applicable, soit qu'il s'agisse de l'accepteur ou du tireur qui n'a pas fait provision, et à l'égard desquels on sait que la négligence du porteur ne produit pas déchéance ; soit qu'il s'agisse du cas où le porteur ayant été diligent tous les débiteurs de la lettre sont assujettis à son recours. — Tous ces débiteurs qui pour un motif ou pour un autre ne peuvent opposer la déchéance resteront tenus pendant cinq ans, mais au bout de cinq ans ils pourront invoquer la prescription spéciale de l'art. 189 C.C.

Du reste cette prescription n'est pas un mode légal d'extinction de la dette et ne résulte que d'une simple présomption légale de paiement. Elle devra donc être invoquée formellement par le débiteur qui voudra l'opposer et le juge ne pourrait l'appliquer d'office.

En outre le créancier auquel la prescription sera opposée aura toujours le droit de déférer le serment à son adversaire.

Si le serment est déféré au débiteur il sera tenu d'affirmer qu'il n'est plus redevable.

S'il est déféré à ses héritiers ou ayants-cause ils seront tenus d'affirmer qu'ils estiment de bonne foi qu'il n'est plus rien dû.

§ II. — A QUELLES CRÉANCES S'APPLIQUE LA PRESCRIPTION DE CINQ ANS.

La prescription de cinq ans s'applique à la lettre de change (quand elle n'est pas dégénérée en simple promesse).

Elle ne s'applique au billet à ordre que dans le cas où il constitue une obligation commerciale.

Cependant dans le cas où la lettre de change dégénérée en promesse ou le billet à ordre contiendraient à la fois des signataires obligés commercialement et des signataires obligés civilement, la prescription de cinq ans serait opposable par tous les signataires indistinctement. En effet ceux-ci étant tenus solidairement les uns avec les autres peuvent invoquer tous les mêmes déchéances.

Soit qu'il s'agisse de la lettre de change ou du billet à ordre, la prescription de cinq ans ne s'applique qu'aux obligations résultant du contrat de lettre de change ou de billet à ordre, c'est-à-dire aux actions du porteur contre les tireur, accepteur et endosseurs, et aux recours des coobligés les uns contre les autres.

Elle ne s'applique point aux actions *mandati* ou *negotiorum gestorum* du tiré contre le tireur qui n'a point fait provision, du tireur contre le tiré accepteur, du donneur d'ordre contre le tireur pour compte et du payeur par intervention contre celui pour lequel il est intervenu. Ces actions se prescrivent par trente ans.

§ III. — POINT DE DÉPART, SUSPENSION ET INTERRUPTION DE LA PRESCRIPTION.

POINT DE DÉPART. La prescription commence à courir du jour du protêt faute de paiement (art. 187, C. C.). Si le porteur a été négligent et n'a point fait protêt on fera partir la prescription du jour de l'échéance.

Si la lettre est à vue ou à tant de jours de vue la prescription partira du jour où le porteur qui n'a point présenté la lettre de change au *visa* a encouru la déchéance, c'est-à-dire de trois, quatre, six ou douze mois, suivant les cas, à compter de la date de la création.

SUSPENSION DE LA PRESCRIPTION. Les règles sur la suspension de la prescription à l'égard des mineurs et des interdits ne sont point applicables à la prescription de cinq ans. En effet ces règles ne s'appliquent qu'aux prescriptions *longi temporis* (art. 2278, C. N.).

INTERRUPTION DE LA PRESCRIPTION. L'art. 189 C. C. énumère les trois causes qui interrompent seules la prescription de cinq ans. Ce sont :

1° Les poursuites juridiques. (Un protêt fait au delà des vingt-quatre heures ne constituerait pas une poursuite juridique, car il équivaudrait à une simple sommation de payer.)

2° La condamnation en justice.

3° La reconnaissance de la dette faite par un acte séparé.

EFFETS DE L'INTERRUPTION DE LA PRESCRIPTION. Lorsque la prescription a été interrompue, trois conséquences peuvent se produire: ou l'interruption fait dégénérer la prescription en prescription de trente ans ; ou l'interruption est simplement momentanée et la prescription de cinq ans recommence à partir du jour où elle a cessé; ou l'interruption qui a existé dans le principe devient non avenue dans la suite et la prescription s'achève comme si elle n'avait jamais été interrompue

1° La prescription de cinq ans dégénère en prescription de trente ans toutes les fois que l'interruption résulte d'un acte opérant *novation*. Le caractère de la novation, en effet, est de substituer à l'obligation ancienne une nouvelle obligation, par conséquent d'éteindre l'obligation résultant de la lettre de change et avec elle la prescription de cinq ans qui lui est applicable.

Il y aura novation : 1° lorsque la reconnaissance de la dette sera faite par un acte de nature à opérer novation, 2° en cas de condamnation judiciaire.

2° La prescription de cinq ans recommence et s'achève par un nouveau laps de cinq ans à partir du jour où l'interruption a cessé, toutes les fois qu'il n'y a pas eu novation et que par conséquent l'obligation résultant de la lettre de change continue d'exister.

Ce cas se produira si la reconnaissance de la dette résulte d'un acte; qui n'opère pas novation, tel que le paiement des intérêts ou celui d'un à-compte.

3º L'interruption est non avenue : 1º lorsque les poursuites judiciaires étant arrêtées avant le jugement aboutissent à une péremption d'instance, 2º lorsque le jugement de condamnation ayant été obtenu par défaut et n'ayant point été exécuté dans le délai de un mois devient lui-même non avenu.

— Ajoutons que l'interruption qui a lieu contre un débiteur en raison des poursuites judiciaires exercées ou de la condamnation obtenue contre lui n'est pas opposable aux autres débiteurs. En effet, bien que ceux-ci soient tenus solidairement, il n'y a entre eux qu'une solidarité imparfaite, et en cas de solidarité imparfaite la poursuite faite contre un débiteur seulement n'interrompt point la prescription à l'égard des autres

V. — *Du billet à domicile, de la lettre de crédit et du billet au porteur.*

Outre la lettre de change et le billet à ordre, certains effets commerciaux dont la loi ne s'occupe point directement sont usités dans le commerce. Ce sont : le billet à domicile, la lettre de crédit et le billet au porteur.

§ I. — BILLET A DOMICILE.

Le billet à ordre prend dans les usages du commerce le nom de *billet à domicile*, lorsqu'au lieu d'être payable dans le lieu où il a été créé il est payable dans un lieu différent de celui de la création.

Le billet à domicile est une simple variété du billet à ordre et en suit les règles. En effet, ce qui constitue le billet à ordre c'est la confusion du tireur et du tiré en une seule personne, et bien que ce billet ne soit pas astreint comme la lettre de change à la nécessité d'être payable dans un lieu différent du lieu de l'émission, cette clause ne lui est point interdite et peut être stipulée sans modifier sa nature.

Mais on discute sur la question de savoir si le billet à ordre, payable dans un lieu différent du lieu de l'émission, ne constitue point dans tous les cas une obligation commerciale, encore que le débiteur ne soit pas commerçant ou que le billet ait pour cause une obligation civile.

Premier système. Le billet à domicile est nécessairement un acte commercial. En effet, les lettres de change ou *remises d'argent de place en place* sont réputées actes de commerce (art. 632 CC.). Or le billet à domicile contient une remise d'argent de place en place.

Deuxième système. Le billet à domicile n'est pas nécessairement un acte commercial. En effet, l'art. 632 CC. se borne à réputer acte de commerce la lettre de change, et les mots « *remise de place en place* » qui sont contenus dans cet article ont simplement pour but de préciser par une redondance le caractère essentiel de la lettre de change, mais ils ne tendent point à réputer acte de commerce les remises de place en place qui se font par la voie du billet à ordre.

D'ailleurs le projet de Code de Commerce soumis au Conseil d'État donnait le caractère d'actes de commerce à la lettre de change et *au billet à domicile*, et cette disposition a été supprimée à la demande d'un membre « parce que les billets à domicile n'étaient autres que des billets à ordre ».

§ II. — LETTRE DE CRÉDIT.

On nomme *lettre de crédit* ou *mandat* un billet tiré d'un

lieu sur un autre et différant de la lettre de change en ce que le porteur ne peut ni exiger l'acceptation, ni protester en cas de non-paiement à l'échéance.

La lettre de crédit n'est pas nécessairement un acte de commerce.

Elle n'est pas assujettie aux formes de la lettre de change. Par conséquent la clause à ordre n'y est point indispensable, et elle peut n'être point négociable par la voie de l'endossement.

Une lettre de change dégénérée en simple promesse, ou contenant la *clause sans frais*, est un mandat.

§ III. — BILLET AU PORTEUR.

Le *billet au porteur* est celui par lequel une personne s'engage à payer une certaine somme au porteur du billet.

Il se transmet de la main à la main et sans qu'il soit nécessaire de recourir à l'endossement.

VI. — *Des chèques.*

§ I. — ORIGINE ET CARACTÈRES DU CHÈQUE.

Le chèque est un ordre de paiement donné par un créancier, à son profit ou au profit d'un tiers, au débiteur, qui a consenti à se soumettre à cette forme de recouvrement.

Le chèque est d'origine anglaise, il a été réglementé en France par la loi du 23 mai 1865.

Son utilité consiste surtout à permettre de substituer l'emploi des comptoirs de compensation (*clearing house*) à l'emploi de la monnaie fiduciaire. Les commerçants s'adressent à une banque de dépôt et lui remettent une certaine somme en échange de laquelle ils reçoivent un carnet de chèques. Quand ils ont un paiement à faire ils paient en chèques au lieu de payer en argent, et comme il arrive d'ordinaire que chaque commerçant a reçu de ses débiteurs un certain nombre de chèques en même temps qu'il en donnait lui-même à ses créanciers, leurs comptes respectifs se règlent à la banque par une simple compensation et pour le surplus par un virement de compte.

§ II. — Diverses espèces de chèques.

Le chèque peut être conçu :

1° Sous forme de *récépissé* donnant au porteur le droit de toucher la somme qui est accusée et transmissible de la main à la main.

2° Sous forme de *mandat* soit nominatif soit transmissible par la voie de l'endossement.

La loi du 23 mai 1865 ne réglemente que le *chèque mandat*. Le *chèque récépissé* n'entre point dans ses dispositions et ne vaut légalement que comme billet au porteur.

§ III. — Règles relatives au chèque mandat.

Nature de l'obligation. La négociation du chèque ne constitue un acte de commerce que si la cause de l'obligation était commerciale.

Formes requises. Il doit contenir 1° la date, 2° le nom du tireur, 3° le nom du preneur, 4° la somme payable.

Il peut contenir la *clause à ordre*.

Il peut être tiré, d'un lieu sur un autre ou sur le même lieu.

Provision. Le chèque n'est pas une institution de crédit comme la lettre de change, mais un moyen de liquidation. Il suppose donc nécessairement une provision antérieure au tirage.

Échéance. Par suite du même motif le chèque est toujours à vue et ne peut être qu'*à vue*.

Le porteur est déchu de ses droits s'il ne se présente point au paiement dans un délai qui est fixé à cinq jours si le chèque est payable au lieu d'où il a été tiré et à huit jours si le chèque est payable dans un autre lieu.

Le porteur déchu conserve cependant son recours contre le tireur ; mais il est déchu de tout recours si postérieurement au délai fixé la provision a péri par le fait du tiré, par exemple par sa faillite. En effet la perte est dans ce cas imputable à la négligence du porteur et ne doit point préjudicier au tireur.

Endossement. Si le chèque est à ordre, l'endossement sera régi par les dispositions relatives à l'endossement des lettres de change.

Cependant la loi de 1865 décide que le chèque pourra valablement être endossé en blanc ; on sait que dans la lettre de change au contraire l'endossement en blanc constitue un endossement irrégulier et ne vaut que comme simple mandat de toucher.

Droits et devoirs du porteur. Les règles du Code de commerce relatives à la garantie solidaire des tireurs et endosseurs, au protêt, aux recours du porteur contre les garants ou des garants entre eux et à la déchéance du porteur négligent, sont applicables au chèque mandat.

On a vu en outre que le porteur qui ne s'est point présenté au paiement dans le délai de cinq ou de huit jours est déchu de son recours contre les endosseurs et aux autres garants, et même contre le tireur si la provision a péri depuis l'expiration du délai par le fait du tiré.

Sanction des dispositions légales. Le chèque qui n'est point conforme aux dispositions légales, soit que la provision n'ait point été faite, soit qu'il soit payable à échéance fixe, etc., dégénère en simple promesse et ne vaut plus par conséquent que comme lettre de crédit.

Une disposition spéciale de la loi de 1865 punit d'une amende égale à 6 0/0 de la valeur du chèque, le tirage d'un chèque dont la provision n'a point été faite, ou dans lequel la date a été omise, ou faussement indiquée. L'exactitude de la date est importante puisqu'elle sert de point de départ au délai de cinq ou huit jours imposé au porteur sous peine de déchéance pour présenter le chèque au paiement.

LIVRE II

DU COMMERCE MARITIME

TITRE PREMIER.

DES NAVIRES ET AUTRES BATIMENTS DE MER.

L'art. 190 CC. déclare que les navires et autres bâtiments de mer sont des *meubles*.

Néanmoins ce sont des meubles d'une nature particulière, assujettis à certaines règles qui tiennent le milieu entre la législation des meubles et celle des immeubles. Les anciens auteurs indiquaient avec justesse ce caractère mixte en disant que le navire est *une maison flottante, un meuble immeuble*.

Ainsi :

Les meubles n'ont pas de nationalité et suivent la loi du propriétaire ; les vaisseaux au contraire ont une nationalité constatée par une inscription sur un registre public à ce destiné. La constatation de la nationalité d'un navire se nomme acte de *francisation*.

Il n'y a jamais de droit de suite sur les meubles ; sur

les navires au contraire les créanciers privilégiés ont un droit de suite.

Ce droit de suite est éteint :

1o En cas de vente par autorité de justice, par la vente elle-même, car les créanciers n'ont plus alors d'action que sur le prix.

2o En cas de vente volontaire, après que le navire vendu a fait d'une manière patente un voyage sous le nom de l'acquéreur.

TITRE II.

DE LA SAISIE ET DE LA VENTE DES NAVIRES.

La vente des navires doit être constatée par écrit: c'est encore une dérogation importante aux principes de la législation en matière de meubles, car on sait que « *en fait de meubles, possession vaut titre.* »

Tous bâtiments de mer peuvent être saisis et vendus par autorité de justice (art. 197 CC.). Le privilége des créanciers est alors purgé et ils n'ont plus d'action que sur le prix. — Ils sont tenus de former opposition à la délivrance du prix dans les trois jours de l'adjudication.

TITRE III.

DES PROPRIÉTAIRES DE NAVIRE.

Le *propriétaire armateur* est le *dominus rei*. Il pourvoit le navire de tout ce qui est nécessaire à sa navigation et il en choisit le capitaine, à moins qu'il ne remplisse lui-même les fonctions de capitaine.

Le propriétaire est civilement responsable des fautes du capitaine. Cette responsabilité résulte du droit commun, car les maîtres et commettants sont responsables du dommage causé par leurs préposés (art. 1384, Code Napoléon).

Cependant l'art. 216 CC. apporte une restriction importante à la responsabilité du propriétaire armateur. En effet, il pourra toujours s'affranchir de cette responsabilité en abandonnant le navire et le frêt. Cette exception au droit commun provient de ce que dans l'ancien droit on considérait le contrat intervenu entre l'armateur et le capitaine comme une société en commandite, et que l'armateur étant commanditaire ne pouvait être obligé au delà de sa mise.

Dans tous les cas le droit de se libérer par l'abandon du navire n'appartient point au propriétaire qui est lui-même capitaine, car il est alors obligé personnellement *in infinitum*.

L'art. 220 CC. contient une autre règle importante ; il décide que si le navire appartient à plusieurs propriétaires, l'avis de la majorité fera loi dans tout ce qui concerne l'intérêt commun.

TITRE IV

DU CAPITAINE.

Le capitaine est choisi par le propriétaire armateur.

Les rapports entre le capitaine et le propriétaire sont réglés soit par un contrat de louage d'ouvrage, soit par un contrat de société.

Le capitaine est responsable de ses fautes même légères, et n'est dégagé de sa responsabilité qu'en cas de force majeure.

La faute du capitaine se nomme *baraterie* (Langue d'oïl).

TITRE V.

DE L'ENGAGEMENT ET DES LOYERS DES MATELOTS ET GENS DE L'ÉQUIPAGE.

L'engagement des matelots est un contrat de louage d'ouvrage. Il doit être constaté dans un écrit qu'on nomme rôle d'équipage (art. 250 CC.).

Le navire et le frêt sont spécialement affectés aux loyers des matelots (art. 271 CC.).

TITRE VI.

DES CHARTES-PARTIES, AFFRÉTEMENTS OU NOLISSEMENTS.

L'*affrétement* ou *nolissement* est le contrat par lequel l'armateur ou le capitaine loue un navire, en tout ou en partie, à une personne, pour le transport de ses marchandises, moyennant un prix convenu.

Ce contrat doit être rédigé par écrit.

On lui donne sur l'Océan le nom de contrat d'*affrétement* et sur la Méditerranée le nom de contrat de *nolisement*.

Le bailleur du navire se nomme *fréteur*.

Le locataire *affréteur* ou *chargeur*.

L'écrit destiné à constater le contrat se nomme *charte-partie*. On donne aussi quelquefois le nom de charte-partie au contrat lui-même.

Les marchandises déposées dans le navire se nomment *facultés* et, par opposition aux marchandises, le navire se nomme *corps*, dans le langage du droit maritime.

TITRE VII.

DU CONNAISSEMENT.

La réception des marchandises est constatée par un écrit nommé *connaissement*.

Le *connaissement* joue dans les transports maritimes le rôle de la *lettre de voiture* dans les transports terrestres.

TITRE VIII.

DU FRET OU NOLIS.

On nomme *fret* dans l'Océan, *nolis* dans la Méditerranée, le prix du loyer d'un navire dû au fréteur par l'affréteur ou chargeur.

Il n'est dû aucun fret pour les marchandises perdues par naufrage, échouement ou prise maritime (art. 302 C.C).

On verra au titre du jet et de la contribution que le fret est dû, au contraire, quand les marchandises ont été jetées à la mer pour le salut commun.

TITRE IX.

DES CONTRATS A LA GROSSE.

Le *contrat à la grosse* ou *prêt à la grosse aventure* est un contrat aléatoire, dans lequel une personne prête à une autre personne une somme d'argent ou une valeur quelconque, en stipulant que le prêt est fait sur un objet exposé à des risques maritimes qui demeure affecté à la garantie du remboursement, et que l'emprunteur ne sera tenu de rien rembourser, si l'objet sur lequel le prêt est fait vient à périr par un accident de la navigation.

Le prêt à la grosse vient du droit romain où il se nommait *nauticum fœnus*.

Il dérive du *mutuum*, et il est comme lui un contrat réel et unilatéral.

Il est essentiellement aléatoire. Le prêteur n'a droit au remboursement que si les objets sur lesquels le prêt a été fait n'ont point péri dans la navigation. S'ils ont été détériorés, il n'a droit au remboursement que jusqu'à concurrence de ce qui a pu être sauvé.

De ce que le contrat est aléatoire, il résulte que la loi de 1807 sur le taux légal de l'intérêt ne lui est pas applicable. L'intérêt stipulé par le prêteur à la grosse peut donc excéder valablement 6 0/0 ; il se nomme *profit maritime*.

Le prêt à la grosse peut être fait valablement sur tous objets exposés aux risques de mer, soit sur le navire lui-même, soit sur ses agrès ou son armement, soit sur le chargement.

Le prêteur à la grosse possède un privilége sur les objets sur lesquels le prêt a été fait.

TITRE X.

DES ASSURANCES.

I. — *Diverses espèces d'assurances.*

L'*assurance* est un contrat synallagmatique et aléatoire, par lequel une personne nommée assureur s'engage à indemniser une autre personne nommée assuré du préjudice résultant pour elle d'un accident fortuit.

On divise les assurances au point de vue de leur objet en *assurances maritimes* et *assurances terrestres*.

L'assurance maritime est celle qui porte sur les risques de la navigation.

L'assurance terrestre est celle qui porte sur différents risques étrangers à la navigation tels que l'incendie, la grêle, la faillite d'un débiteur, etc.

Au point de vue de la forme, les assurances se divisent en *assurances à prime* et *assurances mutuelles*.

L'assurance à prime est celle dans laquelle l'assuré s'engage à payer à l'assureur, en échange de son obligation éventuelle, une somme fixe appelée *prime* qui est due dans tous les cas, soit que l'accident ait lieu, soit qu'au contraire il ne se réalise pas. La prime reçue par un assureur, des différentes personnes assurées par lui, constitue son capital et lui permet de subvenir à ses engagements envers ceux des assurés qui ont subi le sinistre prévu par le contrat.

L'assurance mutuelle est celle dans laquelle plusieurs

personnes conviennent de mettre leurs risques en commun et de s'indemniser mutuellement des accidents qui surviendraient à l'une ou à plusieurs d'entre elles. Elle ne comporte pas de prime et la contribution a lieu entre les membres chaque fois qu'un accident arrive ou qu'il y a une somme à payer.

Le titre X CC. ne s'occupe ni des assurances mutuelles, ni des assurances terréstres et il ne traite que des assurances maritimes à prime ; mais comme les assurances maritimes mutuelles et les assurances terrestres mutuelles ou à prime ne sont régies dans notre droit par aucune autre disposition légale, on leur applique le plus souvent par analogie les règles des assurances maritimes à prime.

II. — *Des assurances maritimes.*

§ I. — Historique.

C'est probablement au moyen âge, que pour obvier aux difficultés opposées par le droit canonique à la liberté du prêt à intérêt, on imagina de faire subir au prêt à la grosse une modification qui changea sa nature et d'où est sorti le contrat d'assurance. En effet, le prêt à la grosse a toujours renfermé une assurance compliquée d'un prêt. Il suffisait de diviser le contrat en y supprimant le prêt et dès lors on avait le contrat d'assurance tel que nous le connaissons encore aujourd'hui.

Dans le prêt à la grosse, le prêteur remet l'argent à l'emprunteur avant le voyage et perd sa créance en cas de sinistre ; dans l'assurance au contraire l'assureur ne paie jamais qu'au retour : il ne doit rien si le sinistre n'a pas eu lieu et il exécute son obligation en cas de sinistre. — Là est toute la différence entre l'assurance et le prêt à la grosse ; et on peut caractériser cette différence en disant que l'assurance est un prêt à la grosse renversé.

§ II. — Conditions essentielles.

Les conditions essentielles au contrat d'assurance sont 1° une chose assurée, 2° des risques à courir et que l'assureur prend à sa charge, 3° une somme que l'assureur s'engage à payer à l'assuré à titre d'indemnité en cas de sinistre, 4° une prime que l'assuré paie à l'assureur, 5° la rédaction d'un acte écrit, 6° la bonne foi des parties.

Bien que l'existence de la chose assurée et des risques soit essentielle à la validité du contrat, on admet en matière d'assurance qu'il suffit d'une existence ou d'un risque putatifs ; c'est-à-dire que si la chose avait péri avant le contrat ou qu'au contraire le risque eut cessé par l'arrivée au port, l'assurance faite de bonne foi et dans l'ignorance de cet événement n'en serait pas moins valable. C'est une dérogation importante aux règles du droit civil (art. 1974 C. N.).

CHOSES QU'ON PEUT ASSURER. L'assurance peut porter indifféremment sur toutes choses soumises aux risques maritimes, le vaisseau, ses agrès, son armement, les marchandises qui y sont chargées, etc. L'assurance peut être faite sur tous ces objets ensemble ou séparément.

Elle peut porter sur les dépenses imprévues occasionnées au navire par un événement fortuit aussi bien que sur les dommages matériels.

Le prêteur à la grosse peut faire assurer la restitution de son prêt, car il est soumis aux risques maritimes.

L'assuré peut aussi se faire assurer contre l'insolvabilité de son assureur.

Il peut même faire assurer *la prime*. Il se forme alors une nouvelle assurance dans laquelle l'assureur s'engage en cas de sinistre à indemniser l'assuré du montant de la prime.

Risques. L'assureur est responsable de toutes les fortunes de mer.

Néanmoins la convention des parties limite le plus souvent son obligation à certains risques déterminés. C'est ainsi qu'on convient d'ordinaire que l'assureur ne répondra pas des faits de guerre.

Une clause fort commune est la clause *franc d'avaries* par laquelle il est stipulé que l'assureur ne répondra pas des avaries simples et ne sera tenu que du sinistre majeur. (On verra plus loin, à propos du délaissement, ce qu'il faut entendre par avarie simple et sinistre majeur.)

De ce que l'existence d'un risque est une condition essentielle au contrat d'assurance, il résulte que l'assurance est toujours faite sous la condition tacite que le voyage aura lieu et n'est valable que si le voyage a lieu effectivement.

Mais dans le cas où le voyage serait rompu par le fait de l'assuré, celui-ci serait tenu de payer à l'assureur une indemnité de un demi pour cent de la somme assurée (art. 349 CC.).

Somme promise par l'assureur. La somme promise par l'assureur est déterminée par la *police*.

La convention s'entend en ce sens, que la somme promise par l'assureur forme le *maximum* de son engagement et qu'il ne peut être tenu au delà. Mais il ne sera tenu pour la totalité qu'en cas de perte totale ou de délaissement ; et en cas de simple dommage, il ne devra qu'une indemnité égale à la valeur du préjudice reçu, car c'est un principe fondamental en matière d'assurances qu'aucune chose ne peut être assurée au delà de sa valeur, et qu'aucune indemnité ne peut être supérieure au dommage.

Il peut même arriver que l'assureur ne soit pas tenu

de la réparation totale du dommage, alors même que celui-ci serait inférieur à la somme promise. En effet, lorsque la somme promise ne couvre pas la valeur de l'objet assuré, l'assureur n'est tenu du dommage partiel qu'au prorata de la somme promise par lui pour la perte totale. Dans le cas, par exemple, où des marchandises valant 60,000 et ayant été assurées pour 40,000 fr. viendraient à subir une détérioration de 15,000, l'assureur n'étant tenu que pour les deux tiers de la somme totale ne sera tenu que pour les deux tiers du préjudice ; soit 10,000 francs.

La valeur d'un vaisseau étant considérable, les assureurs prudents refusent le plus souvent de s'exposer au risque tout entier et de s'engager au delà d'une certaine somme qui constitue ce qu'ils appellent leur *plein*. Aussi l'armateur s'adresse le plus souvent à plusieurs assureurs successifs qui s'engagent chacun pour une portion du prix ; et ces diverses assurances sont valables tant que les engagements successifs n'excèdent point la valeur de l'objet assuré.

PRIME. Le montant de la prime est fixé par la police. Il est toujours dû à l'assureur, et dans le cas même où l'objet a péri, celui-ci a le droit de retenir sur l'indemnité payée par lui, une somme égale à la prime.

RÉDACTION D'UN ACTE ÉCRIT. Le contrat doit être rédigé par écrit; l'écrit qui sert à le constater se nomme *police*.

La police peut être rédigée par l'assureur et l'assuré eux-mêmes, mais si les parties ont recours à un intermédiaire, elles ne peuvent s'adresser qu'à un notaire ou à un courtier d'assurances.

L'assurance devant être constatée par écrit, il faut en conclure qu'elle ne saurait être prouvée par témoins.

BONNE FOI. La bonne foi des parties est une condition

essentielle du contrat d'assurance. En effet, les risques formant la matière du contrat et la prime devant être d'une valeur plus ou moins considérable suivant que les risques sont plus ou moins graves, si les contractants pouvaient se dissimuler ce qui peut augmenter ou diminuer les risques, il n'y aurait aucune sureté dans les transactions.

Aussi l'art. 348 CC. déclare-t-il que toute réticence, toute fausse déclaration de la part de l'assuré, toute différence entre le contrat d'assurance et le connaissement qui diminuerait l'opinion que l'assureur a dû se faire du risque rendent l'assurance radicalement nulle. — La nullité aurait lieu dans le cas même où la réticence et la fausse déclaration n'auraient pas influé sur le dommage ou la perte de la chose assurée.

C'est encore parce qu'on s'attache avant tout à la bonne foi, que par dérogation au droit commun l'on considère l'assurance comme valable, alors même que l'objet assuré aurait péri ou que les risques auraient cessé d'exister avant la confection du contrat, pourvu que cette circonstance ait été ignorée des parties.

§ III. — Clauses prohibées

Trois principes sont admis en matière d'assurances maritimes.

1° L'assureur ne répond jamais des fautes de l'assuré.

2° Les assurances sur la vie sont interdites.

3° L'assurance ne peut jamais porter que sur une perte réelle, un *damnum emergens*.

I. *L'assureur ne répond pas des fautes de l'assuré*, et la clause contraire serait nulle. L'assureur ne répond jamais que des cas fortuits ou de force majeure.

Néanmoins l'armateur peut se faire assurer contre *la baraterie de patron*, c'est-à-dire contre les fautes du capitaine (art. 353 CC.). En effet, bien qu'il soit civilement responsable des fautes du capitaine, ce ne sont pas ses fautes personnelles.

II. *Les assurances sur la vie sont interdites.* Cette disposition a été reproduite de l'ancien droit et repose sur l'idée que l'assurance ne doit porter que sur des objets susceptibles d'ê re évalués en argent.

Il est interdit également d'assurer le *loyer des matelots.* On a craint que ceux-ci ne montrassent peu de soin à sauver les marchandises s'ils ne couraient eux-mêmes aucun risque en cas de désastre.

III. *L'assurance ne peut porter que sur le damnum emergens et jamais sur le lucrum cessans.* L'assurance doit être une indemnité, et ne doit jamais être une cause de bénéfice pour l'assuré, car s'il en était autrement celui-ci pourrait avoir intérêt à être victime d'un accident, et serait poussé par là à se jeter volontairement dans un danger, ou au moins à mépriser les conseils de la prudence.

De là plusieurs conséquences.

1° On ne peut faire assurer qu'une chose dans laquelle on a un intérêt.

2° L'assureur ne peut s'engager que jusqu'à concurrence de la valeur de la chose assurée au moment du contrat. Il ne pourrait assurer la plus-value résultant du voyage.

3° L'armateur ne peut faire assurer le fret.

4° On a vu que le prêteur à la grosse peut faire assurer son prêt, mais il ne pourrait faire assurer le profit maritime.

Naturellement l'emprunteur ne pourrait assurer son emprunt, car il aurait alors intérêt à ce que la chose pérît, puisque dans ce cas il ne devrait plus rien au prêteur, et recevrait néanmoins de l'assureur le capital de la somme empruntée.

SANCTION DES DISPOSITIONS LÉGALES. Si l'assurance a été faite contrairement aux prohibitions de la loi, si par exemple l'assureur s'est chargé du *lucrum cessans*, l'assurance est nulle.

Si l'objet a été assuré au delà de sa valeur, il faut distinguer entre deux cas.

1° Si l'assuré a commis un dol ou une fraude, l'assurance est nulle à l'égard de l'assureur et valable à l'égard de l'assuré, c'est-à-dire que l'assuré doit la prime et que l'assureur n'est pas obligé.

2° S'il n'y a eu ni dol ni fraude, l'assurance est simplement réductible.

La nullité ou la réduction de l'assurance se nomment *ristourne* (parce que le risque se détourne de l'assureur).

§ IV. — OBLIGATIONS DE L'ASSUREUR.

L'assureur ne répond que des fortunes de mer.

Il ne répond ni des frais susceptibles d'être prévus, ni des accidents provenant de la faute de l'assuré, ni des détériorations provenant du vice de la chose.

Il faut pour que l'assureur soit responsable :

1° Que l'accident soit survenu pendant le temps pour lequel l'assurance a été contractée. (L'assurance se fait ordinairement soit au voyage, soit pour un certain nombre de mois.)

2° Que l'assuré ne se soit pas écarté des conditions de la police, si ce n'est du consentement de l'assureur ou en cas de nécessité.

Ainsi l'assureur ne serait pas responsable si l'accident était arrivé pendant que le vaisseau se serait détourné de sa route, ou si les marchandises assurées avaient été embarquées sur un autre vaisseau que le vaisseau indiqué dans la police.

Il arrive quelquefois, dans des cas très-rares, qu'on assure des marchandises sur quelque navire qu'on les charge *(in quovis navi).* Cette assurance se nomme assurance *in quovis.*

§ v. — Droits et obligations de l'assuré.

L'assuré est tenu de payer la prime.

Il doit notifier à l'assureur tous les avis qu'il reçoit sur les accidents survenus au navire, dans les trois jours de leur réception.

Ses droits consistent à obtenir de l'assureur en cas de sinistre soit la totalité de la somme promise, soit une partie de cette somme égale au préjudice causé.

Ils sont garantis par deux actions :

1º L'action en avarie.

2º L'action en délaissement.

Action en avarie. L'action en avarie a pour but d'obtenir en réparation du préjudice une somme égale à ce préjudice.

L'assuré doit prouver :

1º Que les objets assurés ont été exposés à la fortune de mer (il le fera à l'aide du connaissement).

2º Quelle était la valeur exacte de la chose assurée.

3º Que les objets ont péri ou ont été détériorés.

Action en délaissement. L'action en délaissement a pour but de réclamer de l'assureur la totalité de la somme promise, sous la condition que l'assuré abandonnera à l'assureur la propriété de ce qui lui reste de la chose.

§ vi. — Du délaissement.

Le délaissement ne peut être offert à l'assureur que dans le cas d'accidents d'une gravité exceptionnelle et qui sont énumérés par la loi.

Ces accidents sont nommés *sinistres majeurs*, par opposition aux *avaries simples* sous la dénomination desquelles sont rangés les accidents moins graves.

SINISTRES MAJEURS. Les sinistres majeurs sont au nombre de sept.

1° *La prise.*

2° *Le naufrage.* Le naufrage est l'événement par lequel un navire s'enfonce dans les eaux et y est totalement submergé de telle sorte qu'il n'en surnage que des débris.

3° *L'échouement avec bris.* L'échouement avec bris est l'événement par lequel un navire éprouve un choc qui le fait s'entr'ouvrir et se remplir d'eau sans qu'il soit totalement submergé.

4° *L'innavigabilité.* L'innavigabilité est l'état d'un navire réduit par fortune de mer à ne pouvoir continuer sa course et incapable d'être mis en état de la reprendre.

Si l'innavigabilité est telle que le navire ne peut matériellement être réparé, on dit qu'il y a *innavigabilité absolue.*

Si l'impossibilité de remettre le navire en état résulte seulement de ce que les réparations seraient plus couteuses que la confection d'un navire neuf, on dit qu'il y a *innavigabilité relative.*

Le délaissement peut être offert en cas d'innavigabilité relative aussi bien qu'en cas d'innavigabilité absolue.

5° *L'arrêt de prince.* L'arrêt de prince est l'acte par lequel un gouvernement arrête un bâtiment dans un port, soit qu'il veuille simplement lui faire attendre un ordre de service, soit qu'il le saisisse et le confisque comme coupable de contrebande ou de violation de blocus, soit qu'il agisse dans le but d'exercer des représailles ou *actes de retorsion.*

L'arrêt de prince diffère de la prise en ce qu'il a lieu dans une rade ou dans un port, tandis que celle-ci a lieu en pleine mer.

Le délaissement ne peut être fait en cas d'arrêt de prince, que si l'assuré n'a pas obtenu mainlevée de l'arrêt dans un délai de six mois. Le délai est porté à un an si l'arrêt a eu lieu dans les mers lointaines.

6° *La perte ou détérioration des trois quarts de la chose assurée.*

7° *Le défaut de nouvelles* pendant un délai de six mois pour les voyages ordinaires, d'un an pour les voyages de long cours (le navire est alors assimilé à un navire perdu).

CONDITIONS DU DÉLAISSEMENT. — Le délaissement doit être absolu et transférer à l'assureur la propriété irrévocable de l'objet assuré, ou de ce qui en survit. Aucune condition résolutoire ne serait admise dans le délaissement.

Il doit être de la totalité de la chose assurée. — Si le navire avait été assuré en bloc avec les marchandises, on ne pourrait faire le délaissement des marchandises et conserver le navire, ni réciproquement. — Le délaissement comprend même le prix du fret.

Il doit être offert dans les délais fixés par la loi qui sont de six, douze ou dix-huit mois suivant les cas. L'action en avarie au contraire ne se prescrit que par le laps de cinq ans.

On conçoit, en examinant ces conditions sévères, que dans beaucoup de cas l'action d'avarie est plus avantageuse à l'assuré que l'action en délaissement, bien que celle-ci donne droit à la totalité de la somme promise.

III. — *Des assurances terrestres.*

Dans le silence de la loi, on applique aux assurances terrestres la plupart des dispositions relatives aux assurances maritimes.

Cependant les règles diffèrent sur un certain nombre de points parce qu'on n'applique point aux assurances terrestres celles des règles qui dans l'assurance maritime constituent une dérogation spéciale au droit commun.

1° En matière d'assurances terrestres, l'assurance est nulle si la chose avait péri avant le contrat, encore que les parties ignorassent la perte (art. 1974 C. N.).

2° La rédaction d'un écrit n'est pas indispensable et par conséquent la preuve orale pourra être admise.

3° L'assurance sur la vie est permise.

4° L'assureur répond non-seulement des cas de force majeure, mais encore des fautes légères de l'assuré. Autrement l'assureur pourrait dans la presque totalité des cas s'exonérer de la responsabilité et les assurances terrestres n'auraient plus d'utilité.

5° L'action en délaissement n'est jamais admise en matière d'assurances terrestres.

TITRE XI.

DES AVARIES.

On donne le nom d'*avarie* à tout dommage imprévu, qui arrive au navire pendant la traversée ou aux marchandises pendant qu'elles sont sur le navire.

L'avarie peut avoir sa cause dans l'action des éléments (naufrage, bris, échouement, incendie, abordage), ou dans un fait de l'homme (piraterie, saisie maritime, embargo, etc.).

Elle peut consister dans un dommage matériel, tel que le bris du navire, ou simplement dans une dépense imprévue causée par l'obligation de faire relâche, de se détourner de sa route pour éviter un danger, etc. — Dans le premier cas elle se nomme *avarie naturelle*, dans le second *avarie-frais*.

On a vu au titre X que l'avarie se distingue encore suivant l'importance du dommage en *avarie simple* ou *sinistre majeur*.

La distinction la plus importante est celle de l'*avarie simple* ou *particulière* et de l'*avarie grosse* ou *commune*.

L'avarie est simple quand par l'effet d'une fortune de mer un dommage est souffert par le navire seul ou par les marchandises seules.

L'avarie est commune lorsqu'en présence d'un danger imminent et commun au navire et aux marchandises, les parties ont fait un sacrifice volontaire dans le but de conjurer ce danger (par exemple lorsqu'on a jeté à la mer une partie du chargement pour alléger le navire).

L'avarie simple est supportée exclusivement par le propriétaire de l'objet avarié; soit le propriétaire du navire si l'avarie porte sur le corps, soit le propriétaire des marchandises si l'avarie porte sur les marchandises, et dans le cas où les marchandises appartiendraient à plusieurs affréteurs le propriétaire de la partie d'entre elles qui a été avariée.

L'avarie commune est supportée par tous les intéressés (le propriétaire et les affréteurs) au prorata de leur intérêt.

Pour que l'avarie soit commune, il faut :

1º Que le danger ait été imminent.

2º Qu'il ait été commun au navire et à la cargaison.

3º Qu'il provienne d'un fait volontaire. (Le capitaine doit prendre l'avis des affréteurs présents sur le navire et des principaux de l'équipage. En cas de désaccord l'avis du capitaine et des principaux de l'équipage l'emporte sur celui des affréteurs).

4º Que le sacrifice ait produit le résultat qu'on en attendait.

5º Que le dommage ait été d'au moins 1 0/0.

TITRE XII.

DU JET ET DE LA CONTRIBUTION.

On donne le nom de *jet* à l'action de précipiter à la mer, dans un danger imminent et dans le but d'alléger le navire, tout ou partie du chargement.

Le dommage résultant du jet constitue une avarie commune à laquelle tous les intéressés doivent contribuer au prorata de leur mise.

Néanmoins le propriétaire du navire ne contribue au prorata que pour une somme égale à la moitié du prix du navire.

TITRE XIII.

DES PRESCRIPTIONS.

La loi établit en matière de commerce maritime plusieurs prescriptions de courte durée.

1° Toute action dérivant d'un contrat à la grosse ou d'une police d'assurance se prescrit par *cinq ans à dater du contrat*.

2° Toutes actions en paiement du fret, ou des loyers des officiers et matelots, ou en délivrance des marchandises, se prescrivent par un an après le voyage fini.

3° Toutes actions pour nourriture fournie aux matelots par l'ordre du capitaine ou pour fournitures d'objets nécessaires à la construction, à l'armement ou au ravitaillement, se prescrivent par un an à partir de la fourniture.

TITRE XIV.

FINS DE NON RECEVOIR.

Le titre XIV énumère sous la dénomination de fins de non recevoir, un certain nombre de faits ou de négligences du demandeur, qui ont pour conséquence de faire repousser son action, alors même qu'elle ne serait pas prescrite.

Par exemple, le chargeur dont les marchandises ont été avariées est tenu sous peine de déchéance de faire une protestation dans les vingt-quatre heures de la réception et d'intenter son action dans le mois, etc., etc.

XIV

MÉTAYAGE

Le métayage est un contrat de société par lequel le propriétaire d'un fonds de terre le remet pour un temps à un preneur qui s'oblige à le cultiver sous la condition d'en partager les fruits avec le propriétaire. Ce contrat diffère de la location ordinaire de la chose louée, etc.

LIVRE III

DES FAILLITES ET BANQUEROUTES

TITRE PREMIER.

DES FAILLITES.

I. — *Dispositions générales*.

§ I. – Historique.

Les règles de la faillite remontent presque au droit romain et sont évidemment tirées des procédures successives de la *missio in possessionem* et de la *venditio bonorum*.

Néanmoins les détails de la réglementation sont de date toute récente, et l'ordonnance de 1673 ne consacrait aux faillites et banqueroutes qu'un seul titre composé de treize articles (le titre XI).

Ce fut le Code de 1807 qui donna pour la première fois à la matière de considérables développements ; et le scandale causé à cette époque par de nombreuses faillites fut même la cause qui détermina le gouvernement à mettre le nouveau Code en délibération.

Depuis 1807, la loi du 28 mai 1838 a abrogé le **texte** primitif du livre III et y a substitué une nouvelle rédaction qui a eu pour but de corriger un grand nombre de points défectueux et d'adoucir sur presque tous la rigueur déployée par le Code à l'égard du failli.

La loi du 25 juin 1856 a réglementé les concordats par abandon d'actif.

Enfin la loi du 22 juillet 1867 qui a supprimé la contrainte par corps a eu pour conséquence de frapper indirectement de caducité plusieurs dispositions de la loi sur les faillites.

§ II. — CARACTÈRES DE LA FAILLITE.

La faillite est l'état d'un commerçant qui a cessé ses paiements.

Elle est soumise à des règles et à une procédure spéciales qui ont pour but de sauvegarder l'intérêt de la masse des créanciers, soit contre la fraude ou la mauvaise gestion du failli, soit contre les poursuites individuelles de quelques-uns des créanciers.

Aussi l'esprit général de toute loi sur les faillites doit-il être d'établir l'égalité entre créanciers et de substituer dans tous les cas la protection de l'intérêt commun à la protection de l'intérêt individuel.

§ III. — QUI PEUT TOMBER EN FAILLITE.

La faillite est un état exclusivement propre aux commerçants.

Il faut donc pour pouvoir être déclaré en faillite : 1° faire habituellement des actes de commerce, 2° n'être pas incapable de faire le commerce.

Il résulte de cette règle que le mineur ou la femme **mariée non autorisés ne pourront jamais être déclarés en faillite.**

Il n'en serait pas de même des personnes qui sont capables civilement, mais auxquelles la loi interdit de faire le commerce à raison de leurs fonctions, car on a vu que ces personnes s'obligent néanmoins commercialement, lorsque contrairement à la loi elles se livrent à des actes de commerce.

On contestait avant la loi de 1838 qu'un commerçant put être déclaré en faillite après son décès ; car, disait-on, toute faillite suppose un *failli*, et lorsque le commerçant est décédé il n'y a plus de failli. La loi de 1838 a résolu la question en décidant que la faillite pourra être déclarée après décès, mais sous deux conditions :

1º Que la cessation de paiements ait existé au moment du décès.

2º Que la demande soit faite dans l'année qui suivra le décès.

Ainsi un commerçant qui se serait suicidé la veille de la cessation de ses paiements ne pourrait être déclaré en faillite, car la cessation n'aurait pas existé au moment de son décès, mais seulement le lendemain.

§ IV. — DE LA CESSATION DE PAIEMENTS.

La loi ne définit pas la cessation de paiements et laisse dans cette question, toute de fait, une grande part à l'arbitraire du juge.

L'idée fondamentale à laquelle celui-ci devra se référer est qu'il y a lieu de déclarer la faillite, quand les affaires d'un commerçant sont dans un tel état, qu'une plus longue attente n'aurait d'autre conséquence que de produire une diminution progressive ou un anéantissement complet de l'actif qui forme le gage des créanciers.

Ainsi le tribunal pourra refuser de déclarer la faillite en présence d'un refus de paiement tout à fait temporaire et qui aurait pour cause une crise momentanée. Il pourra au contraire la déclarer alors qu'il n'y aurait eu aucun refus positif, mais que le failli serait en état d'insolvabilité notoire.

La faillite peut être déclarée même pour refus de paiement d'une dette civile, car le tribunal pourra induire de ce refus de paiement, que le commerçant est au dessous de ses affaires

§ V. — Différences entre la faillite et la déconfiture.

On sait qu'il y a en droit civil un état nommé *déconfiture* et analogue pour les non-commerçants à ce qu'est la *faillite* pour les commerçants.

Toutefois il faut se garder de confondre ces deux états très-différents malgré leur analogie.

Ainsi :

1° La déconfiture suppose l'insolvabilité ; toute personne dont le passif est supérieur à l'actif est en déconfiture, alors même qu'elle ne cesserait pas ses paiements; et, à l'inverse, il ne saurait y avoir déconfiture lorsque l'actif est supérieur au passif, alors même qu'un embarras plus ou moins long obligerait le débiteur à suspendre ses paiements. — La faillite au contraire est attachée à la cessation de paiements et peut très-bien être déclarée alors même que l'actif est supérieur au passif.

2° La déconfiture a lieu de plein droit; la faillite au contraire doit être constatée par un jugement déclaratif.

3° Celui qui est en déconfiture peut obtenir le bénéfice de la cession de biens ; mais il ne saurait être question pour lui du dessaisissement, du concordat, ou de toutes les autres règles du Code de Commerce exclusivement propres à la faillite. L'état du failli au contraire est réglé par le Livre III C.C., et le failli ne jouit pas du bénéfice de la cession de biens.

II. — *De la déclaration de faillite et de ses effets.*

§ 1. - Jugement déclaratif.

Le jugement déclaratif de faillite est rendu par le tribunal de commerce du domicile du failli.

En cas de contestation sur le domicile compétent, par exemple si le failli a plusieurs établissements, il y a lieu à un règlement de juges conformément aux règles du Code de Procédure civile.

Le jugement déclaratif ne se borne pas à constater la faillite, il fixe l'époque à laquelle la cessation de paiements a commencé ; et on verra que cette date a une grande importance quant à la validité des actes passés par le failli. Si le tribunal ne fixe aucune date la cessation de paiements est réputée avoir eu lieu à partir du jugement.

Au reste si le tribunal manque des éléments d'information nécessaires, il peut remettre à une époque postérieure la constatation de la date de la cessation de paiements. Il pourra aussi sur de nouvelles informations modifier sa première décision par un jugement postérieur et reculer ou rapprocher la date primitivement fixée, pourvu toutefois que ces modifications aient lieu avant la clôture de la vérification des créances (voir page 240).

Tout jugement déclaratif de faillite nomme un juge commissaire choisi parmi les membres du tribunal et chargé de présider aux opérations de la faillite (voir page 230), il nomme aussi des syndics provisoires (voir page 232).

Il ordonne l'apposition des scellés.

Il ordonne le dépôt du failli dans une maison d'arrêt ou la garde de sa personne par un officier de justice ou de police, ou par un gendarme. — Cette mesure de précaution, qui empêche la fuite du failli, a pour but d'assurer sa présence, pour le cas où l'inspection de ses affaires donnerait lieu à une poursuite pour banqueroute simple ou frauduleuse, et en dehors de ce cas, afin qu'il puisse donner au juge commissaire et aux syndics les éclaircissements nécessaires.

On verra que le failli peut être dispensé du dépôt ou de la garde de sa personne, s'il déclare lui-même sa faillite et dépose son bilan. Dans ce cas en effet, il est moins suspect, et en outre le législateur a voulu provoquer par cette faveur les déclarations volontaires.

Le jugement déclaratif est publié par affiches dans le prétoire du tribunal et à la Bourse, et par extrait dans un journal désigné pour les annonces judiciaires.

Cette publication est faite non-seulement au lieu du domicile du failli, mais encore dans tous les lieux où il a des établissements commerciaux.

QUI PEUT PROVOQUER LE JUGEMENT DÉCLARATIF. — Le jugement déclaratif peut être prononcé :

1º Sur la déclaration du failli ;
2º A la requête d'un ou plusieurs créanciers ;
3º D'office par le tribunal.

1º *Sur la déclaration du failli.* Le failli peut provoquer lui-même sa mise en faillite ; il est même tenu, en cas de cessation de paiements, d'en faire la déclaration au greffe du tribunal dans les trois jours.

La déclaration doit être accompagnée du dépôt de son bilan.

Le bilan doit contenir : 1º l'énumération et l'évaluation de tous les biens mobiliers et immobiliers du failli ; 2º l'état de ses dettes actives et passives ; 3º le tableau de ses profits et de ses pertes ; 4º le tableau des dépenses de sa maison. — Il doit être certifié **véritable, daté et signé par le failli.**

Le bilan remonte aux dix dernières années pendant lesquelles le commerçant a été tenu de conserver ses livres.

Il interrompt la prescription à l'égard des débiteurs du failli et sert de titre à ceux qui n'en ont pas.

Si le failli n'a pu en faire le dépôt lors de sa déclaration de cessation de paiements, il indique les motifs qui l'en ont empêché et le bilan est alors dressé par les syndics après leur entrée en fonctions.

Le failli qui s'est conformé à ces dispositions peut être affranchi du dépôt dans une maison d'arrêt ou de la garde de sa personne (art. 456 CC.).

2° *A la requête d'un ou plusieurs créanciers.* Le droit de provoquer le jugement déclaratif appartient à tous les créanciers, soit à ceux auxquels le paiement a été refusé, soit aux autres créanciers dont la créance est exigible, et même aux créanciers hypothécaires ou à terme.

3° *D'office par le tribunal.* Le tribunal peut rendre d'office, dans l'intérêt des créanciers absents, le jugement déclaratif de faillite.

De ce que le jugement peut être rendu d'office, il résulte que les créanciers qui le provoquent ne sont pas tenus d'assigner le failli et peuvent saisir le tribunal par simple requête. Mais dans ce cas, le failli n'ayant pas été assigné, le jugement ne peut être rendu que par défaut et par conséquent il est susceptible d'opposition.

EXÉCUTION DU JUGEMENT. Dans tous les cas le jugement déclaratif est exécutoire par provision.

§ II. — EFFETS DE LA FAILLITE.

La déclaration de faillite produit deux sortes d'effets. Les uns sont la conséquence directe du jugement déclaratif, les autres se rattachent à la cessation de paiements.

Les effets du jugement déclaratif sont de dessaisir le failli de l'administration de ses biens et d'être pour les créanciers le point de départ d'une situation nouvelle qui fixe irrévocablement leurs droits respectifs et ne leur permet plus de les modifier au préjudice les uns des autres en traitant séparément avec le failli ou en agissant séparément contre lui.

Les effets rattachés à la cessation de paiements, consistent dans une série de nullités qui viennent frapper, non plus à partir du jugement déclaratif, mais à partir de la cessation de paiements et des dix jours qui l'ont précédée, les actes que le failli aurait accomplis en vue de sa faillite prochaine et en fraude des droits de ses créanciers.

§ III. — Effets du jugement déclaratif.

Les effets du jugement déclaratif sont au nombre de six : ils sont produits de plein droit et sans qu'il soit besoin de les énoncer expressément dans le jugement.

Ce sont :

1º Le dessaisissement du failli.

2º L'interdiction pour les créanciers de procéder individuellement à des poursuites ou des actes d'exécution sur les biens du failli.

3º La perte du bénéfice du terme pour le failli à l'égard de ses créanciers.

4º La cessation du cours des intérêts des sommes dues par le failli.

5º L'impossibilité de procéder à l'inscription des privilèges ou hypothèques sur les biens du failli.

6º Certaines incapacités politiques du failli.

DESSAISISSEMENT DU FAILLI. Par l'effet du jugement

déclaratif le failli est dessaisi de l'administration de ses biens, et celle-ci passe aux syndics de la faillite.

Ce dessaisissement a pour but d'empêcher le failli d'augmenter son passif par de nouvelles opérations, et de l'empêcher de donner à quelques-uns de ses créanciers un droit de préférence sur la masse en consentant un droit de gage ou une hypothèque. Tous les biens présents du failli et tous ceux qu'il pourrait acquérir dans la suite sont le gage commun de ses créanciers administrés au nom de la masse par les syndics. Les syndics seuls peuvent contracter sur ces biens ou les aliéner. Toutes les actions sont intentées ou soutenues par eux en justice. En un mot ils exercent à la place du failli tous ses droits mobiliers et immobiliers, actifs ou passifs.

Il faut cependant noter un certain nombre d'exceptions, ou tout au moins un certain nombre de limites à ce principe :

1º Le failli ne cesse pas d'être propriétaire. Il ne perd que l'administration, et si un concordat intervient dans la suite, il reprendra l'exercice de ses droits sans qu'il soit besoin d'un nouveau jugement pour le réintégrer dans sa propriété.

2º Le dessaisissement ne porte que sur les biens et sur les actions y relatives : il ne porte pas sur les droits exclusivement attachés à la personne du failli. Celui-ci conserve donc l'administration des biens de sa femme, l'usufruit légal, l'administration des biens que la loi déclare insaisissables et le droit d'intenter ou de soutenir les actions relatives à ces biens. A plus forte raison conserve-t-il et possède-t-il seul le droit d'intenter une action en séparation de corps, l'exercice de la puissance paternelle, etc. On admet même que dans le cas où une femme mariée tomberait en faillite les syndics ne pourraient invoquer le dessaisissement pour intenter en leur nom contre le mari une action en séparation de biens. En effet, quoique cette action soit relative aux biens, elle touche de trop près aux relations des époux et à l'exercice de la puissance maritale pour passer entre les mains des tiers.

3° A l'égard des biens mêmes auxquels s'applique le dessaisissement, et à propos desquels les actions sont intentées ou soutenues par les syndics, la loi de 1838 a donné au failli le droit d'*intervenir* si le tribunal l'y autorise. Cette intervention n'a rien de contraire en effet au but que se propose le législateur en dessaisissant le failli, et il est juste que celui-ci soit entendu dans une question qui le concerne directement.

Le failli peut aussi former opposition aux actes des syndics devant le juge commissaire, provoquer leur révocation, et former opposition à l'admission des créances qu'il croit devoir contester.

4° Il faut conclure de l'exception précédente que le failli pourra faire valablement de simples actes conservatoires.

5° Il traite directement de son concordat avec ses créanciers.

6° Le failli qui est dessaisi n'est point dans la position d'un interdit, et par conséquent il reste capable de s'obliger et de faire de nouvelles acquisitions. Seulement les obligations qu'il aura contractées, et qui seront valables à son égard, seront nulles à l'égard des créanciers de la faillite. Les créanciers postérieurs au dessaisissement n'auront d'action contre lui que s'il revient à meilleure fortune et après que les créanciers de la faillite auront été désintéressés.

Suspension des poursuites individuelles. Un second effet du jugement déclaratif est de suspendre pour les **créanciers** le droit d'exercer individuellement des poursuites contre le failli ou de procéder à des voies d'exécution sur ses biens.

Cette suspension se fonde sur deux motifs.

A partir de la faillite la situation de tous les **créanciers** doit être égale et leur droit consiste en un dividende proportionnel à la créance. La maxime *jura vigilantibus prosunt* n'est donc plus applicable, et quelques-uns d'entre eux ne pourraient prétendre à être payés au détriment des autres en agissant les **premiers** en justice.

En outre la procédure de la faillite a pour but de liquider la situation de la façon la plus avantageuse aux créanciers et d'arriver au règlement le plus équitable ; il ne faut donc pas que les mesures prises dans l'intérêt commun puissent être entravées par des poursuites individuelles.

La suspension des poursuites individuelles n'est d'ailleurs pas énoncée formellement dans le Code de Commerce comme une conséquence du jugement déclaratif. Elle résulte seulement de l'art. 537 C. C. qui déclare qu'après la clôture de la faillite, les créanciers *rentrent* dans l'exercice de leurs actions individuelles, d'où il faut conclure qu'ils les avaient perdues auparavant.

Toutefois il existe une exception à la règle en vertu de laquelle le jugement déclaratif suspend le droit de poursuite individuelle. Les créanciers qui ont acquis avant la faillite une cause légale de préférence (privilége, hypothèque, nantissement, antichrèse) ne sont point dans une situation égale aux simples créanciers chirographaires. Leur droit de préférence les place hors de la masse, et leur donne droit à être payés intégralement sur leur gage, même après la faillite. Ils peuvent en conséquence procéder en tout état de cause à des voies d'exécution, à la seule condition de les intenter ou de les suivre contre les syndics, qui sont désormais substitués au failli (art. 443 C. C.).

Seulement le législateur a voulu empêcher que l'exercice de ce droit n'eut lieu en temps inopportun et de manière à entraver la liquidation. Ainsi :

1º Les créanciers hypothécaires ne pourront agir individuellement si les syndics sont sur le point de vendre. En effet, ils auront un droit de préférence sur le prix et leur action serait sans objet puisqu'elle devrait aboutir à une vente qui va précisément avoir lieu.

2º Le locateur, qui possède en vertu de l'art. 2102 C. N. un privilège sur les meubles apportés dans la maison, peut toujours agir sur les meubles destinés *à l'usage personnel du failli*, mais le droit de procéder à une voie d'exécution sur les effets mobiliers *servant à l'exploitation du fonds de commerce* est suspendu pendant trente jours à partir du jugement déclaratif. On a voulu laisser aux syndics le temps d'examiner si la masse n'aurait point intérêt à continuer l'exploitation du failli et de désintéresser le locateur s'il y avait lieu. — Mais pendant le délai de trente jours le locateur pourra toujours prendre toute mesure conservatoire, telle que la saisie-revendication, des objets détournés ; les voies d'exécution lui sont seules interdites.

— C'est une question controversée que de savoir si le créancier chirographaire, auquel le jugement déclaratif enlève le droit de commencer une poursuite individuelle, pourrait néanmoins continuer une poursuite commencée antérieurement.

Premier système. La poursuite commencée peut être continuée. En effet, lorsque le créancier chirographaire a intenté une poursuite avant la faillite, il a par là acquis **un droit qui ne peut plus lui être enlevé** postérieurement.

Deuxième système. La poursuite commencée ne peut être continuée. En effet, le jugement déclaratif a définitivement fixé la situation du créancier chirographaire qui ne peut jamais avoir droit qu'à un dividende. La poursuite est dès lors sans intérêt pour lui et n'aurait d'autre résultat que d'entraver les opérations des syndics.

PERTÉ DU BÉNÉFICE DU TERME. Le troisième effet du jugement déclaratif est de faire perdre au failli le bénéfice du terme stipulé en sa faveur et de rendre toutes les créances immédiatement exigibles contre lui.

On a voulu accélérer la liquidation de la faillite en réglant définitivement tous les droits et en plaçant sur la même ligne toutes les créances échues ou à terme.

Néanmoins, cette règle établie dans l'intérêt de la liquidation est loin de produire pour le créancier tous les effets de l'exigibilité ordinaire, et elle ne donne droit ni à procéder à des voies d'exécution ni à invoquer la compensation, ni à poursuivre avant le terme *les codébiteurs du failli*.

1° *Voies d'exécution*. On a vu que les créanciers privilégiés hypothécaires ou nantis conservent le droit de procéder à des poursuites individuelles. Ce droit ne s'applique qu'aux créanciers dont la créance est exigible d'après les règles ordinaires et non point aux créanciers à terme.

La question ne pourrait se présenter à l'égard des créanciers chirographaires puisque aucun d'eux ne peut exercer de poursuites même pour une créance exigible.

2° *Compensation*. Le créancier à terme qui est en même temps débiteur du failli et dont la dette est exigible ne pourra pas invoquer la compensation de cette dette avec sa créance. En effet, supposons une créance de 20,000 francs et une dette également de 20,000 francs.

Le débiteur du failli doit 20,000 francs à la masse, mais comme créancier il n'a pas droit à 20,000 francs. Il a droit seulement à venir en concours au marc le franc avec les autres créanciers et à recevoir un dividende qui pourra n'être que de 20, 30 ou 40 0/0. Il ne saurait donc y avoir compensation entre deux dettes dont le *quantum* de l'une est encore inconnu et qui, par conséquent, ne sont pas liquides.

Mais le créancier à terme, s'il n'a pas encore payé sa propre dette au moment de la liquidation, pourra très-bien opposer la compensation avec les dividendes exigibles.

3° *Codébiteurs solidaires et cautions.* — La perte du bénéfice du terme, lorsqu'elle a lieu à l'égard du failli, n'est point opposable à ses codébiteurs même solidaires, car ceux-ci ne sauraient encourir de déchéance à raison d'une faillite qui leur est étrangère.

Elle n'est pas opposable aux cautions, en cas de faillite du débiteur principal.

Si l'on suppose que c'est la caution qui est en faillite, le débiteur principal ne pourra pas non plus être obligé de payer avant le terme, mais il pourra être obligé de fournir une autre caution en remplacement de celle qui est devenue insolvable (art. 2020 C. N.).

4° *Règles spéciales à la lettre de change.* En matière de lettre de change ou de billet à ordre, on admet la règle contraire à celle qui est suivie en matière d'obligations ordinaires, et la faillite des cautions ne donne pas le droit d'en exiger de nouvelles. Ainsi le porteur ne pourrait avant l'échéance exercer de recours à raison de la faillite d'un endosseur contre le tireur ou contre un endosseur postérieur. On a voulu par là éviter les complications auxquelles donnerait lieu l'exercice des recours réciproques, à un moment où il est encore possible que le paiement ait lieu à l'échéance.

Mais à l'inverse la faillite du débiteur principal ouvre au porteur le droit de recourir immédiatement contre les cautions et d'exiger d'elles une nouvelle caution qui garantisse le paiement à l'échéance, si elles n'aiment mieux payer immédiatement.

Ainsi le porteur pourra recourir contre les endosseurs :

1° A raison de la faillite du tireur dans le cas où le tiré n'aurait pas accepté. (Il ne le pourrait plus après l'acceptation du tiré, car ce serait dès lors le tiré qui serait le débiteur principal et le tireur ne serait qu'une caution.)

2° A raison de la faillite du tiré accepteur.

3° En matière de billet à ordre, à raison de la faillite du souscripteur (dans lequel se confondent les personnes du tireur et du tiré).

Cette différence entre les garants d'une lettre de change et les autres cautions tient à ce que, dans la lettre de change, les garants ne répondent point seulement du paiement, mais encore de l'acceptation. Il s'en suit que la faillite du débiteur principal rendant l'acceptation impossible, ou annulant les effets de l'acceptation déjà faite, ouvre un recours immédiat contre les cautions qui n'ont point rempli leurs engagements tant qu'elles n'ont point procuré un *accepteur* solvable.

— On vient de voir que le failli est déchu du bénéfice du terme à l'égard de ses créanciers. La réciproque n'existe point, et si le failli possède des débiteurs à terme les syndics ne pourront réclamer à ceux-ci le paiement avant l'échéance. Quelle que soit, en effet, l'entrave apportée par là à la liquidation, on ne saurait imposer aux tiers débiteurs un engagement plus lourd que celui qu'ils ont contracté et transformer leur dette à terme en une dette immédiatement exigible. — Les syndics pourront d'ailleurs procéder à une liquidation immédiate et réaliser la créance non exigible en la vendant à un tiers.

CESSATION DU COURS DES INTÉRÊTS. La cessation du cours des intérêts dus par le failli est la quatrième conséquence du jugement déclaratif. Les intérêts n'ont plus en effet de raison d'être à une époque où il ne s'agit plus que de partager entre les créanciers un actif inférieur au principal de la créance.

Cette règle comporte deux exceptions :

1° Les créanciers hypothécaires ou gagistes pourront, si le prix du gage est supérieur au capital de leur créance, retenir les intérêts sur le surplus.

2° Les intérêts ne cessent de courir qu'à l'égard de la faillite qui n'est point obligée d'en tenir compte dans la répartition de l'actif ; mais ils ne cessent point de courir contre le failli lui-même, et celui-ci, s'il redevient riche, sera obligé pour se libérer de les payer à ses créanciers.

INEFFICACITÉ DES INSCRIPTIONS DE PRIVILÉGES OU D'HYPOTHÈQUES. A partir du jugement déclaratif, les priviléges ou hypothèques ne peuvent plus être inscrits valablement sur les biens du failli. Cette règle est la conséquence du principe en vertu duquel les droits respectifs des créanciers sont irrévocablement fixés au moment de la faillite et ne peuvent plus s'accroître. Elle résulte, en droit, de ce que le jugement déclaratif a pour la masse des créanciers chirographaires l'effet d'une *saisie* et constitue par là en leur faveur un *droit réel* qui leur permet de primer tous les autres droits réels non inscrits à la même époque.

Elle comporte quatre exceptions :

1° Les inscriptions valablement prises avant le jugement déclaratif peuvent être renouvelées après le jugement. En effet, il ne s'agit plus ici de donner un droit de préférence nouveau sur les créanciers, mais, au contraire, de conserver l'ordre des créances tel qu'il existait à l'époque du jugement déclaratif.

2° L'inscription est valable, même après le jugement déclaratif, lorsqu'elle est la conséquence d'une acquisition postérieure elle-même au jugement. Ainsi dans le cas où le failli viendrait à recueillir une succession après la déclaration de faillite, l'hypothèque des légataires ou le privilége des copartageants pourraient toujours être inscrits valablement.

3° Lorsque le failli a acheté un immeuble avant le jugement déclaratif, la transcription faite par les syndics vaut inscription du privilége du vendeur, car les créanciers ne peuvent diviser les effets de la transcription et prétendre qu'elle est valable à leur égard en étant nulle à l'égard du privilége du vendeur.

Mais l'inscription prise par le vendeur non payé sur l'immeuble revendu par son acquéreur, dans les quarante-cinq jours de l'acte de vente (art. 8, L. du 23 mai 1855), ne pourra être faite utilement après le jugement déclaratif, car cette inscription est indépendante de la transcription faite par les syndics et suit dès lors la règle générale.

4° On verra qu'immédiatement après le jugement déclaratif, les syndics prennent une hypothèque sur les biens du failli, au nom de la masse des créanciers (pages 236 et 249).

On discute sur la question de savoir si la transcription d'un immeuble vendu par le failli est soumise à la même règle que les inscriptions de priviléges ou d'hypothèques, ou si au contraire elle peut être faite valablement après le jugement déclaratif.

Premier système. La transcription peut avoir lieu après le jugement déclaratif, jusqu'au jour où les syndics ont inscrit l'hypothèque prise par eux au nom de la masse. En effet, l'art. 448 CC. traite de l'inscription et non de la transcription, il ne lui est donc pas applicable et la transcription pourra être faite valablement tant que les créanciers n'auront pas acquis sur l'immeuble un droit réel par l'inscription de leur hypothèque.

Deuxième système. La transcription ne peut avoir lieu après le jugement déclaratif. En effet, si l'art. 448 CC. n'en a pas parlé, c'est que la loi de 1855 n'existait pas encore. Mais on sait que le jugement déclaratif est une véritable saisie qui confère aux créanciers un droit réel, et en conséquence la vente qui n'a pas été transcrite avant le jugement est nulle à leur égard.

Par les mêmes raisons on devra admettre que la cession de créance faite par le failli ne peut être signifiée au débiteur cédé après le jugement déclaratif, car le jugement joue le rôle d'une *saisie-arrêt*, et la signification de la cession ne peut avoir lieu après une saisie-arrêt.

INCAPACITÉS DU FAILLI. A partir du jugement déclaratif le failli ne peut plus être agent de change ni entrer à la Bourse.

Il est suspendu de l'exercice de ses droits de citoyen (droit d'électorat, et d'éligibilité, droit de faire partie du jury ou de la garde nationale, etc).

§ IV. — EFFETS DE LA CESSATION DE PAIEMENTS.

EN QUOI ILS DIFFÈRENT DU JUGEMENT DÉCLARATIF. Les effets de la cessation de paiements diffèrent des effets du jugement déclaratif :

1º En ce que les effets du jugement déclaratif ont lieu à partir du jour du jugement, tandis que les effets de la cessation de paiements rétroagissent au jour de la cessation et dans un certain nombre de cas aux dix jours qui l'ont précédée.

2º En ce que les effets du jugement déclaratif ont lieu de plein droit, tandis que les effets de la cessation de paiements consistent dans certaines nullités qui ne sont opposables qu'après avoir été prononcées par un jugement séparé, rendu à la requête des parties intéressées.

3° En ce que les effets du jugement déclaratif supposent nécessairement un jugement de déclaration de faillite rendu par le tribunal de commerce du domicile du failli, tandis que les nullités qui résultent de la cessation de paiements peuvent être prononcées par le tribunal civil même en l'absence de faillite déclarée.

En quoi ils consistent. Les effets de la cessation de paiements sont de trois natures.

1° Une nullité absolue frappe certains actes spéciaux et énumérés par la loi, lorsque ces actes ont été faits par le failli depuis les dix jours qui ont précédé la cessation de paiements. (Cette nullité est absolue en ce sens que le juge est tenu de la prononcer et qu'elle est opposable même aux tiers de bonne foi.)

2° Une nullité laissée à l'arbitraire du juge et partant du jour même de la cessation de paiements (non plus des dix jours qui l'ont précédée) peut frapper tous les actes accomplis par le failli, lorsque ces actes ont porté préjudice aux créanciers et que les personnes avec lesquelles le failli a traité avaient connaissance de l'état de cessation de paiements.

3° Des règles de nullité d'une nature différente des deux premières sont applicables aux inscriptions de priviléges et d'hypothèque.

Toutes ces nullités subissent une règle commune. C'est qu'elles sont établies au profit de la masse seulement et ne pourraient être opposées par le failli aux personnes avec lesquelles il a traité lorsque celui-ci a été remis à la tête de ses affaires par suite d'un concordat, ou lorsqu'après la faillite il s'est enrichi de nouveau.

Nullités absolues. Sont nuls quand ils ont été faits

par le failli à partir des dix jours qui ont précédé la cessation de paiements :

1° *Tous actes translatifs de propriété mobilière ou immobilière à titre gratuit.* — Les donations faites à une telle époque sont nécessairement présumées faites en fraude des droits des créanciers.

2° *Tous paiements de dettes non échues.* — Il n'est pas naturel qu'on paie une dette non échue, et le failli qui fait un tel paiement n'a pu avoir d'autre but que d'avantager un de ses créanciers aux dépens des autres. Peu importe d'ailleurs que le paiement ait lieu en espèces, ou en effets, par compensation ou autrement.

En matière de lettre de change l'envoi d'une provision au tiré, lorsque celui-ci a accepté antérieurement, serait considéré comme un paiement fait avant l'échéance.

3° *Toute dation en paiement pour dettes même échues.* — Il y a dation en paiement lorsque le failli a payé autrement qu'en espèces ou en effets de commerce, par exemple s'il a donné des marchandises. Un mode de libération aussi insolite emporte évidemment le dessein d'avantager le créancier avec lequel il est employé.

4° *Toute hypothèque conventionnelle ou judiciaire, et tous droits d'antichrèse ou de nantissement constitués sur les biens du failli « pour dettes antérieures »* (Art. 446 CC.), c'est-à-dire pour dettes antérieures à leur constitution. En effet, lorsque le failli emprunte de l'argent pour faire face à la crise et que son créancier lui demande en échange une garantie immobilière, il est naturel que l'hypothèque consentie soit valable : mais s'il s'agit au contraire d'une dette antérieure, pour laquelle le créancier a suivi la foi du failli, et que celui-ci au moment de la cessation de paiements lui concède un droit de préférence qui n'avait pas été stipulé d'abord, on doit voir dans cette concession le désir d'avantager au détriment de la masse le créancier qui en est l'objet.

Il résulte de cette règle que l'hypothèque judiciaire sera toujours nulle si elle est constituée, c'est-à-dire si le jugement est rendu à partir des dix jours qui précèdent la cessation de paiements, car l'hypothèque judiciaire supposant un jugement et par conséquent une contestation suppose toujours une *dette antérieure*. — Mais les auteurs qui reconnaissent au créancier le droit de continuer après le jugement déclaratif une poursuite commencée admettent par suite de la première opinion, que la validité de l'hypothèque judiciaire se détermine par la date de la demande en justice et non par celle du jugement. Dans ce système l'hypothèque judiciaire serait valable dans tous les cas où la demande aurait eu lieu avant les dix jours qui ont précédé la cessation de paiements.

L'art. 446 CC. ne parle que des hypothèques conventionnelles et judiciaires, il faut en conclure que la nullité n'aura pas lieu à l'égard des hypothèques légales.

— L'application des nullités absolues donne lieu à une controverse qui repose sur la question de savoir si la constitution de dot est un acte à titre gratuit et si par conséquent elle est nulle, ou si au contraire, elle est un acte à titre onéreux. On sait en effet que la constitution de dot participe du contrat à titre gratuit et du contrat à titre onéreux ; mais on admet généralement que le caractère de contrat *à titre gratuit* est celui qui prévaut et que la nullité est encourue ; car la dot est en réalité une donation, soumise comme les donations ordinaires au rapport et à la réduction : et en fait, la constitution de dot est précisément l'acte contre lequel le législateur a dû garantir les créanciers, en cas de faillite.

NULLITÉS SUBORDONNÉES A L'APPRÉCIATION DU JUGE ET A LA CONNAISSANCE DE LA CESSATION DE PAIEMENTS. L'art. 447 C.C. porte que tous paiements autres que ceux déclarés nuls de plein droit[1] et tous autres actes à titre onéreux passés par le failli après la cessation de paiements *pourront être annulés*, si ceux qui ont reçu les paiements du failli ou qui ont traité avec lui à titre onéreux, avaient à cette époque connaissance de la cessation de paiements.

Sous le nom « *d'actes à titre onéreux* » les juges pourront en réalité prononcer la nullité de toutes les opérations du failli postérieures à la cessation de paiements.

Mais cette nullité est subordonnée à l'appréciation du tribunal qui pourra refuser de la prononcer, alors même que les personnes qui ont traité avec le failli auraient eu connaissance certaine de la cessation de ses paiements, si l'acte dont il s'agit n'a point causé de préjudice aux créanciers.

La règle de l'art. 447 C.C. comporte une exception en matière de lettre de change. — Lorsque le tiré a payé après la cessation de ses paiements, ses créanciers ne peuvent invoquer la nullité contre le porteur, alors même que celui-ci aurait eu connaissance de la cessation de paiements, car si la nullité était prononcée contre lui, comme il n'aurait pu protester dans les délais, il resterait sans recours contre ses garants (art. 449 CC.).

Mais les créanciers du tiré pourront faire prononcer la nullité contre le tireur ou le donneur d'ordre, et l'obliger à rembourser le prix du paiement s'il avait eu connaissance de la cessation de paiements *au moment de la création de la lettre de change.*

---

[1] C'est-à-dire tout paiement de dettes *échues* fait en espèces ou en effets de commerce. Ce cas est en effet le seul auquel la nullité absolue ne s'applique pas, puisqu'elle porte 1° sur tous paiements de dettes non échues, 2° sur toutes dations en paiement pour dettes échues.

— Il ne faut pas confondre la nullité établie par l'art. 447 CC. et dont nous venons de rendre compte avec l'action Paulienne ou révocatoire établie par l'art. 1167 C. N. En effet, elle en diffère en quatre points :

1º L'action Paulienne suppose que celui qui a contracté avec le débiteur a connu son insolvabilité; l'art. 447 C.C. suppose seulement qu'il a connu la cessation de paiements.

2º L'action Paulienne ne peut être intentée que par ceux qui étaient créanciers à l'époque où l'acte fait en fraude de leurs droits a eu lieu; l'art. 447 C.C. peut être invoqué par les créanciers postérieurs à l'acte qu'il permet d'annuler.

3º L'action Paulienne ne permet pas de révoquer le paiement d'une dette échue : l'art. 447 le permet.

4º L'art. 447 C.C. n'est applicable qu'aux actes passés après la cessation de paiements. L'action Paulienne au contraire est applicable dans tous les temps ; et même, elle pourra être invoquée utilement en matière de faillite, dans les cas où l'art. 447 ne sera pas applicable, c'est-à-dire lorsqu'il s'agira d'actes à titre onéreux passés *avant* la cessation de paiements.

NULLITÉ DES INSCRIPTIONS DE PRIVILÉGE OU D'HYPOTHÈQUE. Toute inscription de privilége ou d'hypothèque prise à l'époque de la cessation de paiements ou dans les dix jours qui précèdent pourra être déclarée nulle, s'il s'est écoulé plus de quinze jours entre la date de l'acte constitutif de l'hypothèque ou du privilége et celle de l'inscription. — Ce délai sera augmenté d'un jour à raison de cinq myriamètres de distance entre le lieu où le droit d'hypothèque aura été acquis et le lieu où l'inscription sera prise (art. 448 CC.).

Cette nullité est prononcée pour prévenir la fraude, par laquelle le commerçant qui craindrait de nuire à son crédit en laissant inscrire une hypothèque obtiendrait du créancier que celui-ci ne l'inscrira pas, en lui promettant de l'avertir à temps pour lui permettre de prendre une inscription valable s'il vient plus tard à tomber en faillite.

Rappelons que l'inscription serait nulle de plein droit et sans qu'il soit besoin d'en prononcer la nullité, si elle était prise après le jugement déclaratif de faillite (voir page 220). Il ne s'agit donc dans le cas qui nous occupe que de l'inscription prise après les dix jours qui ont précédé la cessation de paiements et avant le jugement déclaratif.

La nullité des inscriptions diffère quant à ses règles des deux ordres de nullité précédents.

Elle diffère des nullités absolues en ce qu'elle est subordonnée à l'appréciation du juge.

Elle diffère des nullités subordonnées à l'appréciation du juge et à la connaissance de la cessation de paiements, 1° en ce qu'elle remonte comme les nullités absolues aux dix jours qui ont précédé la cessation de paiements au lieu de s'arrêter à la date même de la cessation de paiements ; 2° en ce qu'elle ne dépend pas de la connaissance que le créancier a pu avoir de la cessation mais simplement de sa négligence, et peut être prononcée alors même qu'il prouverait n'avoir pas connu l'état du failli.

---

[1] L'article 448 CC. suppose l'inscription tardive d'une hypothèque valablement constituée et c'est cette *inscription* qu'il rend annulable. Quant à la *constitution* de l'hypothèque, on a vu qu'elle est régie par les art. 446 et 447. Nulle de plein droit si elle a eu lieu pour dette antérieure depuis les dix jours qui précèdent la cessation de paiements (art. 446). Annulable comme tout autre *acte à titre onéreux* si elle a eu lieu après la cessation de paiements pour dette même concomitante, et que le créancier ait connu la cessation.

§ v. — Faillite des sociétés.

Les sociétés commerciales peuvent tomber en faillite comme les commerçants.

On a vu (page 84) que la faillite d'une société n'entraîne point sa dissolution ; à l'inverse une société peut très-bien être mise en faillite après sa dissolution (pendant la liquidation, par exemple).

Société en nom collectif. La faillite des sociétés présente ce caractère particulier qu'elle entraîne la faillite des associés responsables, car ceux-ci étant tenus de toutes les dettes sociales lorsque la société cesse ses paiements, ils sont eux-mêmes et par voie de conséquence en état de cessation de paiements.

Supposons donc une société en nom collectif composée de six associés, lorsque la société tombera en faillite, il y aura sept faillites, celles de chacun des six associés et celle de la société elle-même. Aussi l'art. 438 C.C. exige-t-il que la déclaration de faillite faite par le gérant d'une société en nom collectif soit accompagnée outre le dépôt du bilan, d'une déclaration indiquant le nom et le domicile de chacun des associés solidaires.

Société en commandite Si la société est en commandite, on appliquera aux associés en nom les règles de la société en nom collectif et il y aura autant de faillites que de commandités plus une.

Quant aux commanditaires ils ne sont point tenus au delà de leur mise et ne peuvent par conséquent tomber en faillite.

Société anonyme. On discute sur la question de savoir si une société anonyme peut tomber en faillite.

Premier système. La société anonyme ne peut tomber en faillite. En effet, toute faillite suppose un failli et dans la société anonyme il ne saurait y avoir de failli puisque cette société ne se compose que de capitaux et ne comprend pas d'associés responsables.

Deuxième système. La société anonyme peut tomber en faillite. Peu importe en effet qu'il n'y ait point de failli. La procédure de la faillite concerne la gestion des biens beaucoup plutôt que la personne du failli, et on ne comprendrait point par quelle raison les créanciers d'une société anonyme qui viendrait à cesser ses paiements seraient privés des garanties que donne le livre III CC.

D'ailleurs la loi de 1838, en décidant que la faillite peut être déclarée après le décès du failli, a condamné le système qui soutient qu'il ne peut y avoir de faillite sans failli.

— Dans tous les cas, il n'y aura en matière de société anonyme qu'une faillite, celle de la société, car les associés n'étant point responsables ne peuvent être entraînés avec elle.

ASSOCIATION EN PARTICIPATION. On a vu que la participation est occulte et ne forme point un être juridique, elle ne peut donc tomber en faillite et la cessation de paiements d'un ou plusieurs associés n'aura d'autre effet que de faire tomber en faillite celui ou ceux des associés qui auront cessé leurs paiements.

III.—*De la nomination du juge commissaire.*

On a vu que le juge commissaire est nommé par le jugement déclaratif de faillite.

Ses fonctions sont :

1º De provoquer et de présider les assemblées de créanciers.

2º De donner ses conseils aux syndics, de les diriger

et de leur interdire certaines opérations, soit d'office, soit à la requête des créanciers ou du failli.

3° D'autoriser certains actes des syndics pour lesquels son autorisation est requise.

4° De présenter un rapport au tribunal de commerce dans toutes les contestations relatives à la faillite.

IV. — *De l'apposition des scellés et des premières dispositions à l'égard de la personne du failli.*

Apposition des scellés. L'apposition des scellés est prescrite par le jugement déclaratif de faillite ; elle a pour but de prévenir les détournements d'actif.

L'apposition des scellés est faite par le juge de paix.

Il peut arriver que les scellés soient apposés d'office par le juge de paix, avant que le jugement déclaratif ait été rendu. L'apposition d'office a lieu lorsque le commerçant a disparu, ou lorsqu'il a détourné tout ou partie de son actif.

A l'inverse l'apposition des scellés n'a point lieu, même après le jugement déclaratif, lorsque le juge commissaire estime que l'inventaire peut être fait en un seul jour, et alors l'inventaire est dressé immédiatement, en présence du juge de paix.

Le juge commissaire peut sur la demande des syndics les dispenser de faire placer sous les scellés :

1° Les vêtements, hardes, meubles et effets nécessaires au failli et à sa famille.

2° Les objets sujets à dépérissement.

3° Les objets servant à l'exploitation du fonds de commerce lorsque cette exploitation ne pourrait être interrompue sans préjudice pour les créanciers.

Sont aussi extraits des scellés ;

1° Les livres.

2° Les effets à courte échéance.

Ils sont remis aux syndics après avoir été décrits par le juge de paix.

ARRESTATION DU FAILLI. On a vu que le jugement déclaratif de faillite ordonne l'arrestation ou la garde du failli et ne peut l'en dispenser que dans le cas où il aurait lui-même déclaré sa faillite dans les trois jours.

La décision du tribunal quelle qu'elle soit n'est jamais que provisoire.

Si le failli a été mis en arrestation, lorsque le juge commissaire après avoir pris connaissance de ses livres estime qu'il n'y a rien de répréhensible dans sa gestion, il propose au tribunal sa mise en liberté pure et simple ou sous caution.

A l'inverse le tribunal peut toujours rapporter le jugement qui a dispensé le failli de l'arrestation ou qui a ordonné sa mise en liberté.

V. — *De la nomination et du remplacement des syndics provisoires.*

Les syndics sont des mandataires salariés chargés d'administrer les biens du failli, de prendre les mesures conservatoires et de procéder à la liquidation.

Ils représentent à la fois le failli et la masse des créanciers.

Leur nombre varie de un à trois.

§ I. — HISTORIQUE.

Les règles relatives à la nomination des syndics ont été profondément remaniées dans la loi de 1838.

Le Code de 1808 avait admis le principe que les syndics étant les mandataires des créanciers devaient autant que possible être nommés par eux et choisis dans leur sein.

Dans le jugement déclaratif de faillite le tribunal nommait lui-même des agents chargés d'administrer jusqu'à la première réunion des créanciers.

Dans leur première réunion les créanciers proposaient au tribunal une triple liste de candidats pour les fonctions de syndics provisoires. Les syndics provisoires étaient nommés par le tribunal sur cette liste et restaient en fonctions jusqu'à la décision de l'assemblée relative au concordat.

Si le concordat était refusé il y avait lieu de nommer *des syndics définitifs* pour administrer l'union. Ces syndics étaient élus directement par les créanciers.

Les syndics ne pouvaient être salariés que s'ils étaient choisis parmi les créanciers. Nul ne pouvait être syndic plus d'une fois par an.

§ II. — Régime actuel.

Dans la loi de 1838 le législateur a renoncé à l'idée que les syndics devaient être choisis parmi les créanciers et par eux ; et, il a pensé que des hommes habitués à ce genre de fonctions par une pratique constante les rempliraient avec plus d'adresse et de diligence.

La loi de 1838 a conservé la division du Code en trois périodes, mais elle a changé les noms donnés aux syndics dans chacune de ces périodes.

Première période. *A partir du jugement déclaratif jusqu'au quinzième jour.* Des *syndics provisoires* (le Code de 1808 les nommait *agents*) sont désignés par le tribunal pour rechercher les créanciers et faire les actes urgents.

Deuxième période. *Depuis le seizième jour qui suit le jugement déclaratif jusqu'au concordat ou à l'union.* Le tribunal nomme des syndics définitifs (le Code les nommait *syndics provisoires)* sur l'avis des créanciers qui désignent ceux qu'ils voudraient voir nommer.

Les syndics constatent l'actif et le passif et font un rapport à l'assemblée des créanciers dans lequel ils expriment leur opinion sur la gestion.

TROISIÈME PÉRIODE. *Après que le concordat a été refusé.* Si le concordat a été accepté, le failli reprend la gestion de ses affaires et les syndics lui rendent compte. Si le concordat a été refusé les créanciers sont en état d'union.

Le tribunal sur l'avis des créanciers maintient les syndics définitifs on en nomme de nouveaux. (Le Code réservait aux syndics de l'union le nom de *syndics définitifs.)*

Les syndics ont alors pour mission de procéder à la liquidation et à la répartition de l'actif entre les créanciers.

Les syndics peuvent toujours être révoqués par le tribunal en chambre du conseil soit d'office, soit à la demande des créanciers ou du failli et sur le rapport du juge commissaire, soit à la demande du juge commissaire lui-même.

Le failli et les créanciers peuvent aussi former opposition aux actes des syndics, l'opposition est formée devant le juge commissaire qui statue dans les trois jours, sauf recours devant le tribunal.

V. — *Des fonctions des syndics.*

§ 1. — DISPOSITIONS GÉNÉRALES.

Pendant la première et la deuxième période, on ne sait point encore si le failli sera remis à la tête de ses affaires par un *concordat,* ou si les créanciers seront en état d'*union*. Il ne peut donc être question de procéder à la liquidation qui appartient exclusivement à la troisième période et les fonctions des syndics *se bornent à préparer la solution de la faillite* en constatant régulièrement l'actif et le passif et en faisant les actes d'administration urgents.

On peut diviser leurs actes en trois séries :
1° Mesures prises dans l'intérêt du failli.
2° Mesures préparatoires.
3° Actes d'administration.

§ II. — Mesures prises dans l'intérêt du failli.

Les syndics peuvent se faire aider par le failli dans leurs opérations, et il lui est accordé alors un salaire dont la quotité est fixée par le juge commissaire.

Le juge commissaire peut aussi ordonner que les scellés ne seront point apposés sur les vêtements, hardes, meubles et effets nécessaires au failli et à sa famille.

§ III. — Mesures préparatoires.

Les syndics assistent à l'apposition des scellés.

Il est procédé ensuite devant eux à la levée des scellés et à la confection de l'inventaire. (Celui-ci diffère du bilan en ce qu'il est détaillé au lieu de contenir un résumé succinct de l'état du commerçant.)

La confection de l'inventaire doit avoir lieu dans les trois jours.

C'est à partir de l'époque où il a été terminé que la responsabilité des syndics commence à courir.

On a vu que les livres et effets à courte échéance ne sont point compris dans les scellés ; ils sont remis aux syndics afin que ceux-ci puissent commencer immédiatement leurs actes d'administration.

Si le bilan n'a pas été déposé par le failli il est rédigé par les syndics.

En outre les syndics sont tenus de remettre au juge commissaire dans la quinzaine de leur entrée en fonctions un mémoire sur l'état apparent de la faillite, de ses principales causes, circonstances et caractères. Ce mémoire est transmis par le juge commissaire au procureur impérial et a pour but de fournir en cas de banqueroute les renseignements nécessaires à l'action publique.

La plus importante des mesures préparatoires consiste dans la vérification des créances dont nous nous occuperons spécialement (voir § iv).

§ III. — Actes d'administration.

Les syndics opèrent le recouvrement des créances exigibles et revendiquent les droits réels qui peuvent appartenir au failli.

Ils sont tenus de déposer à la caisse des dépôts et consignations les sommes recouvrées par eux. La loi exige ce dépôt afin qu'ils ne soient point tentés de faire fructifier les valeurs pour leur compte.

Enfin les syndics prennent une hypothèque au nom de la masse sur les biens du failli. Cette hypothèque est importante si un concordat intervient, car elle permet aux créanciers de la faillite de primer les créanciers postérieurs.

Vente des marchandises et des meubles. Les syndics vendent sur l'autorisation du juge commissaire les meubles sujets à dépérissement. Ils peuvent aussi être autorisés par le juge commissaire à procéder à la vente des effets mobiliers ou des marchandises dans le cas où ils auraient besoin d'argent pour pourvoir aux frais de l'administration de la faillite. Mais cette autorisation ne peut s'étendre à la vente des immeubles.

TRANSACTIONS. Les syndics peuvent avec l'autorisation du juge commissaire, et le failli dûment appelé, transiger sur toutes contestations qui intéressent la masse même sur celles qui sont relatives à des droits et actions immobiliers.

La transaction est soumise à l'homologation du tribunal si son objet est d'une valeur indéterminée ou excède 300 francs.

L'homologation est donnée par le tribunal compétent : c'est-à-dire par le tribunal de commerce si la transaction est relative à des droits mobiliers, par le tribunal civil si elle est relative à des immeubles.

En outre le failli peut s'opposer à l'homologation ; et son opposition suffit pour empêcher la transaction, si elle a pour objet des biens immobiliers.

RESPONSABILITÉ DES SYNDICS. Les syndics sont des administrateurs judiciaires et salariés, ils sont donc responsables de leur moindre faute.

Il n'y a point de solidarité entre eux ; car la solidarité n'existe entre mandataires qu'autant qu'elle est exprimée (art. 1395 C. N.) ; mais comme ils sont obligés d'agir collectivement, ils sont tenus *in solidum* de la réparation des fautes commises (art. 465 C. C.).

Toutefois le juge commissaire peut donner à un ou plusieurs d'entre eux des autorisations spéciales à l'effet de faire séparément certains actes d'administration. Dans ce dernier cas les syndics autorisés sont seuls responsables (art. 465 *in fine*).

§ IV. — VÉRIFICATION DES CRÉANCES.

Dans toute faillite les créances sont soumises à une vérification spéciale, qui a le double but de contrôler les prétentions des créanciers et de constater le **total des sommes dues**.

Il ne faut pas confondre cette opération avec la procédure spéciale de la vérification d'écritures (C. P. C.).

Dépot des titres et délais de la vérification. Les créanciers sont avertis par la convocation qu'ils reçoivent, et ceux qui sont inconnus sont avertis par la publicité donnée au jugement déclaratif.

Ils doivent déposer entre les mains du greffier du tribunal de commerce ou des syndics les titres de leurs créances, et si le titre n'est pas entre leurs mains ou s'il n'en existe pas, ils déposent un écrit explicatif de leur créance.

Ils y joignent un bordereau indiquant le détail des sommes dues. Ce bordereau est indispensable et le titre ne suffirait pas : en effet, le total de leur créance peut être supérieur au titre, si la dette primitive s'est accrue des intérêts; il peut aussi être d'une somme inférieure, si des acomptes ont déjà été payés.

Le délai donné aux créanciers pour faire ce dépôt est de vingt jours à partir de l'inscription de l'hypothèque prise par les syndics, auxquels il est ajouté un jour par cinq myriamètres pour les créanciers éloignés.

La vérification commence trois jours après l'expiration des délais pour tous les créanciers connus et résidant en France.

Le juge commissaire détermine l'heure et le lieu où elle devra se faire et les créanciers sont convoqués par lettre séparée.

Formes de la vérification. La vérification est faite par les syndics, en présence du juge commissaire, des créanciers et du failli.

Les syndics procèdent à l'examen matériel du titre et le comparent à ce qui est écrit dans les livres du failli.

Chaque créancier est tenu d'affirmer solennellement la

sincérité de sa créance. S'il se refuse à cette affirmation la créance est annulée ; si l'affirmation est fausse et faite de mauvaise foi le créancier qui s'en est rendu coupable est passible de la peine des travaux forcés à temps.

S'il n'y a pas d'opposition la créance est admise, sinon elle est contestée. (L'opposition peut provenir des syndics, du failli, d'un ou plusieurs créanciers ou même du juge commissaire.)

Lorsqu'une créance est contestée les syndics décident si le créancier sera admis provisoirement, ou si au contraire il sera écarté du vote du concordat.

Il est dressé par les syndics procès verbal de la vérification et des incidents auxquels elle a donné lieu.

La loi a prévu le cas où un syndic serait en même temps créancier : dans ce cas la vérification de sa créance sera faite par le juge commissaire qui est alors substitué aux syndics.

Quelques auteurs pensent que les créances chirographaires sont seules soumises à la vérification et qu'il faut en dispenser les créances privilégiées ou hypothécaires. Mais cette opinion est généralement repoussée, car ces créances ne sont pas plus certaines que les autres et elles sont infiniment plus dangereuses pour la masse, puisqu'elles sont destinées, grâce à l'hypothèque ou au privilége, à être acquittées en totalité. Il n'y a donc point lieu de faire une distinction qui n'est pas dans le texte de la loi, et on doit admettre que toutes les créances sans exception sont soumises à la vérification.

CONTESTATIONS SUR LES CRÉANCES. Si la créance est contestée, le tribunal compétent devra statuer et l'admettre ou la rejeter définitivement.

La contestation sera portée devant le tribunal de commerce ou devant le tribunal civil suivant qu'il s'agira d'une créance civile ou commerciale.

Si la créance est admise d'abord, elle pourra néanmoins être contestée ensuite tant que le procès verbal de la vérification ne sera point clos.

Si le procès-verbal est clos, la question est controversée.

Premier système. Après la clôture du procès verbal, une créance admise ne peut plus être contestée, à moins qu'il n'y ait dol ou fraude du créancier. L'admission constitue en effet un *contrat judiciaire* qui lie les parties entre elles et ne peut plus être annulé que dans les cas prévus par la loi pour l'annulation des contrats.

Deuxième système. L'admission peut toujours être contestée même après la clôture du procès verbal. En effet, en supposant qu'il y ait contrat judiciaire, ce contrat serait annulable pour cause d'*erreur* aussi bien que pour cause de *dol ou de fraude*.

EFFETS DE LA VÉRIFICATION. Après la vérification les créanciers sont assemblés pour voter sur le concordat.

Lorsque le tribunal a sursis à fixer l'époque de la cessation de paiements, il doit la fixer avant la clôture du procès verbal de vérification. A partir de cette clôture il ne pourrait plus modifier la date antérieurement fixée par lui.

La vérification ayant pour but de constater quels sont les créanciers, ceux dont les créances ont été vérifiées et admises ou au moins admises provisoirement pourront seuls participer aux délibérations de l'assemblée générale, et le concordat voté par la majorité sera obligatoire pour ceux mêmes des créanciers qui n'y auront point pris part.

La vérification produit aussi trois effets importants quant à la répartition des dividendes.

1° Les créanciers vérifiés et admis peuvent seuls recevoir un dividende.

2° Les créanciers contestés ou ceux qui résident hors de France ne peuvent recevoir leur part des dividendes, tant que leur créance n'est pas vérifiée, mais leur part est mise en réserve pour leur être distribuée après vérification.

3° Les créanciers qui ne se sont pas présentés dans les délais sont déchus de leur droit et la répartition des dividendes est faite comme s'ils n'existaient pas.

Ils pourraient seulement en se présentant et en se faisant admettre après la clôture prendre part aux répartitions qui resteraient à faire et obtenir sur ces répartitions la somme qu'ils n'auraient point touchée dans les précédentes. Mais si la totalité de l'actif était déjà répartie, ils ne pourraient obliger les créanciers à rien rapporter de leurs dividendes.

VII. — *Du concordat et de l'union*.

Le Code de Commerce traite sous cette rubrique des solutions diverses que peut recevoir la faillite.

Ces solutions sont au nombre de quatre :
1° Le concordat.
2° Le concordat par abandon d'actif.
3° La clôture pour insuffisance d'actif.
4° L'union des créanciers.

Dans les trois jours qui suivent la clôture du procès verbal de la vérification des créances, les créanciers sont convoqués en assemblée au jour et dans le lieu fixés par le juge commissaire et sous sa présidence à l'effet d'entendre le rapport des syndics et de délibérer sur le concordat ou à défaut de concordat à l'effet de s'entendre déclarer en état d'union.

VIII. — *Du concordat*

On nomme *concordat* le traité conclu dans les formes prescrites par la loi qui intervient entre le failli et la majorité de ses créanciers.

Ce traité a pour but de remettre le failli à la tête de ses affaires en lui accordant la plupart du temps, des délais et une diminution de sa dette.

§ I. — Formation du concordat.

CONDITIONS ESSENTIELLES. La formation du concordat est soumise à quatre conditions essentielles :

1° Il faut que la vérification des créances soit terminée.

2° Que le failli ne soit pas en état de banqueroute frauduleuse.

3° Que le concordat soit voté à la majorité fixée par la loi.

4° Qu'il soit homologué par le tribunal.

ASSEMBLÉE DES CRÉANCIERS. L'assemblée comprend :

1° Le juge commissaire et son greffier.

2° Les syndics.

3° Les créanciers dont la créance a été vérifiée et affirmée ou leur fondé de pouvoir.

4° Le failli.

Les créanciers hypothécaires privilégiés ou nantis ne sont pas admis au vote. Ils ne sauraient en effet consentir à des réductions de créance dont les créanciers chirographaires auront seuls à souffrir, et tout créancier hypothécaire ou privilégié qui participerait au vote sur le concordat serait réputé renoncer par là à son droit de préférence.

Il en serait autrement si un créancier hypothécaire

possédait en même temps une créance chirographaire ; et dans ce cas il aurait le droit de concourir au vote pour sa créance chirographaire.

Le failli reçoit sommation de comparaître et est tenu d'y obtempérer, à moins que le juge commissaire à raison de circonstances spéciales ne l'autorise à se faire représenter par un fondé de pouvoir.

L'assemblée procède d'abord à la vérification des pouvoirs des mandataires de ceux des créanciers qui ne se présentent point en personne.

Elle entend ensuite le rapport des syndics sur l'état moral de la faillite.

Après la lecture du rapport des syndics, le failli donne lecture de son projet de concordat.

Ce projet est ensuite discuté et voté.

La discussion peut durer plusieurs jours, mais la loi exige que le concordat soit voté et signé immédiatement après la clôture de la discussion et sans désemparer. Cette prescription a pour but d'empêcher que le failli ne se livre dans l'intervalle à des actes d'obsession individuelle auprès de ses créanciers.

MAJORITÉ LÉGALE. Le concordat ne peut être établi que s'il réunit en sa faveur un nombre de voix représentant la majorité des créanciers, en nombre ; et en sommes, les trois quarts de la totalité des créances vérifiées et affirmées ou admises par provision (art. 507 C.C.). — La nécessité de cette double majorité a pour but d'empêcher les gros créanciers d'être annihilés par le nombre, comme cela aurait lieu si la majorité se formait seulement par tête, et réciproquement d'empêcher les gros créanciers de faire la loi aux petits, comme cela aurait lieu si la majorité se formait seulement par sommes.

L'art. 507 C. C. porte que la majorité en sommes se compose des trois quarts des créances vérifiées et affirmées ou admises par provision. Il en résulte 1° que les créances contestées n'entrent point dans la supputation du nombre légal, 2° que la majorité se compte sur la totalité des créances vérifiées et non pas seulement sur les créances représentées par les créanciers présents.

A l'égard de la majorité en nombre, sur laquelle le texte est moins explicite, on discute si la majorité doit représenter la moitié plus un des créanciers vérifiés ou affirmés ou seulement la moitié plus un des créanciers présents à la délibération.

Premier système. La majorité se compte d'après le nombre total des créanciers présents ou non. En effet, le texte primitif du Code de Commerce portait expressément que la majorité devait être comptée parmi les membres *présents*. La loi de 1838 n'ayant pas reproduit cette disposition, il faut en conclure qu'elle est abrogée.

Deuxième système. La majorité se compte parmi les membres présents seulement. En effet, la modification de texte qui a eu lieu en 1838 résulte d'un simple remaniement d'articles et n'implique pas chez le législateur l'idée qu'il n'a exprimée nulle part de modifier sur ce point la loi antérieurement existante. D'ailleurs le texte est au moins douteux, la majorité en nombre est la moins importante et en l'absence de raisons positives de décider dans le sens strict, on doit admettre le système le plus favorable aux concordats.

Il peut arriver qu'un créancier ait cédé sa créance à un autre créancier ou à des tiers et on peut se demander alors quelle sera la situation du cessionnaire dans l'assemblée. Il faut distinguer à cet égard en trois hypothèses.

1° Si la créance a été cédée à un seul cessionnaire, celui-ci est admis à la délibération et au vote à la place du cédant.

2° Si la créance a été cédée à plusieurs cessionnaires,

ceux-ci ne peuvent former ensemble qu'une seule voix, car il est de principe qu'à partir du jugement déclaratif le nombre des créanciers ne peut plus augmenter.

3° Si la créance a été cédée à un des créanciers, celui-ci bien qu'il soit créancier à la fois de son chef et du chef du cédant n'aura droit qu'à une voix. En effet, si le nombre des créanciers ne peut pas augmenter, rien ne s'oppose à ce qu'il diminue et bien que dans notre hypothèse il y ait deux créances il n'y a cependant qu'un créancier, qui n'a droit qu'à une seule voix, absolument comme le créancier qui aurait de son chef plusieurs créances distinctes.

Résultat du vote. Le vote peut donner lieu à trois résultats différents :

1° Le concordat peut réunir les deux majorités. En ce cas il est soumis à l'homologation du tribunal avant de devenir définitif.

2° Le concordat peut être rejeté par les deux majorités. En ce cas les créanciers sont en état d'union.

3° Le concordat peut être admis par l'une des majorités (soit en sommes soit en nombre) et rejeté par l'autre. En ce cas l'art. 509 C. C. porte que la délibération sera remise à huitaine pour tout délai. Une nouvelle assemblée convoquée à la huitaine discutera et votera de nouveau sur le projet de concordat, et si celui-ci ne réunit pas les deux majorités dans le nouveau vote, il sera définitivement repoussé. Le législateur a fixé limitativement le délai à huit jours pour que le failli n'ait point le temps d'agir personnellement auprès de chacun des créanciers.

On a vu que l'absence de banqueroute frauduleuse est une condition essentielle à la formation du concordat. Si donc le failli a été condamné pour banqueroute frauduleuse il ne pourra y avoir concordat et il n'y aura lieu ni à la délibération ni au vote.

Si des poursuites sont commencées, le concordat ne

pourra non plus être mis aux voix; mais les créanciers seront consultés sur la question de savoir s'ils veulent surseoir à la délibération jusqu'au jugement, afin de discuter la question du concordat, dans le cas où le failli serait acquitté.

Le vote de sursis devra réunir la double majorité requise pour le concordat lui-même. S'il n'est pas adopté les créanciers seront en état d'union.

En cas de poursuites pour banqueroute simple, les créanciers peuvent aussi surseoir à délibérer jusqu'au jugement afin de profiter des éclaircissements qui résulteront des débats judiciaires. Mais ils ne sont pas obligés à surseoir, car la banqueroute simple n'empêche point le concordat d'être valable.

Homologation du tribunal. L'homologation du tribunal est indispensable à la validité du concordat. Elle a pour but de sauvegarder l'intérêt des créanciers absents et de la minorité, en même temps que l'intérêt de la morale publique (en cas de banqueroute frauduleuse ou de fautes graves commises par le failli).

L'homologation est poursuivie par la partie la plus diligente, soit par le failli, soit par la masse représentée par les syndics.

Tous les créanciers qui auraient eu le droit de voter au concordat ont le droit de former opposition à l'homologation.

Le tribunal accorde ou refuse l'homologation.

Il peut la refuser en faisant droit à une ou plusieurs oppositions ou même d'office.

Le refus d'homologation prononcé d'office peut être basé sur trois motifs.

1º L'intérêt des **créanciers absents** (si les clauses sont désavantageuses).

2º L'intérêt de la morale publique (s'il y a des fautes **graves du failli**).

3° Pour vice de forme. — Dans ce dernier cas le refus d'homologation n'est pas définitif, mais les créanciers sont convoqués de nouveau à l'effet de prendre une délibération régulière.

Le jugement qui accorde l'homologation ou celui qui la refuse sont susceptibles d'appel.

L'appel doit être formé dans les quinze jours.

Le failli, les syndics ou tout créancier peuvent interjeter appel du jugement qui refuse l'homologation.

Au contraire le jugement qui accorde l'homologation n'est susceptible d'appel que de la part de ceux des créanciers qui avaient préalablement formé opposition à l'homologation.

§ II. — Effets du concordat.

Le concordat est obligatoire pour tous les créanciers chirographaires du failli, même pour ceux qui ont voté contre et pour ceux qui n'ont pu voter.

Il n'est pas obligatoire pour les créanciers hypothécaires privilégiés ou nantis, en ce sens que ces derniers conservent toujours leur droit de préférence. Mais si la vente de l'immeuble hypothéqué ou du gage est faite à un prix inférieur au capital de leur créance, ils sont, pour le surplus, dans la condition des créanciers chirographaires et ils subissent sur le reliquat de leur créance la réduction consentie dans le concordat.

On peut dire en général que l'effet du concordat est de remettre le failli à la tête de ses affaires après avoir amélioré sa situation, soit par une concession de délais pour payer, soit par une remise partielle de sa dette.

A l'égard du failli le concordat fait cesser le dessaisissement et les autres effets du jugement déclaratif.

A l'égard des créanciers il met fin à la suppression du droit de poursuites individuelles, et il garantit leur créance contre les créances postérieures au concordat, par un droit de préférence résultant de l'hypothèque prise par les syndics.

Cessation du dessaisissement. Le dessaisissement ne cesse qu'après que le jugement d'homologation est passé en force de chose jugée, c'est-à-dire, en cas d'appel, lorsque l'arrêt confirmatif a été rendu et s'il n'a pas été interjeté d'appel, lorsque le délai de quinze jours donné aux créanciers pour le former est définitivement expiré.

Les syndics cessent alors leurs fonctions et rendent leurs comptes au failli.

Il arrive souvent dans la pratique, que par l'effet des clauses du concordat, la cessation du dessaisissement n'est que partielle. En effet les créanciers imposent ordinairement au failli soit la défense d'aliéner sans l'autorisation d'un ou plusieurs mandataires préposés par eux à cet effet, soit l'obligation de s'adjoindre un ou plusieurs d'entre eux ou de prendre leur avis dans toutes ses opérations.

Résurrection du droit de poursuites individuelles. Avec la cessation du dessaisissement du failli les créanciers recouvrent leur droit de poursuites individuelles. Mais ce droit est limité par les clauses du concordat qui ont accordé des délais au failli.

Nullités résultant de la cessation de paiements. Bien que la question soit controversée, on admet en général que le concordat n'enlève point aux créanciers de la faillite le droit de se prévaloir des nullités résultant de la cessation de paiements.

Cette question n'a, du reste, aucune importance en pratique. En effet, ou les conditions du concordat seront exécutées par le failli ou elles ne le seront pas. — Si les conditions sont exécutées et si les créanciers concordataires sont payés, ils n'auront pas besoin d'invoquer la nullité résultant de la cessation de paiements, et comme le failli ne peut lui-même invoquer ces nullités la question ne se présentera pas. — Si les conditions ne sont pas exécutées le concordat sera résolu et la faillite reprenant son cours, les nullités renaîtront à l'égard de la masse, alors même qu'elles auraient été périmées temporairement par l'effet du concordat.

INCAPACITÉS DU FAILLI. Le concordat ne fait point cesser les incapacités politiques du failli, car il ne fait point cesser la faillite, et le failli ne peut rentrer dans ses droits que par la réhabilitation.

HYPOTHÈQUE DES CRÉANCIERS CONCORDATAIRES. On a vu (pages 221 et 236) qu'après le jugement déclaratif les syndics sont tenus de prendre une hypothèque au nom de la masse. Cette hypothèque, qui demeure sans effet tant que le concordat n'a pas été obtenu, a pour résultat, en cas de concordat, de donner aux créanciers concordataires un droit de préférence sur les créanciers qui surviendront postérieurement, par suite de la reprise des affaires du failli.

Néanmoins l'hypothèque ne suffit pas à elle seule, car elle n'a été prise qu'au nom de la masse et ne donne pas à chaque créancier un titre individuel. Les syndics devront donc faire transcrire en outre le jugement d'homologation qui contient le texte du concordat et par conséquent les noms des créanciers.

Les créanciers pourront d'ailleurs renoncer à leur hypothèque par une des clauses du concordat.

REMISE PARTIELLE DE LA DETTE DU FAILLI. On a vu que le concordat a le plus souvent pour but d'accorder au failli une remise partielle de sa dette, afin qu'en reprenant ses affaires, il se trouve dans une situation qui lui permette de ne pas retomber aussitôt dans les mêmes embarras.

Cette convention diffère en plusieurs points de la remise de la dette dont il est traité aux articles 1282 et suivants C. N. parmi les causes d'extinction des obligations :

1° En matière de concordat la remise de la dette n'est pas absolue et elle laisse subsister une obligation naturelle, sanctionnée par l'impossibilité pour le failli d'obtenir la réhabilitation tant qu'il n'a point payé la totalité de sa dette en capital et intérêts.

2° Elle ne constitue point un acte *à titre gratuit*, car elle n'est point faite *animo donandi* mais *ex necessitate*, et elle a pour but non point l'intérêt du failli, mais l'intérêt du créancier lui-même, qui assure le recouvrement du reste de sa créance en en abandonnant une partie et qui obtiendra souvent du failli par l'effet du concordat un dividende plus fort que celui qu'eut procuré l'union.

3° Elle ne donne point lieu au *rapport* à la succession du créancier dont le failli vient à hériter postérieurement au concordat. Cette règle est la conséquence de la précédente et se fonde sur ce que la remise faite par le créancier n'est point un acte gratuit [1].

4° Elle ne libère pas les cautions du failli qui restent tenues pour la totalité malgré le concordat. Ce point qui était controversé avant 1838 résulte de ce qu'il reste une obligation naturelle qui est toujours susceptible d'être cautionnée (art. 2012 C. N.). On ne concevrait pas d'ailleurs que la caution fut libérée dans le cas précis pour lequel elle peut servir de garantie, c'est-à-dire dans le cas d'insolvabilité du débiteur principal.

---

[1] Ce dernier point est très-vivement controversé. La solution que nous indiquons est adoptée par la presque totalité des auteurs du droit commercial ; mais, la solution contraire est adoptée par la presque totalité des auteurs de droit civil.

Mais si le concordat ne libère pas la caution, il l'empêche de recourir contre le failli pour tout ce qu'elle a payé en sus de ce que les créanciers concordataires pourraient exiger eux-mêmes du failli par suite du concordat. S'il en était autrement la position du failli serait empirée par le fait de la caution et il ne profiterait pas de la remise que les créanciers lui ont faite dans le but de sauvegarder l'intérêt commun en le remettant à la tête de ses affaires.

La caution qui aura payé ne possédera donc contre le débiteur que les droits du créancier auxquels elle est subrogée. Elle pourra recourir pour ce qu'elle aura payé, jusqu'à concurrence des sommes dues par le failli en vertu du concordat ; et, pour le surplus, elle sera subrogée à la créance naturelle des créanciers concordataires et elle pourra, en vertu de cette subrogation, s'opposer à la réhabilitation tant qu'elle n'aura point été indemnisée intégralement.

§ III. — DE L'ANNULATION ET DE LA RÉSOLUTION DU CONCORDAT.

Les causes qui peuvent empêcher l'exécution du concordat sont au nombre de trois:
1° L'annulation.
2° La résolution.
3° La survenance d'une nouvelle faillite.

ANNULATION DU CONCORDAT. En principe, le concordat une fois voté et homologué est irrévocable; et, il ne peut plus être attaqué pour les causes qui s'opposent d'ordinaire à la validité des contrats (dol, erreur, lésion, etc.).

Deux causes peuvent seules faire annuler le concordat, 1° la condamnation pour banqueroute frauduleuse; 2° un certain *dol* caractérisé par l'art. 518 C.C. et qu'il ne faut pas confondre avec le dol de l'art. 1116 C. N.

1° *Banqueroute frauduleuse.* S'il survient une condamnation pour banqueroute frauduleuse, le concordat est annulé de plein droit et sans qu'il soit besoin de faire prononcer l'annulation par le tribunal..

En cas de poursuite et d'arrestation pour banqueroute frauduleuse, le tribunal de commerce pourra prendre, avant le jugement, dans l'intérêt des créanciers, telles mesures conservatoires qu'il appartiendra. Ces mesures cesseront de plein droit si les poursuites sont terminées par une ordonnance de non-lieu ou un acquittement.

On sait que la condamnation pour banqueroute simple n'est point comme la précédente une cause de nullité et de concordat : mais, en fait, l'emprisonnement du failli qui en est la suite donnera lieu le plus souvent à *la résolution* pour inexécution des engagements.

2° *Dol.* Le dol qui est prévu par les art. 518 et 520 C.C. et qui rend le concordat annulable, ne consiste point dans les manœuvres ordinairement caractérisées sous ce nom ; mais il consiste uniquement dans la fraude par laquelle le failli a exagéré son actif ou diminué son passif.

Cette fraude constitue, d'ailleurs, le crime de banqueroute frauduleuse (art. 591 C. C.). Mais le législateur a cru en devoir faire une cause spéciale de nullité du concordat, parce qu'il est possible que la poursuite criminelle ne soit pas intentée ou qu'elle soit prescrite (art. 637 C.I.C.) ou qu'elle donne lieu à un acquittement basé sur l'absence de culpabilité suffisante. Dans tous ces cas les créanciers pourront, bien que la condamnation n'ait pas été prononcée, provoquer la nullité du concordat devant le tribunal de commerce.

RÉSOLUTION DU CONCORDAT. La résolution du concordat peut être prononcée conformément à la règle générale des contrats synallagmatiques, en cas d'inexécution des obligations contractées par le failli envers ses créanciers, soit qu'il ne paie point le dividende promis, soit qu'il se livre à des opérations interdites par le concordat, etc.

La question de savoir à qui appartient le droit de demander la résolution est controversée.

Premier système. La résolution ne peut être demandée que par la majorité des créanciers constituée d'après les mêmes règles que pour l'adoption du concordat. (Ce système sanctionné par le Code de 1807 a été abrogé en 1838.)

Deuxième système. Chaque créancier peut demander individuellement la résolution, mais elle n'est prononcée qu'à son égard, et le concordat reste valable à l'égard des autres créanciers. En effet, le failli ayant traité avec la majorité, la majorité seule pourrait faire annuler le contrat formé par elle. Un créancier individuellement n'a pas ce droit, il ne peut demander la résolution qu'en ce qui le concerne, et cette résolution reste sans effet à l'égard de ceux qui ne l'ont point demandée. *(Res inter alios judicata aliis neque prodesse neque nocere potest.)*

Troisième système. Tout créancier peut demander la résolution et la faire prononcer à l'égard de tous. C'est dans ce but que le législateur de 1838 a supprimé la disposition qui exigeait l'intervention peu facile à réunir de la majorité. D'ailleurs, l'art. 522 C. C. prouve que la résolution est prononcée *erga omnes* puisqu'il suppose que la faillite recommence et ordonne la nomination d'un juge commissaire. On peut dire en outre que le système précédent est absolument inadmissible, car il tendrait à violer le principe fondamental de la législation des faillites, en concédant au créancier qui aurait obtenu individuellement la résolution, un avantage qui rendrait sa position préférable à celle des autres créanciers. Le système de la résolution prononcée *erga omnes* est donc seul applicable, et seul conforme au texte comme à l'esprit de la loi.

Effets de l'annulation, de la résolution du concordat. Lorsque l'annulation ou la résolution ont eu lieu, la faillite recommence, et la procédure préparatoire est reprise mais avec moins de formalités.

Le tribunal nomme immédiatement les syndics définitifs sans consulter les créanciers.

Le bilan et l'inventaire antérieurement dressés et la vérification des créances faite avant le concordat servent à la faillite, sans qu'il soit besoin de les recommencer. On dresse seulement un bilan supplémentaire et on ne procède qu'à la vérification des créances nouvelles.

Quant aux effets de la résolution ou de l'annulation à l'égard des droits des créanciers, il faut distinguer entre les créanciers concordataires et les créanciers postérieurs au concordat.

1° *Créanciers concordataires.* Par l'effet de la résolution du concordat, ils rentrent dans l'intégralité de leurs droits sans que le failli puisse invoquer les délais ou les remises partielles de la dette concédés par eux lors du concordat. Mais si le failli leur a distribué des dividendes avant la résolution, *ils* sont tenus d'imputer ces dividendes sur leur créance pour la somme qu'ils représentent en *monnaie de faillite*, c'est-à-dire que si le concordat contenait par exemple une remise de 50 0/0 et qu'un créancier possédant une créance de 15,000 francs eut reçu avant la résolution un dividende de 3,000 francs ce dividende représentant en monnaie de faillite (à 50 0/0) une somme de 6,000, le créancier ne pourrait plus réclamer l'intégralité de sa créance que déduction faite de 6,000 francs ; soit 9,000 francs au lieu de 12,000 francs.

2° *Créanciers postérieurs au concordat.* Leurs créances

sont valables, en principe. Elles peuvent être annulées pour fraude des droits des autres créanciers conformément aux règles de l'*action paulienne* (art. 1167 C. N.) : mais on ne saurait leur appliquer les nullités résultant des art. 446 et suivants C. C., car ces nullités ont pour base une présomption de fraude qui n'est pas opposable aux créanciers qui ont traité sur la foi du concordat.

Il y a plus, les créanciers postérieurs pourront, jusqu'à concurrence du paiement de leur créance, contraindre les créanciers concordataires à se contenter du dividende stipulé par eux dans le concordat et à leur abandonner le surplus de l'actif qui serait supérieur à ce dividende.

En effet, ils ont compté en traitant avec le failli sur le bénéfice du concordat qui lui remettait une partie de la dette ; et ils ont droit à être traités comme si le concordat n'avait pas été résolu.

DIFFÉRENCES ENTRE L'ANNULATION ET LA RÉSOLUTION. Les différences qui existent entre les effets de l'annulation et les effets de la résolution sont les suivantes :

1° L'annulation peut être demandée pendant trente ans; l'action en résolution au contraire se prescrit par dix ans.

2° En cas de résolution il peut sur la reprise de faillite intervenir un nouveau concordat. L'annulation, supposant au contraire un cas de banqueroute frauduleuse, rend un nouveau concordat impossible.

3° L'annulation du concordat libère la caution qui avait garanti son exécution, car l'annulation du contrat principal entraîne celle du contrat accessoire de cautionnement ; en cas de résolution au contraire la caution reste tenue envers les créanciers.

SURVENANCE D'UNE NOUVELLE FAILLITE. La survenance d'une nouvelle faillite diffère de la résolution ordinaire, en ce que la résolution suppose l'inexécution des engagements du failli envers les créanciers concordataires, tandis que la seconde faillite suppose une cessation de paiements à l'égard des créanciers postérieurs.

Il en résulte :

1° Qu'il y a lieu d'appliquer à la nouvelle faillite les nullités prononcées par les art. 446 et suiv. C. C. à l'égard des actes passés par le failli à partir de la cessation de paiements et des dix jours qui l'ont précédée.

2° Que les créanciers concordataires, ayant par suite de l'inscription prise par les syndics une créance hypothécaire, ne pourront prendre part dans la nouvelle faillite aux délibérations relatives à un concordat, à moins qu'ils ne renoncent à leur hypothèque.

§ IV. — Des concordats en matière de sociétés.

On a vu (page 229) que les sociétés commerciales peuvent tomber en faillite et qu'il y a autant de faillites que d'associés responsables plus une.

Il en résulte, et la loi de 1838 a consacré expressément ce principe, qu'il pourra y avoir autant de concordats que de faillites et que le concordat pourra être accordé à quelques-uns des associés, en même temps qu'il sera refusé aux autres (art. 531 C. C.).

Faillite de la société. La société considérée comme personne morale pourra obtenir un concordat.

Si le concordat est accordé à la société, il pourra néanmoins être refusé séparément à un ou plusieurs des associés, car l'art. 505 C. C. porte, que « nonobstant le concordat les créanciers conservent leur action pour la totalité de leur créance comme les coobligés du failli. » Or les associés solidairement responsables sont les coobligés de la société.

A l'inverse si le concordat est refusé à la société, il

pourra être accordé séparément à un ou plusieurs des associés.

FAILLITE D'UN ASSOCIÉ. Un associé pourra toujours obtenir un concordat.

Il faut remarquer que l'assemblée convoquée pour délibérer sur le concordat de l'associé ne sera pas composée de la même manière que l'assemblée convoquée pour délibérer sur le concordat de la société, car elle comprendra outre les créanciers sociaux, les créanciers personnels de l'associé.

Si le concordat est accordé il en résultera qu'il y aura à la fois concordat et union ; concordat à l'égard de l'associé qui l'aura obtenu ; union des créanciers à l'égard de l'actif social.

L'associé qui aura obtenu le concordat sera dégagé de la solidarité ; mais naturellement les dividendes promis par lui ne pourront être payés que sur ses biens personnels et sa mise restera englobée dans l'actif social sous le régime de l'union.

IX. — *Du concordat par abandon d'actif.*

Le concordat par abandon d'actif est le traité, par lequel le failli convient avec ses créanciers, qu'il sera libéré de sa dette, en leur abandonnant la totalité ou une portion de son actif pour être liquidée et répartie par eux suivant les règles de l'union.

Ce concordat qui existait depuis longtemps dans la pratique, et qui a été réglementé par la loi du 17 juillet 1856, a pour but de permettre aux créanciers qui n'ont point assez de confiance dans la capacité du failli pour le remettre à la tête de ses affaires, de lui accorder néanmoins les bénéfices du concordat ordinaire en conservant le droit de procéder eux-mêmes à la liquidation et à la répartition de l'actif.

Il offre ce caractère particulier et commun avec le concordat accordé à un associé, dont nous venons de nous occuper, que la faillite reçoit une double solution et qu'il y a à la fois concordat et union des créanciers. Il est donc soumis à la fois aux règles du concordat et aux règles de l'union.

Le concordat par abandon d'actif ressemble à la cession de biens, mais il en diffère à deux égards.

1º Le concordat par abandon d'actif doit être adopté par les créanciers à la double majorité établie par l'art. 509 C. C. ; la cession de biens au contraire peut être accordée par le juge au débiteur malheureux et de bonne foi, sans qu'il soit besoin de consulter ses créanciers et même contre leur volonté et contre toute stipulation contraire (art. 1268 C. N.).

2º Le concordat par abandon d'actif libère le failli, qui n'est tenu pour le surplus que d'une dette naturelle. La cession de biens au contraire ne produit d'autre effet que de dispenser le débiteur de la contrainte par corps, mais elle ne le libère que jusqu'à concurrence de la valeur des biens abandonnés ; et, dans le cas où ils auraient été insuffisants, s'il lui en survient d'autres il est obligé de les abandonner jusqu'à parfait paiement (art. 1270 C. N.).

X. — *De la clôture en cas d'insuffisance d'actif.*

Lorsque l'actif est insuffisant pour subvenir aux frais de la faillite, on conçoit qu'il ne saurait être question de liquidation ni de répartition.

Le tribunal rend alors un jugement de clôture qui suspend la procédure de la faillite et qui rend à chacun des créanciers le droit d'exercer contre le failli des poursuites individuelles. On a pensé que les créanciers livrés à eux-mêmes mettraient plus de diligence que les syndics à rechercher les débris de l'actif si faible qu'il soit, et auraient plus de chances de recouvrer une portion de leur créance.

Au reste le jugement de clôture ne fait pas cesser l'état de faillite, et il en suspend seulement les opérations ; et il résulte de là :

1° Que le failli continuant à être dessaisi, tous les actes faits par lui postérieurement au jugement déclaratif seront nuls au regard des créanciers, et que ses créanciers postérieurs ne pourront jamais venir en concours avec eux.

2° Que si un créancier parvient à recouvrer une certaine somme au moyen de poursuites individuelles, il sera tenu d'en tenir compte à ses co-créanciers.

3° Que s'il survient des biens au failli les créanciers pourront demander au tribunal le retrait de son jugement de clôture et reprendre les opérations de la faillite.

S'il ne survient pas de biens, l'état qui résulte de la clôture prendra fin par la mort du failli, car il n'y aura plus ni biens ni failli et par conséquent la faillite ne pourra plus produire d'effets. Il en serait autrement si la succession du failli était acceptée par un héritier solvable.

XI. — *De l'union des créanciers.*

L'union est l'état des créanciers procédant en commun, à défaut de concordat, à la liquidation et à la répartition de l'actif.

L'union n'est point comme le concordat une convention, car elle a lieu de plein droit et sans qu'il soit besoin d'un vote des créanciers, toutes les fois qu'il n'y a point de concordat : soit que le failli soit en fuite ou qu'étant présent il n'en ait pas proposé, soit qu'étant condamné pour banqueroute frauduleuse il ne puisse en proposer, soit que le concordat proposé par lui ait été rejeté par les créanciers, soit qu'il n'ait pas été homologué par le tribunal.

Au moment où les créanciers entrent en état d'union, commence une nouvelle période de la faillite qui a pour but la liquidation et dans laquelle les pouvoirs des syndics sont infiniment plus étendus que dans la période préparatoire. En effet, dans la première période ils ne pouvaient faire que des actes d'administration urgents ; dans la nouvelle, ils pourront faire tous les actes menant à la liquidation.

§ I. — SECOURS A ACCORDER AU FAILLI ET A SA FAMILLE.

C'est à l'instant où l'union commence, que les créanciers sont appelés à délibérer sur la question de savoir si un secours pécuniaire sera accordé au failli et à sa famille.

L'assemblée est consultée par le juge commissaire.

En cas de réponse affirmative, le juge commissaire fixe la quotité du secours.

§ II. — CONTINUATION DE L'EXPLOITATION DU FAILLI.

Au lieu de procéder à la liquidation, les syndics peuvent, s'ils le jugent utile, proposer aux créanciers de continuer pendant un certain temps l'exploitation du failli.

Cette décision étant contraire au but final de l'union est soumise à deux conditions rigoureuses:

1° Elle ne peut être adoptée que si elle réunit en sa faveur la double majorité exigée pour le concordat.

2º Le failli et les créanciers dissidents peuvent former une opposition sur laquelle il est statué par le tribunal.

La délibération qui ordonne que l'exploitation sera continuée détermine les pouvoirs des syndics.

Les actes faits par les syndics obligent la masse envers les nouveaux créanciers ; et ces derniers étant créanciers non du failli, mais de la masse, peuvent exiger leur paiement intégral soit sur l'actif soit sur les biens propres des créanciers en état d'union.

Néanmoins l'art. 533 C. C. décide que si l'exploitation est continuée, les créanciers qui s'y seront opposés ne seront point tenus *in infinitum* des engagements qui en résulteront, mais seulement jusqu'à concurrence de leur créance sur l'actif de la faillite.

Ajoutons que cette continuation ne constitue point les créanciers en état de société. Ils ne seront point tenus solidairement des engagements de l'union et ils contribueront aux pertes chacun proportionnellement à sa créance sur l'actif de la faillite.

§ III. — LIQUIDATION.

La liquidation est faite par les syndics.

Ils poursuivent les débiteurs et intentent s'il y a lieu les actions réelles.

Ils peuvent transiger avec l'autorisation du juge commissaire, et le failli n'a plus, comme dans la période préparatoire, le droit de s'opposer aux transactions sur les immeubles.

Ils peuvent, avec l'autorisation de l'assemblée des créanciers homologuée par le tribunal, traiter à forfait avec les débiteurs du failli de tout ou partie des droits ou actions dont le recouvrement n'aurait pas été opéré, ou s'il y a lieu, les aliéner. Cette disposition a pour but de permettre la liquidation lorsque le failli a des débiteurs à terme. Les syndics pourront en traitant avec eux acheter leur renonciation au bénéfice du terme. S'ils n'y consentent point, ils vendront la créance à un tiers.

Ils peuvent vendre les *meubles* sans l'autorisation du juge commissaire, et sous leur propre responsabilité, à l'amiable ou aux enchères.

§ IV — Vente des immeubles.

La vente des immeubles a lieu sur l'autorisation du juge commissaire dans la forme requise pour la vente des biens de mineurs.

Par exception aux règles des art. 708 et 709 C. P. C. toute personne peut surenchérir dans la quinzaine, pourvu que la surenchère soit du *dixième* du prix de la vente (art. 573). (Aux termes des art. 708 et 709 C. P. C. la surenchère devrait être signifiée dans la huitaine et être du sixième au moins du prix de la vente.)

§ V. — De la répartition entre les créanciers.

La répartition de l'actif est faite entre les créanciers vérifiés et affirmés, après avoir déduit 1° les frais de l'administration de la faillite, 2° le secours accordé au failli, 3° les sommes payées aux créanciers privilégiés ou nantis pour les désintéresser ou retirer leur gage.

Les répartitions sont ordonnées par le juge commissaire et ont lieu ordinairement par à-comptes successifs, à mesure que les syndics ont opéré la rentrée d'une partie de l'actif.

Le paiement ne peut avoir lieu que sur présentation du titre, et les syndics mentionnent la somme payée par eux, afin d'éviter une double réclamation.

Lorsqu'un dividende est distribué, la part à laquelle auraient droit dans ce dividende les créanciers contestés ou les créanciers situés hors de France et qui n'ont pas encore été vérifiés est mise en réserve à la caisse des dépôts et consignations, pour leur être distribuée s'il y a lieu.

XII. — *Des différentes espèces de créanciers et de leurs droits en cas de faillite.*

§ 1. — DES COOBLIGÉS ET DES CAUTIONS.

FAILLITE D'UN OU PLUSIEURS COOBLIGÉS. On a vu qu'en cas de faillite ou même de concordat, le créancier conserve son recours contre les coobligés ou cautions du failli pour l'intégralité de sa créance.

Dans le § qui nous occupe, le Code de commerce prévoit un autre cas : celui où les coobligés ou cautions du failli seraient eux-mêmes en faillite.

Supposons un créancier possédant une créance de 1,000 francs. Il a deux débiteurs solidaires qui tombent tous les deux en faillite. Il reçoit de l'un d'eux un dividende de 50 0/0 par exemple : et il s'apprête à agir contre le second. Que pourra-t-il lui réclamer ?

Cette question est une de celles qui ont suscité le plus de controverses dans l'ancien droit, et elle peut être résolue de trois manières différentes qui ont été successivement adoptées par les auteurs.

Première solution. Le créancier qui a reçu 50 0/0 dans la première faillite ne peut plus rien réclamer dans la seconde, car le dividende reçu équivaut en *monnaie de faillite* à l'intégralité de la créance, et par conséquent ne laisse pas de recours contre l'autre faillite. Tout ce que pourra faire le créancier, c'est de choisir celle des faillites solidaires contre laquelle il veut agir, et de poursuivre celle qui est la plus solvable (Savary).

Deuxième règle. Le créancier se présentera successivement aux différentes faillites en réclamant à chacune d'elles ce qui lui est dû, déduction faite de ce qui lui a été réellement payé. Ainsi le créancier auquel il était dû 1,000 francs et qui a reçu 50 0/0 dans la première faillite ne se présentera plus dans la seconde que pour 500 francs ; s'il reçoit encore 50 0/0 et qu'il y ait un troisième cobligé il se présentera pour 250 francs et ainsi de suite (Dupuis de la Serre et Pothier).

Troisième solution. Le créancier aura le droit de réclamer dans chaque faillite l'intégralité de sa créance. Ainsi s'il y a trois faillites, il se présentera dans chacune pour 1,000 francs. Supposons que l'une de ces faillites donne 50 0/0, l'autre 30 0/0 et l'autre 20 0/0. Le créancier recevra 50 0/0 dans la première ; 30 0/0 dans la seconde et 20 0/0 dans la troisième et il recouvrera ainsi en totalité les 1,000 francs qui lui sont dus. Supposons au contraire que les trois faillites donnent chacune 50 0/0 : le créancier se présentera en principe dans chacune d'elles pour la totalité de sa créance et recevra à ce titre les dividendes successivement distribués par les trois faillites, jusqu'à ce que la série des dividendes reçus par lui soit égale à 1,000 francs ; mais à partir du moment où il aura reçu les 1,000 francs qui lui sont dus il sera complètement remboursé et ne pourra plus participer aux répartitions suivantes.

Cette troisième solution a été consacrée par le Code de Commerce dans les termes suivants : « Le créancier porteur d'engagements souscrits endossés ou garantis solidairement par le failli et d'autres cobligés qui sont en faillite participera aux distributions dans toutes les masses et y figurera pour la valeur nominale de son titre jusqu'au parfait paiement. » Ce système est évidemment moins théorique que celui de Dupuis de la Serre et de Pothier, mais il est le seul qui donne satisfaction complète au créancier et qui lui assure véritablement les avantages de la solidarité. En effet, dans le premier système le créancier ne reçoit pas plus que s'il avait un débiteur unique; dans le second système il est traité plus favorablement, mais cependant il a la certitude de n'être jamais payé intégralement, puisqu'étant toujours obligé de déduire de sa créance, au moment où il se présente dans une faillite, le dividende qu'il a reçu dans la faillite précédente, il arrivera nécessairement dans la faillite du dernier codébiteur contre lequel il pourra recourir, avec un reste de créance sur lequel il ne recevra qu'un dividende, et il perdra ainsi définitivement la portion non payée de la somme pour laquelle il se sera présenté dans la dernière faillite. Le troisième système n'a point cet inconvénient et il laisse au créancier la chance d'être payé intégralement ; c'est donc celui qui assure le mieux la garantie qu'il a voulu se réserver en stipulant la solidarité de ses débiteurs.

Recours contre les masses des codébiteurs faillis. En principe le codébiteur solidaire qui a payé la totalité de la dette possède un recours contre ses codébiteurs, chacun pour sa part et portion (art. 1214 C. N.). Mais si un recours était admis en cas de faillite, il aboutirait à la conséquence inacceptable de faire contribuer deux fois au paiement d'une même créance la masse qui y serait soumise. La faillite qui donne un dividende de 30 0/0 par exemple, pourrait, après avoir payé ce dividende au créancier, être obligée de payer encore 20 0/0 à son codébiteur par suite du recours de ce dernier, et il en résulterait qu'elle aurait payé sa part intégrale dans la créance solidaire au préjudice des autres créanciers auxquels elle ne donnerait que 30 0/0. Ce système violerait le principe de l'égalité des créanciers chirographaires.

Aussi l'art. 543 C. C. déclare qu'aucun recours n'est

ouvert aux faillites des coobligés les unes contre les autres.

Il y a cependant une exception, c'est dans le cas où la réunion des dividendes donnés par les diverses faillites excèderait le montant total de la créance. Dans ce cas l'excédant est dévolu à la faillite de celui des débiteurs qui avait les autres pour garants. (Ainsi en cas de lettre de change l'excédant profitera à la faillite de l'endosseur, car il avait le tireur pour garant.)

A-COMPTE REÇU AVANT LA FAILLITE. Si le créancier dont les débiteurs solidaires sont tombés en faillite a reçu un à-compte de l'un d'eux avant la faillite, il ne peut plus concourir dans la faillite des codébiteurs que pour une somme égale au montant de sa créance, déduction faite de l'à-compte reçu. En effet, le paiement partiel a libéré tous les codébiteurs solidaires et réduit la créance d'une somme égale à la somme payée.

Il résulte de là, que le créancier qui a reçu un à-compte avant la faillite sera moins bien traité que s'il n'avait rien reçu, puisque dans ce dernier cas il pourrait concourir pour la totalité dans chacune des faillites.

En outre le coobligé qui aura payé l'à-compte pourra, nonobstant la règle de l'art. 543 C. C., recourir contre la faillite de son coobligé à raison de cet à-compte. Il n'y a pas en effet de raison d'interdire le recours, puisque le créancier ne peut exiger la totalité de sa créance que déduction faite de l'à-compte, et que par conséquent la masse n'est point exposée à payer deux fois, en désintéressant le codébiteur.

On objecte il est vrai que ce droit de recours nuit au créancier principal, puisqu'en augmentant le passif il diminue les dividendes, ce qui est contraire à l'article 1252 C. N. aux termes duquel la subrogation ne peut nuire au créancier lorsqu'il n'a été payé qu'en partie. Cette objection serait fondée, si le codébiteur exerçait son recours à titre de subrogé aux droits du créancier ; mais il n'en est point ainsi : le codébiteur a deux actions, l'action du créancier auquel il est subrogé et l'*actio negotiorum gestorum* ou *mandati contraria* qu'il possède de son chef contre celui dont il a payé la part. C'est par cette dernière action qu'il exercera son recours et il n'y aura point en conséquence à s'inquiéter des dispositions de l'art. 1252 C. N.

§ II. — DES CRÉANCIERS PRIVILÉGIÉS SUR LES MEUBLES ET NANTIS.

CRÉANCIERS PRIVILÉGIÉS SUR LES MEUBLES. Il y a en matière de faillite trois priviléges généraux sur les meubles qui n'existent pas en droit commun.

Les gens de service dans la maison du failli sont privilégiés pour le salaire de l'année échue et pour ce qui leur est dû sur l'année courante (art. 2101 C. N.).

Les commis sont privilégiés pour les six mois de salaires qui ont précédé la déclaration de faillite.

Les ouvriers pour le mois qui a précédé (art. 549 C. C.).

CRÉANCIERS NANTIS. Les créanciers nantis sont payés sur leur gage conformément au droit commun.

Si le prix est supérieur à leur créance, le surplus fait retour à la masse.

Si le prix est inférieur, ils viennent pour le surplus de leur créance en concours avec les créanciers chirographaires.

Les syndics peuvent toujours retirer le gage des mains du créancier en lui remboursant la dette.

§ III. — DES CRÉANCIERS HYPOTHÉCAIRES ET PRIVILÉGIÉS SUR LES IMMEUBLES.

Les créanciers hypothécaires et privilégiés sur les

immeubles sont payés sur l'immeuble qui leur est affecté jusqu'à concurrence du prix de leur créance. Si le prix est inférieur à leur créance ils viennent en concours pour le surplus avec les créanciers chirographaires.

§ IV. — DES DROITS DES FEMMES.

Le législateur a dû prendre certaines précautions pour prévenir la fraude par laquelle le failli ferait passer une partie de ses biens sous le nom de sa femme et parviendrait ainsi à les soustraire à l'action de ses créanciers.

Les dérogations apportées aux droits de la femme dans le cas de la faillite du mari sont de deux natures.

Les unes ont trait à la preuve que la femme devra faire pour exercer ses reprises ou faire valoir contre le mari les droits de créance qu'elle peut avoir contre lui.

Les autres ont trait à l'hypothèque légale de la femme et aux avantages matrimoniaux.

I. PREUVE IMPOSÉE A LA FEMME EN CAS DE FAILLITE. La femme peut avoir à exercer des reprises sur les biens dont elle est propriétaire (soit sur sa dot, soit sur ses propres).

Elle peut aussi avoir un simple droit de créance, à raison de ceux de ses biens qui seraient tombés dans la communauté [1] ou à raison d'une dette payée par elle pour son mari.

Dans ces deux cas rien n'est changé au fond de son droit ; et elle exercera la revendication dans le premier cas, dans le second elle viendra seulement comme créancière de la faillite. Mais la preuve ne sera pas la même que dans le droit commun ; et la femme rencon-

---

[1] On sait que les meubles de la femme tombent dans la communauté, toutes les fois qu'ils n'ont pas été stipulés *propres*. Les immeubles eux-mêmes peuvent y tomber par la clause d'ameublissement.

trera en matière de faillite la présomption que les biens acquis par elle ont été payés des deniers de son mari et que par conséquent ils appartiennent à celui-ci et doivent être réunis à la masse.

1° *Revendication des immeubles apportés en mariage ou postérieurement acquis par donation ou succession.* La propriété de la femme est incontestable et repose sur un titre certain ; elle pourra donc toujours revendiquer.

2° *Revendication des effets mobiliers apportés en mariage ou postérieurement acquis par donation ou succession.* La femme devra prouver par inventaire ou tout autre acte authentique, l'identité des objets qu'elle réclame. Sinon, son droit de propriété ne sera pas prouvé et elle n'aura qu'un droit de créance contre le mari à raison de l'apport fait par elle et qui ne se retrouverait pas en nature (art. 560 C. C.). Dans le droit commun au contraire, la femme pourrait établir sa propriété par témoins, par titres et même par commune renommée (art. 1504 C. N.).

3° *Revendication des immeubles achetés en emploi d'effets mobiliers.* La femme devra prouver d'abord par inventaire ou tout autre acte authentique conformément à l'art. 560 C. C. la propriété des effets mobiliers qu'elle prétend avoir été employés à l'achat de l'immeuble.

Elle devra prouver en outre, que ces effets mobiliers ont été réellement employés à l'achat de l'immeuble dont il s'agit. Cette preuve ne sera faite que si la déclaration d'*emploi* a été expressément stipulée dans le contrat d'acquisition de l'immeuble.

4° *Droits de créance.* Si la femme a payé une dette du mari la présomption légale est qu'elle l'a fait des deniers de celui-ci, et elle ne pourra exercer de recours qu'en apportant la preuve contraire.

II. Hypothèque légale et avantages matrimoniaux.

1° *Hypothèque légale*. La dérogation au droit commun introduite quant à l'hypothèque légale de la femme du failli, ne porte ni sur le rang de cette hypothèque ni sur la dispense d'inscription qui demeurent régis par les principes du C. N. Elle porte simplement sur l'étendue de l'hypothèque, c'est-à-dire sur les biens du mari que l'hypothèque doit grever et sur les créances de la femme qu'elle doit garantir.

Biens du mari grevés par l'hypothèque légale. L'article 563 C. C. décide que les biens acquis à titre onéreux par le failli postérieurement à son mariage ne seront point soumis à l'hypothèque légale de la femme. En effet, ces biens ayant été acquis le plus souvent avec l'argent des créanciers, il ne serait pas juste que ceux-ci fussent privés de leur gage par le recours de la femme.

L'hypothèque légale portera donc seulement en cas de faillite 1° sur tous les biens que le mari possédait au moment de son mariage ; 2° sur les biens acquis postérieurement au mariage à titre gratuit (c'est-à-dire à titre de succession ou de donation)[1].

Créances de la femme garanties par l'hypothèque légale. La femme ne pourra invoquer son hypothèque qu'à la charge de prouver par acte ayant date certaine (c'est-à-dire par acte authentique ou enregistré) que les effets mobiliers à raison desquels s'exerce son droit de créance, et qu'elle prétend avoir apportés en mariage ou reçus

---

[1] Ajoutons que conformément aux règles générales sur les effets de la cessation de paiements (voir page 225), si le failli s'est marié à une époque postérieure à celle de la cessation de paiements, et que la femme ait eu connaissance de son état le tribunal pourra prononcer la nullité de l'hypothèque légale et **des autres engagements à *titre onéreux* contractés par le mari dans les conventions matrimoniales.**

depuis à titre de succession ou de donation, ont été réellement délivrés au mari.

Si cette preuve n'est pas faite, la femme ne pouvant invoquer son hypothèque sera considérée comme simple créancier chirographaire et viendra au marc le franc en concours avec les autres créanciers.

Cette disposition de la loi est d'ailleurs évidemment vicieuse, car si, à défaut de preuve, on présume que le mari n'a rien reçu, on ne conçoit pas pourquoi la femme est admise à titre de créancier chirographaire; si cette présomption n'existe pas, on ne conçoit guère pourquoi elle est dépouillée de son hypothèque.

2° *Avantages matrimoniaux.* En cas de faillite du mari les avantages matrimoniaux stipulés dans le contrat au profit de la femme seront nuls au regard des créanciers. Mais par une juste réciprocité, l'art. 564 C. C. décide que de leur côté les créanciers ne pourront se prévaloir des avantages faits par la femme au mari dans ce même contrat.

Différence entre les deux ordres de dérogations apportées aux droits de la femme. Les deux ordres de dispositions que nous venons d'indiquer diffèrent essentiellement, en ce que les premières qui sont relatives à la preuve s'appliquent à tous les cas de faillite du mari sans exception, tandis que les secondes relatives à l'hypothèque légale et aux avantages matrimoniaux ne s'appliquent que dans un seul cas déterminé par la loi.

Aux termes des art. 563 et 564 C. C., pour que l'hypothèque légale soit réduite ou les avantages matrimoniaux annulés, il faut que la femme ait pu s'attendre au moment de son mariage à courir les risques de la faillite, c'est-à-dire que le mari fut commerçant ou sur le point de l'être.

On admet que le mari est sur le point de devenir commerçant et que la femme a dû se soumettre aux risques de faillite, lorsqu'il est devenu commerçant dans l'année qui suit la célébration de son mariage et qu'il n'exerçait à cette époque aucune autre profession.

Il s'en suit que l'hypothèque légale de la femme et les avantages matrimoniaux subsisteront dans leur intégrité :

1° Si le mari n'est devenu commerçant que plus d'un an après son mariage.

2° Encore bien que le mari soit devenu commerçant dans l'année de son mariage, s'il exerçait à l'époque de la célébration une profession non commerciale (telle qu'avoué, notaire, etc.).

EFFETS DU CONCORDAT SUR LES DROITS DE LA FEMME. La jurisprudence a décidé avec raison que les règles relatives aux droits des femmes subsistent à l'égard des créanciers de la faillite, dans le cas même où le failli aurait obtenu un concordat.

XIII. — *De la revendication en cas de faillite.*

Le Code de Commerce, après avoir réglé les droits des créanciers, règle sous cette rubrique, les droits des différentes personnes qui peuvent avoir un droit de propriété sur quelques-uns des biens compris dans l'actif du failli et qui exerceront en conséquence l'*action en revendication*.

Cette action est particulièrement dangereuse pour les créanciers dont elle supprime le gage sans qu'ils aient pu s'y attendre, et alors que le plus souvent ils ont contracté en vue de l'état apparent du failli, comptant sur la garantie des valeurs qui se trouvaient en sa possession.

Aussi la revendication ne pourra être exercée en cas de

faillite que dans les cas prévus par la loi et dans les conditions qu'elle détermine.

Ces cas sont au nombre de quatre :

1° Revendication des effets de commerce ou titres de créance remis au failli à titre de mandat ou de dépôt.

2° Revendication des marchandises remises au failli à titre de dépôt ou de mandat.

3° Revendication des meubles vendus au failli et non payés.

4° Reprises de la femme du failli.

§ I. — REVENDICATION DES TITRES DE CRÉANCE.

Le propriétaire d'effets de commerce ou de titres de créance peut les revendiquer entre les mains du failli, lorsqu'il les lui a remis à titre de dépôt ou avec mandat de les vendre ; en effet le failli n'en est pas devenu propriétaire et par conséquent ces effets ne peuvent être dévolus à la masse.

Mais pour que la revendication puisse avoir lieu, il faut que les effets n'aient point été vendus par le failli et le prix payé entre ses mains avant l'époque de la faillite. En effet, si celui-ci les a cédés par voie d'endossement ou de toute autre manière, il en a transféré la propriété au cessionnaire, et le propriétaire primitif ne possède plus sur le prix qu'un simple droit de créance, qui lui permet seulement de venir en concours avec les autres créanciers.

Si l'effet dont il s'agit avait été transféré par le failli à un tiers par voie d'*endossement irrégulier*, le droit de revendication subsisterait ; car un endossement irrégulier est un simple mandat et ne transfère point la propriété de l'effet irrégulièrement endossé.

§ II. — REVENDICATION DES MARCHANDISES DÉPOSÉES.

Les marchandises remises au failli à titre de dépôt ou

avec mandat de les vendre pourront être revendiquées sous les deux conditions suivantes :

1º Si elles subsistent en nature. (Si leur substance avait été changée, par exemple si du blé avait été transformé en farine, la revendication ne pourrait plus avoir lieu, parce que le législateur a pensé que dans ce cas la preuve de l'identité des objets serait trop difficile et trop hasardeuse.)

2º Si elles n'ont pas été vendues et payées avant la faillite.

Si les marchandises ont été vendues et non payées, le propriétaire conserve son droit sur le prix à l'exclusion des créanciers de la faillite. En effet, le failli qui a vendu les marchandises pour le compte d'un tiers a fait acte de commission. Par conséquent ses rapports avec le commettant sont soumis aux règles du mandat (voir page 115) et la créance acquise sur l'acheteur par le failli ayant été acquise pour le compte du commettant appartient exclusivement à ce dernier qui a seul le droit de l'exercer [1].

Si au contraire, en même temps que les marchandises ont été vendues, elles ont été payées au failli, le propriétaire primitif n'a plus contre le failli qu'un droit de

---

[1] La difficulté provient ici de ce que l'acquéreur est engagé envers le commissionnaire failli et non envers le commettant ; mais comme la commission ne diffère du mandat que dans les rapports du commettant ou du commissionnaire envers les tiers, et que les rapports du commettant et du commissionnaire entre eux restent soumis aux règles du mandat, le failli était obligé de transférer à son commettant son action contre l'acquéreur et les créanciers de la faillite qui sont ses ayants-cause sont tenus à la même obligation que lui. Ils ne peuvent donc invoquer les règles de la commission pour prétendre que la créance appartenait au failli et pour refuser de la transférer au commettant.

créance au marc le franc ; car le prix est entré dans la masse de l'actif où il ne peut plus être distingué des autres sommes d'argent et par conséquent ne peut plus être l'objet d'un droit de suite.

§ III. — REVENDICATION DES OBJETS VENDUS ET NON PAYÉS.

Le vendeur possède aux termes des art. 2102 et 2103 C. N. un privilége qui lui permet de revendiquer les meubles ou immeubles vendus et non payés [1].

En cas de faillite, il n'est rien innové, en matière d'immeubles, aux règles de l'art. 2103, le privilége subsistera donc à l'égard de la faillite s'il a été inscrit en temps opportun.

En matière de meubles au contraire, l'art. 2102 n'est pas applicable en cas de faillite, et la revendication ne pourra avoir lieu qu'autant que les effets mobiliers non payés ne seront pas entrés dans les magasins du failli (art. 576 C. C.) ; c'est-à-dire que la revendication ne sera admise qu'autant que les objets vendus seraient encore en route ou consignés dans un dépôt au moment de la faillite.

En outre l'art. 576 a prévu le cas où les marchandises vendues et n'étant pas encore entrées en possession de l'acheteur auraient été revendues par lui à un tiers de bonne foi, avec le consentement du vendeur ; dans ce cas

---

[1] Il n'est pas tout à fait exact que le privilége du vendeur lui donne le droit de *revendiquer* l'objet vendu et non payé. Mais comme la vente est un contrat synallagmatique, le vendeur non payé possède l'action en résolution pour inexécution des engagements (art. 1184 C. N.), c'est en vertu de cette action qu'il *revendique*; et le privilége qui vient s'y joindre aux termes de l'art. 2103 a seulement pour effet de lui permettre d'écarter les tiers auxquels l'acheteur aurait depuis la vente conféré des droits réels sur l'immeuble revendiqué.

la revendication ne pourra avoir lieu, car le consentement donné par le vendeur à la revente emporte la renonciation de son droit.

Le consentement du vendeur est présumé, lorsqu'il a signé la facture ou la lettre de voiture remise au nouvel acquéreur.

Enfin la loi exige que le revendiquant rembourse à la masse tous les frais faits par le failli au sujet des objets revendiqués (frais de voiture, frais de commission, etc.).

— Si le vendeur non payé n'a ni délivré ni expédié les marchandises, il ne peut être question de revendication, puisque l'objet est resté entre ses mains, mais il possède le *droit de rétention* (art. 577 C. C.).

Les syndics pourront d'ailleurs exiger la livraison des marchandises non payées en payant eux-mêmes le prix et en désintéressant par là le vendeur.

§ IV. — REPRISES DE LA FEMME.

On a vu que le droit de reprise de la femme demeure régi par le droit commun, mais qu'il est apporté en matière de preuve une dérogation importante à l'art. 1504 C. N. (pages 268 et suiv.).

Remarquons que dans tous les cas de revendication, la loi exige, pour que la revendication puisse avoir lieu, que les objets n'aient pas été vendus par le failli ou que le prix n'en ait point été reçu par lui *avant la faillite*. En effet, si la vente avait lieu postérieurement à la faillite par suite d'une erreur des syndics, cette erreur ne saurait préjudicier au véritable propriétaire et ils seraient tenus de lui rembourser la totalité du prix.

XIV. — *Voies de recours contre les jugements rendus en matière de faillite.*

En matière de faillite, la loi abrège les délais ordinaires de l'opposition ou de l'appel et supprime dans certains cas le droit de former opposition ou d'interjeter appel.

On a vu (page 240) qu'aucune contestation ne peut plus être élevée après la clôture du procès verbal de vérification des créances sur l'époque de la cessation de paiements.

En matière de faillite le délai d'appel est de quinze jours seulement.

Enfin la loi déclare non susceptibles d'opposition, d'appel ou de recours en cassation, les jugements relatifs 1° à la nomination du juge commissaire, 2° à la nomination ou à la révocation des syndics, 3° à la vente des immeubles en cas de faillite, 4° aux recours formés contre les ordonnances du juge commissaire, 5° à la mise en liberté du failli ou au recours qui peut lui être accordé, 6° à l'admission provisionnelle des créances contestées.

XV. — *Appendice.*

Avant la loi de 1867 sur l'abolition de la contrainte par corps, les créanciers étaient réunis une dernière fois à l'effet de décider si le failli pouvait être déclaré *excusable*, et le failli déclaré excusable était soustrait à la contrainte par corps.

Cette règle est aujourd'hui sans application.

TITRE II.

DES BANQUEROUTES.

I. — *Dispositions générales.*

La banqueroute est une modification de la faillite qui a pour conséquence de transformer cette dernière en délit ou en crime lorsqu'il se joint à la cessation de paiements certains actes du failli prévus et caractérisés par la loi et constituant soit une fraude, soit une faute lourde.

Il y a deux sortes de banqueroute : la *banqueroute simple* et la *banqueroute frauduleuse.*

La banqueroute simple se rattache à l'idée d'une faute lourde du failli : elle constitue un délit correctionnel.

La banqueroute frauduleuse suppose une fraude, comme son nom l'indique : elle constitue un crime de la compétence des cours d'assises.

— De ce que la banqueroute est une simple modification de la faillite, il résulte nécessairement que nul n'est passible de la banqueroute, s'il n'est susceptible d'être mis en faillite, c'est-à-dire s'il n'exerce la profession de commerçant.

Ainsi le mineur ou la femme mariée qui ne peuvent exercer le commerce sans autorisation ne pourraient être déclarés en banqueroute alors même qu'en fait ils se seraient livrés à des actes de commerce et seraient en état de cessation de paiements.

— Une question très-controversée dans la doctrine, bien que la jurisprudence l'ait constamment résolue par l'affirmative, consiste à se demander si un commerçant peut être condamné pour banqueroute, sans avoir été préalablement déclaré en faillite par le tribunal de commerce.

Premier système. Le jugement déclaratif de faillite est le préliminaire indispensable d'une poursuite pour banqueroute simple ou frauduleuse. En effet, l'art. 440 porte que *la faillite est déclarée par un jugement du tribunal de commerce.* Il s'en suit que nul autre tribunal n'est compétent pour apprécier si la faillite existe ; et la banqueroute supposant nécessairement l'état de faillite, la question de savoir s'il y a réellement eu faillite est une *question préjudicielle* qui doit être renvoyée au tribunal de commerce, absolument comme les *questions d'état ou de propriété* sont renvoyées au tribunal civil.

Deuxième système. La condamnation pour banqueroute peut être prononcée sans qu'il ait été rendu un jugement déclaratif de la faillite. En effet, l'action publique est essentiellement distincte de l'action privée, dans tous les cas où la loi n'a pas expressément ordonné une disposition contraire. Or l'art. 440 C. C. porte que le jugement déclaratif est rendu par le tribunal de commerce, il ne déclare pas que la juridiction criminelle sera incompétente pour juger à propos d'une poursuite de banqueroute si la faillite existe réellement. S'il en était autrement le ministère public ne pourrait poursuivre que dans le cas où les créanciers auraient jugé utile de réclamer la mise en faillite de leur débiteur et la poursuite serait ainsi abandonnée à l'arbitraire des **intérêts privés.**

II. — *De la banqueroute simple.*

Les art. 585 et 586 C. C. supposent deux espèces de cas différents.

L'art. 585 énumère des cas où il y a banqueroute simple ; l'art. 586 des cas où le tribunal peut déclarer la banqueroute mais n'y est pas obligé, alors même que les faits seraient constants.

Le commerçant failli est déclaré banqueroutier 1° si ses dépenses personnelles sont jugées excessives ; 2° s'il a consommé de fortes sommes à des opérations de pur hasard, 3° si dans l'intention de retarder sa faillite, il s'est livré à des moyens ruineux de se procurer des fonds, 4° si après la cessation de paiements il a payé un créancier au préjudice de la masse.

Il peut être déclaré en banqueroute 1° s'il a contracté à découvert et pour le compte d'autrui des engagements trop considérables, 2° s'il est de nouveau déclaré en faillite sans avoir satisfait aux obligations d'un précédent concordat, 3° s'il n'a point fait publier son contrat de mariage (voir page 94), 4° s'il n'a point déclaré au greffe sa cessation de paiements dans les trois jours, 5° si en cas de mise en liberté, il ne s'est pas présenté en personne aux syndics ou à la justice dans les cas indiqués par la loi, 6° s'il n'a pas tenu de livres ou les a tenus irrégulièrement.

Les peines de la banqueroute simple sont d'un emprisonnement d'un mois à deux ans.

La loi ne punit ni la tentative ni la complicité.

En cas de condamnation les frais auxquels le failli aura été condamné ne pourront être mis à la charge de la masse.

III. — *De la banqueroute frauduleuse.*

Il y a banqueroute frauduleuse 1° lorsque le failli a soustrait ses livres, 2° lorsqu'il a dissimulé une partie de son actif, 3° lorsqu'il a exagéré son passif en se reconnaissant par son bilan débiteur d'une somme qu'il ne devait pas.

La peine de la banqueroute frauduleuse est celle des travaux forcés à temps.

A la différence de la banqueroute simple, la loi punit, en cette matière, la tentative et la complicité.

— On a vu que tout agent de change ou courtier qui tombe en faillite est déclaré banqueroutier frauduleux par le seul fait de sa faillite et comme tel passible des travaux forcés à temps.

En outre s'il s'est rendu coupable de l'un des actes qualifiés banqueroute frauduleuse, il est passible de la peine des travaux forcés à perpétuité.

TITRE III.

DE LA RÉHABILITATION.

On a vu que le concordat ne fait point cesser les incapacités politiques du failli. Celui-ci ne peut être restitué dans son état primitif que par la réhabilitation.

Pour que la réhabilitation puisse avoir lieu il faut :

1º Que le failli ait payé *intégralement* ses créanciers en capital et en intérêts. La réhabilitation ne peut avoir lieu qu'après paiement intégral, alors même que les créanciers auraient fait remise au failli d'une partie de sa dette.

2º Qu'il ne soit pas en état de *banqueroute frauduleuse*, ou de *stellionat*, et qu'il n'ait point été condamné pour *vol* ou *abus de confiance*.

La réhabilitation est prononcée par la Cour impériale, sur la requête du failli et après l'avis du procureur impérial et du Président du tribunal de commerce.

Si la demande de réhabilitation est rejetée par la Cour impériale, le failli ne peut la renouveler qu'après le délai d'un an.

Il ne faut point confondre la réhabilitation en cas de faillite avec la réhabilitation accordée aux criminels. L'une est régie par le Titre III du Livre III C.C., l'autre est régie par les art. 619 et suiv. C. I. C.

La réhabilitation en cas de faillite est un droit pour le failli qui a payé ses dettes ; la réhabilitation en cas de crime est une *faveur* qui peut être concédée en vue de la bonne conduite postérieure.

On admet généralement que le failli auquel la réhabilitation est interdite, par suite d'une condamnation pour banqueroute frauduleuse, pourrait cependant obtenir cette réhabilitation, s'il avait préalablement obtenu aux termes des art. 619 et suiv. C. I. C. la réhabilitation du crime de banqueroute frauduleuse.

LIVRE IV.

DE LA JURIDICTION COMMERCIALE

TITRE PREMIER.

DE L'ORGANISATION DES TRIBUNAUX DE COMMERCE.

L'existence d'une juridiction spéciale aux négociants remonte au xvie siècle. On en retrouve la première trace à Toulouse en 1549.

Cette juridiction conservée depuis, dans l'ordonnance de 1673 reçut en 1790 lors de la loi sur l'organisation judiciaire le titre de tribunaux de commerce.

Le Code de 1807 a modifié certaines règles de la loi de 1790, notamment en supprimant le suffrage universel des commerçants, rétabli le 28 août 1848 et supprimé de nouveau le 2 mars 1852 par un décret qui a remis en vigueur les dispositions du Code de Commerce.

Un décret de l'empereur détermine les villes dans lesquelles il est établi un tribunal de commerce. Ce tribunal comporte le même arrondissement que le tribunal civil situé dans le même lieu, sauf le cas où il est établi deux tribunaux de commerce dans l'arrondissement d'un tribunal civil ; en ce cas il est assigné à chacun un arrondissement particulier.

Dans les arrondissements qui n'ont point paru susceptibles de recevoir un tribunal de commerce, à cause du peu d'étendue de leur commerce et de leur industrie, les fonctions de ce tribunal sont remplies par le tribunal civil.

Chaque tribunal de commerce est composé de trois juges au moins et de quinze au plus. Il possède en outre deux juges suppléants et un plus grand nombre s'il y a lieu.

Les membres des tribunaux de commerce sont élus par les notables commerçants, dont la liste est dressée par le préfet et approuvée par le ministre de l'Intérieur. L'élection a lieu pour deux ans. Un renouvellement de moitié a lieu chaque année. Les membres qui ont occupé leurs fonctions pendant quatre ans de suite ne peuvent être réélus qu'après une année d'intervalle.

Les juges doivent être âgés d'au moins trente ans et exercer le commerce depuis cinq ans avec honneur et probité.

Les présidents doivent être âgés d'au moins quarante ans et être choisis parmi les anciens juges de commerce.

Enfin la loi du 18 mars 1808 a établi à côté des tribunaux de commerce, une juridiction exceptionnelle, les conseils de prud'hommes composés mi partie de patrons et mi partie d'ouvriers et chargés de concilier ou de juger en cas de non-conciliation les différends entre patrons et ouvriers.

TITRE II.

DE LA COMPÉTENCE DES TRIBUNAUX DE COMMERCE.

I. — *Compétence réelle.*

Les tribunaux de commerce connaissent de toutes les contestations relatives aux *actes de commerce.*

Ils sont compétents à raison de la nature de l'acte et par le seul fait qu'il est *commercial*, alors même que la personne qui s'est livrée à cet acte ne serait point un commerçant de profession.

La loi désigne les actes qui sont réputés commerciaux (art. 632 et 633 C.C.).

On peut diviser ces actes en deux catégories :

1° Ceux qui renferment une *spéculation* (un achat pour revendre) et qui sont commerciaux par essence, puisque l'idée de spéculation est le caractère distinctif et l'essence du commerce.

2° Certains actes spéciaux, qui sont commerciaux parce que la loi les répute actes de commerce, et qui se rapprochent des actes de la première catégorie sans y rentrer absolument.

§ I. — Actes de spéculation.

Définition. Ces actes sont définis par l'art. 632 C.C. de la manière suivante : « *tout achat de denrées et de mar-*
« *chandises pour les revendre soit en nature, soit après les*

« *avoir travaillées ou mises en œuvre ou même pour en*
« *louer simplement l'usage.* »

Il serait plus juste de dire : « *toute acquisition à titre onéreux de denrées ou de marchandises faite dans un but de spéculation.* » [1] En effet, peu importe que les marchandises aient été achetées ou acquises à titre d'échange, ou même louées pour être sous-louées ; toutes ces opérations n'en constituent pas moins un acte de commerce si elles ont été faites dans un but de spéculation, si l'intention de l'acquéreur a été de spéculer sur le prix ou sur l'usage.

En un mot, il y a acte de commerce toutes les fois que l'objet n'a pas été acquis pour l'usage personnel de l'acquéreur, mais dans le but de faire l'objet d'une spéculation.

Ainsi, l'achat d'un fonds de commerce serait un acte commercial, alors même que le fonds de commerce ne contiendrait pas de marchandises destinées à être revendues, parce que l'achat d'un fonds de commerce consiste dans l'achat de la clientèle et de l'achalandage et que la valeur ainsi achetée a pour but de servir à une spéculation.

ELÉMENTS NÉCESSAIRES. Pour qu'il y ait réellement un acte de commerce il faut :

1° *Qu'il y ait acquisition de l'objet sur lequel on veut spéculer.* Ainsi un vigneron qui vendrait les vins de son cru ne ferait point un acte de commerce, car il se bornerait à écouler ses produits, il n'aurait point acheté pour revendre.

2° *Qu'il s'agisse de denrées ou de marchandises.* L'achat d'immeubles pour les revendre et à plus forte raison pour les louer ne constituerait pas un acte de commerce [2].

---

[1] Bravard et Demangeat, *Cours de droit commercial.* Tome VI.

[2] Au reste le terme de *marchandises* est général et s'applique à tous les effets mobiliers, il n'exclut que les immeubles.

3° *Que l'achat ait lieu dans l'intention de spéculer.* Une personne qui aurait acheté un objet pour son usage personnel et qui trouvant plus tard une bonne occasion se déciderait à le revendre ne ferait point un acte de commerce.

4° *Que la spéculation porte sur l'objet acquis.* Si l'acquisition et la revente de l'objet devaient seulement servir à faciliter une autre opération dont la revente ne serait que l'accessoire, il n'y aurait point acte de commerce.

Ainsi un vigneron qui achète des tonneaux ne fait point un acte de commerce, parce qu'il n'agit point dans le but de revendre ses tonneaux, mais dans le but de vendre son vin.

Un artiste qui achète sa toile ou ses couleurs ne fait point un acte de commerce, parce que son but est de vendre un tableau et non de revendre la toile ou les couleurs.

Un propriétaire qui achète des moutons pour les engraisser sur son propre fonds ne fait point un acte de commerce, parce que son but principal n'est point de revendre ses moutons, mais de cultiver son fonds.

Il en est de même du maître de pension qui achète des denrées pour ses élèves ; son but principal est de les instruire et non de revendre les denrées pour leur nourriture.

— On vient de voir que l'art. 132 répute actes de commerce certains actes qu'il caractérise sous la dénomination un peu étroite *d'achat pour revendre.* Il résulte du texte, que l'achat est certainement commercial quand il a été fait dans un but de revente. Mais doit-on l'entendre de l'achat seul et considérer la *revente* comme un acte civil, ou au contraire la revente quand elle a lieu constitue-t-elle à son tour un acte commercial ? La deuxième solution ne semble guère douteuse ; car en parlant d'achat pour revendre la loi a surtout en vue *une spéculation*, et la revente fait partie de la spéculation aussi bien que l'achat. D'ailleurs on peut tirer un argument *a contrario* de l'art. 638 C.C. qui prend soin de dire que la vente par un cultivateur ou un vigneron de denrées provenant de son cru ne constitue point un acte de commerce. Si l'achat seul était un acte de commerce et si la revente était dans tous les cas un acte civil, la loi n'aurait pas eu besoin de distinguer entre le cas du vigneron et les cas ordinaires.

§ II. — Actes réputés commerciaux par la loi.

Les actes spéciaux qui sont réputés par la loi *actes de commerce* sont de trois espèces différentes.

1° Certains cas de louage d'ouvrage ou d'industrie.
2° Les opérations de change et de banque.
3° Les actes qui se réfèrent aux transports maritimes.

Louage d'ouvrage ou d'industrie. Le contrat de louage d'ouvrage ou d'industrie est un contrat civil et ne peut donner lieu en principe qu'à des actes civils, à moins qu'il ne s'y joigne une autre opération contenant un acte de spéculation, un achat pour revendre. Ainsi le tailleur, qui est obligé envers son client par le contrat de louage d'ouvrage, fait un acte civil lorsqu'il confectionne des vêtements dont l'étoffe lui a été remise par le client, il fait un acte de commerce lorsqu'il fournit lui-même l'étoffe, parce qu'il l'a achetée *pour la revendre après l'avoir travaillée et mise en œuvre* (art. 632 CC.).

En vertu de ce principe tout louage d'ouvrage ou d'industrie qui ne contiendrait point en même temps un achat pour revendre devrait être réputé acte civil. — Mais l'art. 632 C.C. a désigné par voie d'énumération, un certain nombre d'actes de cette nature dont il fait exceptionnellement des actes de commerce, parce que sans contenir précisément un achat pour revendre, ils ont cependant un caractère analogue aux actes de spéculation ordinaires.

Ces actes sont les suivants :

1° *Toute entreprise de manufactures (alors même que le manufacturier n'a point acheté la matière première pour la revendre).* Si le manufacturier avait acheté la matière première pour la revendre après l'avoir mise en œuvre, son opération rentrerait dans la première catégorie et la mention spéciale de l'article 632 CC. serait inutile.

Mais la loi a voulu donner le caractère commercial aux entreprises de manufactures, dans le cas même où la matière première serait fournie par les clients, parce que le manufacturier spécule sur ses machines et sur la main-d'œuvre de ses ouvriers.

2° *Toute entreprise de commission.* La loi ne donne le caractère commercial qu'aux *entreprises de commission*, un acte de commission isolé ne serait pas un acte de commerce, à moins que par sa nature il ne rentrât dans la première catégorie.

3° *Toute entreprise de transport par terre ou par eau.* (Il faut encore une entreprise et non un acte isolé).

Notons que la loi du 25 mai 1838 a attribué par exception et dans un but de prompte justice à la compétence des juges de paix les contestations entre les voyageurs et les voituriers ou bateliers, pour retards, frais de route, perte ou avarie d'effets accompagnant les voyageurs.

4° *Toute entreprise de fournitures.* Les entreprises de fournitures sont des conventions par lesquelles un individu s'engage à fournir des denrées ou d'autres objets à une époque indiquée et moyennant un prix stipulé à l'avance soit à l'État, soit à des établissements particuliers.

Si l'entrepreneur de fournitures achète les objets qu'il fournit, il fait nécessairement un acte de commerce puisque son opération constitue un *achat pour revendre*.

Mais il résulte de ce que l'*entreprise de fournitures* est l'objet d'une mention spéciale parmi les actes réputés commerciaux, qu'elle devra être considérée comme commerciale en elle-même et alors qu'elle ne rentrerait pas dans les actes de la première catégorie, qu'elle ne contiendrait pas un achat pour revendre. Ainsi le propriétaire de vignobles, qui fait une *entreprise de fournitures* sur le vin de son cru, fait une opération commerciale (on a vu que la simple vente des vins de son cru ne constituerait pas un acte de commerce).

5° *Toute entreprise d'agence et de bureau d'affaires.* Le législateur en déclarant commerciales les entreprises d'agence et de bureau d'affaires avait eu pour but principal de soumettre à la contrainte par corps les personnes qui s'y livrent et qui offrent souvent peu de garanties. — L'abolition de la contrainte par corps a donc supprimé presque entièrement l'intérêt de cette classification.

6° *Toute entreprise de vente à l'encan.*

7° *Toute entreprise de spectacles publics.* La loi exigeant une entreprise, on ne devra point considérer comme commercial l'acte isolé d'un acteur qui donne une représentation dans le but de se faire connaître.

OPÉRATIONS DE CHANGE ET DE BANQUE. La loi répute actes de commerce :

1° *Les lettres de change ou remises d'argent faites de place en place.*

2° *Toute opération de change.*

3° *Toute opération de banque.* Les opérations de banque diffèrent des opérations de change en ce qu'au lieu de porter seulement sur le contrat de change et la négociation des lettres de change, elles comprennent la négociation de toute espèce d'effets commerçables.

4° *Toutes les opérations des banques publiques.* Cette mention ne fait point double emploi avec la précédente. Elle a pour but de donner le caractère commercial à toutes les opérations *que font* les banques publiques et qui ne sont cependant pas des *opérations de banque* ; par exemple la réception de titres ou de valeurs en dépôt.

ACTES QUI SE RÉFÈRENT AUX TRANSPORTS MARITIMES. Les entreprises maritimes ont toujours été considérées comme des entreprises commerciales, et les opérations auxquelles elles donnent lieu forment depuis le moyen âge la majeure partie du droit commercial.

Aussi l'art. 633 C. C. repute-t-il *actes de commerce* la plupart des actes qui se réfèrent à ces entreprises.

1° *Toute entreprise de construction et tous achats, ventes et reventes de bâtiments pour la navigation intérieure et extérieure.*

2° *Toutes expéditions maritimes.*

3° *Tout achat ou vente d'agrès, apparaux ou avitaillements.*

4° *Tout affrètement ou nolissement, emprunt ou prêt à la grosse ; toutes assurances et autres contrats concernant le commerce de mer.*

5° *Tous accords et conventions pour salaires et loyers d'équipage.*

6° *Tous engagements de gens de mer pour le service de bâtiments de commerce.*

§ III. — COMPÉTENCE EN MATIÈRE DE FAILLITES.

La compétence du tribunal de commerce en matière de faillites se distingue des autres cas de compétence réelle en ce qu'elle n'est point basée sur la nature commerciale de l'acte fait par le défendeur et qu'elle s'applique même au cas où le défendeur n'est point obligé commercialement, à raison de la nature commerciale, non de l'*engagement*, mais de la *contestation*.

Cette compétence ne s'applique du reste que dans les contestations où il s'agit d'un fait ou d'un droit né de la faillite, tels que les nullités résultant de la cessation de paiements.

Elle ne s'applique pas au cas où il s'agit d'une question purement civile soulevée à propos de la faillite. C'est ainsi qu'on a vu (page 237) qu'en cas de faillite les transactions sur les immeubles doivent être homologuées par le tribunal civil. C'est ainsi qu'en cas de contestation d'une créance la contestation devra être portée devant le tribunal civil s'il s'agit d'une créance civile.

§ IV. — COMPÉTENCE EN MATIÈRE DE SOCIÉTÉS COMMERCIALES.

L'art. 631 C. C. décide que les tribunaux de commerce connaîtront « *des contestations* entre associés pour raison d'une société de commerce ».

Cette disposition pourrait sembler inutile, puisque l'engagement d'un associé dans une société *commerciale* est nécessairement *commercial* lui-même. Mais elle s'explique historiquement, parce qu'aux termes du Code de Commerce, les contestations entre associés étaient jugées par des arbitres.

La loi du 17 juillet 1856 a abrogé cette disposition ; et elle a décidé en modifiant l'art. 631 C. C. que les contestations entre associés ne seraient plus jugées par des arbitres mais par le tribunal de commerce.

II. — *Compétence personnelle.*

§ I. — COMPÉTENCE A L'ÉGARD DES COMMERÇANTS.

On pourrait croire que les tribunaux de commerce

possèdent à l'égard des commerçants une ompétence purement personnelle, car l'art. 631 C. C. déclare qu'ils connaîtront « des contestations relatives aux engage- « ments des transactions entre commerçants, marchands « et banquiers ». Cela n'est point entièrement exact ; les tribunaux de commerce ne connaissent point de toutes les conestations relatives aux engagements des commerçants, mais seulement des contestations relatives aux *engagements pris par eux à l'occasion de leur commerce*.

Si donc un commerçant a acheté des marchandises, pour son usage personnel, ou s'il s'est engagé à l'occasion des dépenses de sa maison, le tribunal de commerce ne sera pas compétent, car il n'est compétent que dans les contestations relatives aux actes commerciaux des commerçants.

En quoi la compétence diffère-t-elle donc à l'égard des commerçants, de ce qu'elle est à l'égard des personnes non commerçantes ?

C'est que les engagements contractés par les commerçants et dont la cause est inconnue sont, en vertu d'une présomption légale, réputés jusqu'à preuve contraire, avoir été contractés pour une cause commerciale.

Il s'en suit que le tribunal de commerce, dont la compétence n'existe à l'égard des personnes non commerçantes que par exception et lorsqu'il s'agit d'un engagement commercial, sera compétent à l'égard des commerçants d'une manière plus absolue et pour tous ceux de leurs engagements dont il ne sera point prouvé que la cause est purement civile.

§ II. — Compétence a l'égard de quelques personnes non commerçantes.

L'art. 634 C. C. porte que le tribunal de commerce connaîtra :

1° *Des actions contre les facteurs, commis du marchand ou leurs serviteurs pour le fait du trafic du marchand auquel ils sont attachés.*

Le tribunal de commerce sera compétent, sans qu'il y ait lieu de rechercher si l'obligation est commerciale.

2° *Des billets faits par les receveurs, payeurs, percepteurs et autres comptables des deniers publics.*

Ici encore la matière de l'acte n'entre point en considération, et l'engagement sera presque toujours civil puisqu'il s'agit de personnes auxquelles le commerce est interdit. La loi a établi cette compétence à raison des lumières spéciales des juges de commerce en matière de billets et d'opération de finance.

III. — *Compétence du tribunal civil en matière commerciale.*

Il peut se faire, et il arrive même le plus souvent qu'un acte soit commercial par rapport à l'une des parties et ne le soit point par rapport à l'autre. Ainsi celui qui achète à un vigneron des vins de son cru pour les revendre fait un acte de commerce, et le vigneron n'en fait pas un. Or on sait que les contestations sont toujours portées devant le tribunal du défendeur. Il s'en suit que si le défendeur n'a point fait de son côté un acte de commerce, il ne pourra être poursuivi que devant le tribunal civil.

La jurisprudence a même décidé que le demandeur, à l'égard duquel l'acte n'est pas commercial, pourra, à son choix, traduire son adversaire devant le tribunal civil ou devant le tribunal de commerce. En effet, dit-on, celui qui n'a pas contracté un engagement commercial n'a pas entendu se soumettre à la juridiction commerciale, et ne peut être contraint, même quand il est demandeur, à renoncer, s'il s'y refuse, aux juges de droit commun.

Mais lorsque l'engagement est commercial des deux côtés, et que par suite la compétence du tribunal de commerce est incontestable, le tribunal civil conserve-t-il néanmoins le droit de juger la contestation, si elle lui a été déférée et que le défendeur ne propose pas l'incompétence ?

Premier système. L'incompétence du tribunal civil est absolue ; c'est une incompétence *ratione materiæ* qui n'est point couverte par le silence du défendeur et le jugement rendu est nul.

Deuxième système. L'incompétence du tribunal civil est couverte si elle n'a pas été invoquée *in limine litis*. En effet, les tribunaux civils sont juges de droit commun, ils ont la plénitude de la juridiction, et les tribunaux de commerce ne sont que des tribunaux d'exception établis dans un intérêt privé. Les parties peuvent donc renoncer au bénéfice de la juridiction commerciale.

Ce système, adopté par la jurisprudence, remonte au droit ancien dans lequel il reposait sur une origine historique assez curieuse. Lorsque le chancelier de l'Hospital établit sous le règne de Charles IX la juridiction commerciale, les juges civils qui se trouvèrent ainsi dessaisis d'un grand nombre de causes et qui y perdaient leurs épices firent une vive opposition à la mesure, et pour les satisfaire, on décida à titre de transaction qu'ils demeureraient compétents toutes les fois que les parties seraient d'accord pour s'adresser à eux.

TITRE III.

DE LA FORME DE PROCÉDER DEVANT LES TRIBUNAUX DE COMMERCE.

L'art. 642 renvoie pour les formes de procédure aux règles déterminées par le titre XXV du Livre II de la première partie du Code de Procédure civile.

L'art. 643 abroge certaines dispositions contenues dans les articles 435 et 436 C. P. C. et relatives aux jugements par défaut devant les tribunaux de commerce.

Il décide que les jugements par défaut rendus par les tribunaux de commerce seront soumis aux règles des art. 156, 158 et 159 C. P. C. sur les jugements par défaut contre partie.

TITRE IV.

DE LA FORME DE PROCÉDER DEVANT LES COURS IMPÉRIALES.

La procédure qui a lieu devant les Cours impériales en matière d'appel des jugements du tribunal de commerce est soumise aux règles prescrites pour les affaires sommaires.

FIN DU RÉSUMÉ.

TABLE DES MATIÈRES

NOTIONS HISTORIQUES

I. — Droit commercial jusqu'à la confection du Code de commerce	3
II — Confection du Code de commerce	5
III. — Lois postérieures au Code de commerce	5
IV. — Autres sources du droit	6

LIVRE PREMIER

DU COMMERCE EN GÉNÉRAL

TITRE PREMIER.

DES COMMERÇANTS.

I. — Intérêt de la distinction entre les commerçants et les non-commerçants.	9
II. — Qui est commerçant	10
III. — Qui peut être commerçant.	10
IV. — Personnes incapables de faire le commerce	11
§ I. — Du mineur.	11
§ II. — De la femme mariée	13
§ III. — De l'interdit	16
§ IV. — De la personne pourvue d'un conseil judiciaire.	16
V. — Personnes auxquelles la loi interdit de faire le commerce.	17

TITRE II.

DES LIVRES DE COMMERCE

I. — Livres exigés par la loi. 18
II. — Livres non exigés. 19
III. — Comptabilité en partie simple. 19
IV. — Comptabilité en partie double. 20

    § I. — Son caractère 20
    § II. — Comptes généraux. 21
    § III. — Manière d'opérer 21

V. — De l'absence ou de la mauvaise tenue des livres de commerce. 23
VI — De la preuve judiciaire par les livres de commerce. 23

    § I. — Communication et représentation des livres 23
    § II. — Dérogations au droit commun. . . 24
    § III. — Force probante des livres de commerce 24

TITRE III.

DES SOCIÉTÉS COMMERCIALES.

I. — Principes généraux. 26
II. — Sociétés commerciales. 28
III. — Société en nom collectif. 31

    § I — Caractères de la société en nom collectif 31
    § II. — Constitution des sociétés en nom collectif 33
    § III. — Fonctionnement des sociétés en nom collectif 37

IV. — Société en commandite 39

    § I. — Caractères de la société en commandite. 39
    § II. — Historique 40
    § III. — Division des sociétés en commandite. 41
    § IV. — De la société en commandite simple. 42
    § V. — Constitution de la société en commandite 42
    § VI. — Fonctionnement de la société en commandite 44

§ VII. — De la société en commandite par actions	48
§ VII. — (Suite). — Dispositions de la loi de 1867 relatives à la commandite par actions	51
V — Société anonyme.	61
§ I. — Caractères de la société anonyme.	61
§ II. — Historique	64
§ III. — Constitution de la société anonyme.	65
§ IV. — Fonctionnement de la société anonyme	68
VI. — Tontines et Sociétés d'assurances.	78
VII. — Association en participation.	79
VIII. — Dissolution des sociétés.	82
IX. — Liquidation des sociétés.	87
X. — Prescription en matière de sociétés.	88
XI. — Sociétés à capital variable.	89
XII. — Contestations entre associés.	93

TITRE IV.

DES SÉPARATIONS DE BIENS. : 94

TITRE V.

DES BOURSES DE COMMERCE, AGENTS DE CHANGE ET COURTIERS.

I. — Des bourses de commerce.	96
II. — Négociations des effets publics et autres	96
§ I. — Effets publics.	97
§ II. — Effets non publics.	98
§ III. — Opérations de bourse	99
III. — Des agents de change	101
§ I. — Attributions	101
§ II. — Conditions requises pour devenir agent de change.	102
§ III. — Obligations des agents de change	103
§ IV. — Recours de l'agent de change contre son client	105
IV. — Des courtiers	106

TITRE VI.

DU GAGE ET DES COMMISSIONNAIRES.

I. — Du gage commercial.	109
II. — Des warrants	112
III. — Des commissionnaires en général	113
§ I. — Caractères du contrat de commission.	113
§ II. — Droits et obligations du commissionnaire.	115
§ III. — Du salaire ou droit de commission.	116
§ IV. — Comment la commission prend fin.	116
§ V. — Privilége du commissionnaire	116
IV. — Des commissionnaires pour les transports par terre ou par eau.	118
V. — Du voiturier et du contrat de transport.	119
§ I. — Lettre de voiture.	119
§ II. — Obligations du voiturier.	120
§ III. — Droits et privilége du voiturier.	121

TITRE VII.

DES ACHATS ET DES VENTES 122

TITRE VIII.

DE LA LETTRE DE CHANGE ET DU BILLET A ORDRE.

I. — Notions préliminaires sur le change et les banques.	123
§ I. — Contrat de change.	123
§ II. — Cours du change.	124
§ III. — Des banques.	125
II. — De la lettre de change.	127
§ I. — Définition et caractère de la lettre de change	127
§ II. — Historique.	129
§ III. — Capacité de s'obliger par lettre de change	129
§ IV. — Forme de la lettre de change.	130
§ IV. — Sanction des dispositions sur la forme de la lettre de change	133

§ V. — De la provision 135
§ VI. — De l'acceptation 140
§ VII. — De l'acceptation par intervention. . . 142
§ VIII. — De l'échéance 145
§ IX. — De l'endossement. 147
§ X. — De la solidarité 153
§ XI. — De l'aval. 153
§ XII. — Du paiement 154
§ XIII. — Du paiement par intervention. . . . 156
§ XIV. — Droits et devoirs du porteur en cas de non-paiement à l'échéance. 158
§ XV. — Recours réciproques des différents débiteurs 160
§ XVI. — Des protêts. 161
§ XVII. — Du rechange 162

III. — Du billet à ordre. 165

§ I. — Caractères du billet à ordre. . . . 165
§ II. — Création du billet à ordre. 165
§ III. — Différences entre le billet à ordre et la lettre de change 166

IV. — De la prescription en matière de lettres de change et de billets à ordre. 167

§ I. — Son origine et son caractère. . . . 167
§ II. — A quelles créances s'applique la prescription de cinq ans. 168
§ III. — Point de départ, suspension et interruption de la prescription . . . 169

V. — Du billet à domicile, de la lettre de crédit et du billet au porteur. 171

§ I. — Billet à domicile. 171
§ II. — Lettre de crédit. 172
§ III. — Billet au porteur. 173

VI. — Des chèques. 173

§ I. — Origine et caractères du chèque. . . 173
§ II. — Diverses espèces de chèques. . . . 174
§ III. — Règles relatives au chèque mandat. . 174

LIVRE II

DU COMMERCE MARITIME

TITRE PREMIER.

DES NAVIRES ET AUTRES BATIMENTS DE MER. . 177

TITRE II.

DE LA SAISIE ET DE LA VENTE DES NAVIRES. . 179

TITRE III.

DES PROPRIÉTAIRES DE NAVIRE 180

TITRE IV.

DU CAPITAINE. 181

TITRE V.

DE L'ENGAGEMENT ET DES LOYERS DES MATELOTS ET GENS DE L'ÉQUIPAGE 182

TITRE VI.

DES CHARTES-PARTIES, AFFRÉTEMENTS OU NOLISSEMENTS. 183

TITRE VII.

DU CONNAISSEMENT 184

TITRE VIII.

DU FRET OU NOLIS 185

TITRE IX.

DES CONTRATS A LA GROSSE. 186

TITRE X.

DES ASSURANCES.

I. — Diverses espèces d'assurances	187
II. — Des assurances maritimes.	188
§ I. — Historique	188
§ II. — Conditions essentielles	189
§ III. — Clauses prohibées	192
§ IV. — Obligations de l'assureur.	194
§ V. — Droits et obligations de l'assuré	195
§ VI. — Du délaissement	195
III. — Des assurances terrestres.	198

TITRE XI

DES AVARIES 199

TITRE XII.

DU JET ET DE LA CONTRIBUTION. . . . 201

TITRE XIII.

DES PRESCRIPTIONS 202

TITRE XIV.

FINS DE NON RECEVOIR 203

LIVRE III

DES FAILLITES ET BANQUEROUTES

TITRE PREMIER.

DES FAILLITES.

I. — Dispositions générales	205
§ I. — Historique	205
§ II. — Caractères de la faillite.	206

§ III. — Qui peut tomber en faillite.	206
§ IV. — De la cessation de paiements.	207
§ V. — Différences entre la faillite et la déconfiture	208
II. — De la déclaration de faillite et de ses effets.	209
§ I. — Jugement déclaratif.	209
§ II. — Effets de la faillite	211
§ III. — Effets du jugement déclaratif.	212
§ IV. — Effets de la cessation de paiements.	222
§ V. — Faillite des sociétés.	229
III. — De la nomination du juge commissaire.	230
IV. — De l'apposition des scellés et des premières dispositions à l'égard de la personne du failli.	231
V. — De la nomination et du remplacement des syndics provisoires	232
§ I. — Historique	232
§ II. — Régime actuel.	233
VI. — Des fonctions des syndics.	234
§ I. — Dispositions générales	234
§ II. — Mesures prises dans l'intérêt du failli.	235
§ III. — Mesures préparatoires	235
§ IV. — Actes d'administration.	236
§ V. — Vérification des créances.	237
VII. — Du concordat et de l'union.	241
VIII. — Du concordat	242
§ I. — Formation du concordat	242
§ II. — Effets du concordat.	247
§ III. — De l'annulation et de la résolution du concordat.	251
§ IV. — Des concordats en matière de sociétés	256
IX. — Du concordat par abandon d'actif.	257
X. — De la clôture en cas d'insuffisance d'actif.	258
XI. — De l'union des créanciers.	259
§ I. — Secours à accorder au failli et à sa famille.	260
§ II. — Continuation de l'exploitation du failli	260
§ III. — Liquidation.	261
§ IV. — Vente des immeubles.	262
§ V. — De la répartition entre les créanciers.	262
XII. — Des différentes espèces de créanciers et de leurs droits en cas de faillite.	263

TABLE DES MATIÈRES. 309

§ I. — Des coobligés et des cautions.	263
§ II. — Des créanciers privilégiés sur les meubles ou nantis	267
§ III. — Des créanciers hypothécaires et privilégiés sur les immeubles.	267
§ IV. — Des droits des femmes.	268
XIII. — De la revendication en cas de faillite.	272
§ I. — Revendication des titres de créance.	273
§ II. — Revendication des marchandises déposées.	273
§ III. — Revendication des objets vendus et non payés	275
§ IV. — Reprises de la femme.	276
XIV. — Voies de recours contre les jugements rendus en matière de faillite.	277
XV. — Appendice.	277

TITRE II.

DES BANQUEROUTES.

I. — Dispositions générales	278
II. — De la banqueroute simple.	280
III. — De la banqueroute frauduleuse.	281

TITRE III.

DE LA RÉHABILITATION. 282

LIVRE IV

DE LA JURIDICTION COMMERCIALE

TITRE PREMIER.

DE L'ORGANISATION DES TRIBUNAUX DE COMMERCE. . 285

TITRE II.

DE LA COMPÉTENCE DES TRIBUNAUX DE COMMERCE. . 287

I. — Compétence réelle	287

TABLE DES MATIÈRES.

§ I. — Actes de spéculation. 287
§ II. — Actes réputés commerciaux par la loi. 290
§ III. — Compétence en matière de faillites. 293
§ IV. — Compétence en matière de sociétés commerciales. 294

II. — Compétence personnelle. 294

§ I. — Compétence à l'égard des commerçants. 294
§ II. — Compétence à l'égard de quelques personnes non commerçantes. . . . 295

III. — Compétence du tribunal civil en matière commerciale 296

TITRE III.

DE LA FORME DE PROCÉDER DEVANT LES TRIBUNAUX DE COMMERCE 298

TITRE IV.

DE LA FORME DE PROCÉDER DEVANT LES COURS IMPÉRIALES. 299

FIN DE LA TABLE.

307. — Abbeville. — Imp. P. Briez.

C. PICHON-LAMY, LIBRAIRE-ÉDITEUR
15, RUE CUJAS, 15

ALEXIS DE TOCQUEVILLE
SA VIE ET SES OUVRAGES
PAR
CHARLES SAVARY
Avocat à la Cour impériale,
Une brochure in-8°. Prix. 1 fr.

CODE NAPOLÉON PAR QUESTIONS ET PAR RÉPONSES
Par un Répétiteur de Droit
CONTENANT LES MATIÈRES EXIGÉES POUR LE PREMIER EXAMEN
(**ART. 1 A 710 DU CODE**)
TOME PREMIER
un volume in-8°. — Prix : 5 fr. 50

DES CONTRATS INNOMMÉS
EXPLICATION DU TITRE
DE PRESCRIPTIS VERBIS
AU DIGESTE
PAR M. CALIXTE ACCARIAS
Professeur à la Faculté de Droit de Paris
Un volume in-8°. — Prix. . . . . . . 6 fr. 50 c.

PRÉCIS DE LA LOI DU 23 MARS 1855
SUR LA TRANSCRIPTION EN MATIÈRE HYPOTHÉCAIRE
PAR M. VICTOR FONS, JUGE A TOULOUSE
Un volume in-12. — Prix . . . . 50 c.

REVUE BIBLIOGRAPHIQUE
DES OUVRAGES DE DROIT ET DE JURISPRUDENCE
paraissant le 15 de chaque mois
PRIX DE L'ABONNEMENT : UN AN 4 FRANCS

327 — Abbeville. — Imp P. Briez.

www.ingramcontent.com/pod-product-compliance
Lightning Source LLC
Chambersburg PA
CBHW071517160426
43196CB00010B/1556